国家文化产业资金支持媒体融合重大项目

在线开放课程配套教材

Caiwu Kuaiji Jichu

职业教育教学改革融合创新型教材 · 会计类

财务会计基础

沈清文 主 编

吕玉林 高长鹤 副主编

东北财经大学出版社
Dongbei University of Finance & Economics Press
大连

图书在版编目（CIP）数据

财务会计基础 / 沈清文主编．—大连：东北财经大学出版社，2022.8
（职业教育教学改革融合创新型教材·会计类）
ISBN 978-7-5654-4590-3

Ⅰ．财…　Ⅱ．沈…　Ⅲ．财务会计-职业教育-教材　Ⅳ．F234.4

中国版本图书馆CIP数据核字（2022）第131240号

东北财经大学出版社出版
（大连市黑石礁尖山街217号　邮政编码　116025）
网　　址：http://www.dufep.cn
读者信箱：dufep@dufe.edu.cn
大连日升彩色印刷有限公司印刷　东北财经大学出版社发行

幅面尺寸：185mm×260mm　　字数：379千字　　印张：17.25

2022年8月第1版　　2022年8月第1次印刷

责任编辑：张旭凤　赵宏洋　　责任校对：曲以欢
封面设计：冀贵收　　版式设计：原　皓

定价：38.00元

前言

为了适应当前高等职业教育改革的需要，本教材在内容选择上遵循精炼、先进、实用、适用等原则，以全面夯实学生的专业基础为指引，以能力培养为本位，以实际工作过程为主线，结合职业发展趋势要求，集知识教育、技能教育和素质培养为一体。

在教材编写过程中，我们按照职业教育人才培养要求，尽己所能地体现思政性、创新性和职业性特点，希望可以全面地达到培养具有职业技术应用能力和专业基本素质过硬的高等技术应用型专门人才的目标。

本教材具有以下突出特点：

1.思政性。专业课程思政元素并非显性存在，而是需要通过对课程知识内容和技能培育环节的梳理，凝练出思政育人要素，进而结合课程教学目标、教学计划、教学内容进行精细的统筹、筛选，最后以恰当、巧妙的教学设计将其融入教学过程中，达到润物无声的立德树人效果。本教材设置了“星火小讲堂”栏目，既是对这一认知的实践，也是对省高等学校课程思政示范课程和教学团队教学成果的阶段性小结。

2.创新性。本教材在谋篇布局上充分考虑了以学生为中心，每个项目以“知识导图”和“导入案例”开篇，下面分设任务，每个任务设有“任务目标”、“任务案例”、“知识准备（含典型案例和解析）”和“任务案例解析”，最后以“项目加油站”、“项目测一测”和“项目小实训”收尾。其中，“任务案例解析”既清晰地说明了要解析的问题，又给出了操作过程。同时，本教材在内容讲述方面也有一定的创新性，如用记账规律代替记账规则、用账户汇总表代替科目汇总表等。

3.职业性。本教材以工作过程为导向进行构架，注重理论与实践的融合统一，理论内容构成实践技能不可或缺的支撑，大量典型案例对基本概念、基本方法、基本技能进行了详细说明，体现了强化岗位技能的训练和综合素质的培养。与此同时，本教材充分考虑了中高职的衔接，给学生更多的思考空间，以求促进学生发散性思维的训练以及分析问题和解决问题的能力培养。

本教材由黑龙江农业职业技术学院沈清文教授担任主编，黑龙江农业职业技术学院吕玉林、高长鹤担任副主编，黑龙江农业职业技术学院肖晓旭参与编写。本教材各项目编写分工为：项目一、项目四由沈清文、高长鹤编写；项目二、项目三由吕玉林、肖晓旭编写；项目五、项目六由沈清文编写；项目七由吕玉林编写。

本教材有幸邀请江苏财经职业技术学院程淮中教授和佳木斯正浩会计服务有限公司总经理欧月萍女士审阅并提出了建设性意见，在编写本教材过程中，我们还参阅了专家学者的相关研究成果及案例，也得到了东北财经大学出版社张旭凤编辑的帮助和指导，在此一并表示衷心感谢。

我们衷心希望本教材能成为学习者的好帮手、授课教师的好助手。由于编写时间和水平有限，疏漏和不足在所难免，恳请读者批评指正。

编　者

2022年5月

目录

配套数字资源目录

续表

项目一　认识会计和会计工作

知识导图

- 认识会计和会计工作
  - 了解会计及其发展历程
    - 会计的基本解释、概念与特点
    - 会计的产生和发展
  - 明晰会计的对象
    - 会计核算工作的对象
    - 会计对象的要素分类
  - 明确会计的目标和任务
    - 认识确立目标的意义
    - 制定目标应遵循的原则
    - 会计的目标
    - 会计的任务
  - 明晰会计工作的依据
    - 会计法规
    - 税法法规
    - 经济法规
  - 了解会计的方法
    - 会计方法的含义
    - 会计方法体系
  - 了解会计工作组织
    - 会计工作组织的含义
    - 会计机构设置
    - 会计人员配备
    - 会计工作组织形式
  - 熟悉会计工作流程
    - 会计工作流程的含义
    - 常见的会计工作流程
  - 明确会计的基本假设和核算基础
    - 会计基本假设
    - 会计核算基础

导入案例

王璐独资创办了一个公司，相关监督管理部门在进行财务大检查时，指出其公司工作人员中有不符合条件的，并且会计制度不健全，业务处理随意性大，未严格按照会计准则要求处理会计业务事项。王璐觉得这是我自己的事，监督管理部门无须说三道四，你能帮王璐答疑解惑吗?

任务一 了解会计及其发展历程

【任务目标】

- 明确现代会计的含义
- 了解会计的产生和发展历程
- 认识会计在经济发展中的重要作用
- 珍惜会计的研究成果并学会批判性吸收，增强民族自豪感和爱国热情

微课1 了解会计及其发展历程

【任务案例】

小花、小莉、小红是会计专业大一新生，今天要上第一堂“财务会计基础”课，在去上课的路上，三人有下面一段对话：

小花：马上就要上课了，会计到底是什么，我还一点儿都不知道呢。

小莉：这个我还真知道点儿，会计就是干财务工作的人，我家邻居张阿姨就是一个公司的会计。

小红：不是吧？小莉，会计是算账、记账的，是一项工作。

小花：你俩到底谁说得对呀，我该听你俩谁的呀？

小红和小莉（异口同声）：谁的都不用听，咱们都得听老师的。（三人哈哈大笑）

小花：好的，那咱们一会儿好好听老师讲课吧。

要求：请分析判断小红和小莉谁说得更有道理。

动画1 认识会计

【知识准备】

一、会计的基本解释、概念与特点

（一）会计的基本解释

关于会计，历史上曾经有多种解释，接受度比较高的基本解释有以下三种：

（1）会计表示核计、计算。《周礼·地官·舍人》中有“岁终则会计其政”的表述。宋代苏舜钦在《上范公参政书·诺目三》中写道：“先令两府与三司，会计天下一岁之费几何？一岁之入几何？”

（2）会计指管理财物及其出纳等事。其后指监督和管理财务的工作。蒋子龙在《乔厂长上任记》中有这样的表述：“组织科管档案的小韩要求到财务科去学会计，高盛五立即就答应了。”

（3）会计指从事会计工作的人员。曹禺在《日出》第四幕中写道：“你做了三天，会计告诉我你已经预支了二百五十元。”

将上述三种基本解释归纳起来，会计是指能计算、会管理财物、做特定工作的人。

现在关于会计的定义有管理活动论、信息系统论、管理工具论、受托责任论、控制系统论和艺术论等多个学派，其中比较有代表性的主要有两种：管理活动论和信息系统论。会计信息系统论是余绪缨、葛家澍两位教授提出的，会计管理活动论是杨纪琬、阎达五两位教授提出的。本质决定事物的职能，而职能体现事物的本质，从职能角度研究事物的本质是一种非常重要的方法。目前，关于会计的定义，倾向于管理活动论者居多。

（二）会计的概念

会计是一个具有历史性的概念，自从会计产生以来，会计的内涵一直在不断完善和丰富，中外会计界对会计的定义观点不一，于是产生了不同的学派。但是，从对会计的基本认识出发，大家对会计达成了这样一个共识，即会计是以货币为主要计量单位，以提供经济信息和反映受托责任履行情况为主要目标，运用专门的方法和程序，依据相关法规对各单位的经济活动进行连续、系统、全面、综合的核算和监督，并在此基础上开展预测、决策、控制和分析的经济管理活动。

（三）会计的特点

从会计的概念可以看出，会计主要是通过对经济活动进行核算和监督，提供反映会计主体经济活动的信息。从核算的内容来讲，会计包括对经济活动的确认、计量、记录和报告；从监督的内容来讲，会计包括对各单位经济活动全过程的合法性、合理性和有效性的监督。会计具有以下四大特点：

1.以货币为主要计量单位

在对经济活动进行计量和记录时，经常采用的计量单位有三种：实物计量单位（如盒、箱、件等）、劳动计量单位（如工时、吨、千米等）和货币计量单位（如元、角、分等）。由于这些计量单位衡量的基础不同，在不同经济业务事项中不可以累加，在会计核算中具有一定的局限性。要全面、综合地反映不同的经济业务事项，只有以货币形式计量，才能为企业的管理者、投资者和债权人、潜在投资者及财政、税务、审计等政府有关部门提供全面、综合的财务状况和经营成果信息。

2.会计核算有独特的方法和程序

会计核算的专门方法有设置账户、复式记账、填制和审核会计凭证、登记账簿、成本计算、财产清查和编制会计报表。会计核算的程序为：原始凭证→记账凭证→登记账簿→编制财务报告。会计核算必须以凭证为依据，只有根据审核无误的原始凭证才可以编制记账凭证，进而进行账簿登记，这些方法在其他管理方面很少采用或不用。

3.具有连续性、系统性、全面性和综合性

连续性是指会计对各种经济业务或事项按发生的时间顺序，进行不间断的记录；系统性是指进行会计核算必须采用一整套专门方法，对各种经济活动进行科学的归类、整理和记录，提供系统化的数据或资料；全面性是指会计对纳入会计核算范围的全部经济活动进行完整的计量和记录，不可以有选择地记录，也不可以遗漏应记录的内容；综合性是指会计对各种经济业务的记录都统一用货币计量的形式来汇总反映，以避免不可比情况的发生。

4.会计工作依据具有权威性

会计工作都要依据法规进行，而不是按权威和各种关系进行，法规大于权威和关系，可见，会计工作的依据具有权威性。

任务案例解析

按照基本解释，小红和小莉说得都有些道理，因为在基本解释中，会计有指人和管事两种含义，但按照现代会计的定义，小红说的会计是算账、记账，是一项工作，更接近现代会计的定义。

从会计的定义可以看出，会计既进行会计核算，又实施会计监督，还参与预测、决策、控制和分析等经济管理活动；既能提供经济信息，又反映受托责任履行情况。可见，会计具有较为强大的职能。

二、会计的产生和发展

会计是人类社会发展到一定阶段的产物，是随着人类社会生产的发展而发展起来的。会计的发展大体经历了以下三个阶段：

（一）古代会计（15世纪末以前）

古代会计在时间上大体可以划分为15世纪末以前。早在原始社会，随着先人们猎取食物的技术不断提高，食物渐渐有了剩余。当食物出现了剩余后，“刻石记事”“结绳记事”便应运而生，这就是会计的萌芽，但此时的会计只是生产职能的附带。随着生产的发展，出现了大量的剩余产品，会计也就逐渐从生产职能中分离出来，成为一种专门的职业。

（二）近代会计（15世纪末期至20世纪50年代）

近代会计最明显的标志就是复式记账法理论的产生和运用。在中世纪的地中海一带，商业和金融业特别繁荣，来自银行业的复式记账法被广泛运用于商业会计核算中。1494年，意大利数学家卢卡·帕乔利在《算术、几何、比与比例概要》一书中，系统地介绍了威尼斯的复式记账法，并在理论上进行了全面的阐述。这是会计理论和方法领域最早的著作，它标志着近代会计的产生。

（三）现代会计（20世纪50年代至今）

现代会计阶段，会计方法技术和内容的发展有两个重要标志：一是会计核算手段方面有了质的飞跃，即现代电子技术与会计融合产生会计电算化；二是会计伴随着生产和管理科学的发展而分化为财务会计和管理会计两个分支。1946年，第一台电子计算机在美国诞生；1953年，电子计算机便在会计中得到初步应用，其后迅速发展；至20世纪70年代，发达国家已经出现了电子计算机软件数据库的应用，并建立了电子计算机的全面管理系统。从系统的财务会计中分离出来的“管理会计”一词，在1952年的世界会计学会上获得正式通过。

中华人民共和国成立后，我国在借鉴苏联会计模式的基础上，继续使用复式记账法，并结合实际，逐步建立了会计制度。经过几十年的会计实践，我国已经形成了适应经济管理要求、指导会计实践的一系列会计制度。随着经济体制改革的深入，我国对会计进行了很大力度的改革，并与国际会计惯例接轨，制定和发布了《企业会计准则》《企业会计制度》等多项会计法规和制度，很好地适应了市场经济发展与经济全球化的客观需要。

星火小讲堂 1-1

任务二　明晰会计的对象

【任务目标】

- 明确会计核算工作的对象
- 明晰会计对象的要素分类
- 理解各类会计要素的含义
- 培养分析问题和解决问题的能力

【任务案例】

财务负责人：恭喜你进入面试阶段。今天面试共有5道题目，即5笔经济业务，要求用会计语言表述账务处理的结果，5道题目都答对方可被录用，有一道题答错就结束面试。请问，听清楚了吗？

小华：听清楚了，面试官。

财务负责人：下面开始面试，准备好了吗？

小华：准备好了。

财务负责人：请听第一道题目：

企业购买材料20千克，单价为100元，款已通过银行支付，材料尚未运回企业（不考虑增值税）。

小华：本笔业务使企业的存款减少2 000元，材料增加2 000元。

财务负责人：回答正确。现在请听第二道题目，企业销售不用的材料收到300元现款，已将提货单交给买方，但货物尚未提走（不考虑增值税）。该材料成本为260元。

小华：本笔业务使企业的现金和收入同时增加300元，材料减少260元。

财务负责人：回答正确。现在请听第三道题目，企业收到某人交来的100元罚款。

小华：本笔业务使企业的款项增加100元，收入也增加100元。

财务负责人：回答正确。现在请听第四道题目，企业确认有10 000元货款已无法收回。

小华：本笔业务无须进行会计处理。

财务负责人：很遗憾，今天的面试只能止步于此了，这道题目没能回答正确。

小华：抱歉，我没能答好。再见！

财务负责人：再见！

要求：请对小华所答题目进行分析，指出小华的错误所在。

【知识准备】

一、会计核算工作的对象

根据《会计基础工作规范》[①]第三十七条的规定，各单位发生的下列事项，应当及时办理会计手续、进行会计核算：①款项和有价证券的收付；②财物的收发、增减和使用；③债权债务的发生和结算；④资本、基金的增减；⑤收入、支出、费用、成本的计算；⑥财务成果的计算和处理；⑦其他需要办理会计手续、进行会计核算的事项。

二、会计对象的要素分类

会计准则将会计核算工作的对象分成了资产、负债、所有者权益、收入、费用和利润六大类，也就是人们通常所说的会计六大要素。

（一）资产

1.定义

关于资产的定义，说法不一，比较通用的定义是：资产是指过去的交易、事项形成的，企业、自然人、国家拥有或者控制的，能以货币来计量的经济资源，包括各种收入、债权和其他。《企业会计准则》的定义是：资产是指企业过去的交易或事项形成的、企业拥有或者控制的、预期会给企业带来经济利益的资源。资产的基本特征包括：①资产由企业拥有或者控制；②资产能以货币计量；③资产能够给企业带来未来经济利益。我们以《企业会计准则》的定义为基础进行内容阐述。

2.分类

资产按其流动性大小，分为流动资产和非流动资产两大类。

流动资产是指企业可以在1年或者超过1年的一个营业周期内变现或者运用的资产，是企业资产中必不可少的组成部分，主要包括库存现金、银行存款、应收款项、预付款项、材料、商品等。流动资产的主要特征包括：①流动资产在周转过渡中，从货币形态开始，依次改变其形态，最后又回到货币形态；②周转速度快；③变现能力强。

流动资产是风险最大、最危险的资产，加强流动资产管理，有利于保护财产的安全与完整。

非流动资产是指除流动资产以外的资产，主要包括长期投资、固定资产、无形资产和其他资产。

（二）负债

1.定义

负债是指由过去的交易或者事项形成的、预期会导致经济利益流出企业的现时义务。负债具有以下特征：①它是一项偿还义务，是现在已经存在的、由过去的交易或事

---

① 1996年6月17日财会字〔1996〕19号公布，根据2019年3月14日《财政部关于修改〈代理记账管理办法〉等2部部门规章的决定》修改.

项形成的经济责任或经济义务；②应当以资产或劳务进行偿还；③可用货币进行计量；④具有明确的债权人和偿付日期，是一种权利义务关系；⑤履行该义务预期会导致经济利益流出企业。

2.分类

负债按其所满足的条件，分为流动负债和非流动负债两大类。

流动负债是指将在1年（含1年）或者超过1年的一个营业周期内偿还的债务，主要包括短期借款、应付票据、应付账款、应付职工薪酬、应付利息、应交税费等。其主要特征是：①流动负债的金额一般比较小；②流动负债的到期日在1年或一个营业周期以内。

非流动负债是指流动负债以外的负债，如长期借款、应付债券、长期应付款等。

（三）所有者权益

1.定义

所有者权益是指企业的资产扣除其负债后，由所有者享有的剩余权益。所有者权益的金额取决于资产和负债的数额。

2.内容

所有者权益包括实收资本（股本）、资本公积、盈余公积和未分配利润四大方面内容。

实收资本（股本）是指投资者按照企业章程或合同、协议的约定，实际投入企业的资本数额。投入资本的形式，可以是现金资产，也可以是非现金资产（包括材料、设备、权利等）。

资本公积是企业由于资本（或股本）溢价、接受捐赠资产、拨款转入、外币资本折算差额等增加的资本积累。

盈余公积是按照《中华人民共和国公司法》的规定和公司决议，从税后利润中提取的公积金。盈余公积有法定盈余公积和任意盈余公积之分。企业的盈余公积既可以用于弥补亏损，也可以用于转增投资者的资本（或股本）。

未分配利润是指归投资者所有但企业留于以后年度分配的利润或待分配利润。

（四）收入

1.定义

收入是指企业在日常活动中形成的、会导致所有者权益增加、与所有者投入资本无关的经济利益的总流入，包括销售商品收入、提供劳务收入和让渡资产使用权收入（如利息收入、租金收入等）。

2.特征

收入具有以下特征：①收入是指企业日常经营活动中产生的收入，不包括偶发交易或事项中产生的收入；②收入可能表现为资产的增加、负债的减少，或者二者兼而有之；③收入会导致企业所有者权益的增加；④收入只包括本企业经济利益的流入，不包括为第三方或客户代收的款项。

（五）费用

1.定义

费用是指企业在日常活动中发生的、会导致所有者权益减少、与向所有者分配利润无关的经济利益的总流出。例如，企业发生的差旅费、销售人员的工作补贴、产品生产发生的人工费、材料费等。

2.分类

费用按其承担者不同，可划分为成本费用和期间费用两大类型。

成本费用是指企业为生产商品和提供劳务而发生的各种费用，包括材料费、人工费、机器设备磨损费等。企业产品生产发生的人工费、材料费等都属于成本费用。

期间费用是企业为实现本期收入而发生的费用。这些费用不能直接确定是哪种产品所用，或者不必及时算清是哪种产品所用。期间费用包括管理费用、财务费用、销售费用。企业的贷款利息、业务招待费、商品广告费等都属于期间费用。

管理费用是企业行政管理部门为组织和管理生产经营活动而发生的费用。例如，厂长（经理）等管理人员和办公室、财务部等行政管理部门人员发生的工资费用、所用设备的磨损费等都属于管理费用。

财务费用是企业为筹集生产经营所需要的资金等而发生的费用，包括长期借款和短期借款的利息支出、汇兑损益以及金融机构手续费等。

销售费用是企业在产品销售过程中，以及商品流通企业在商品购进过程中发生的各项费用。例如，商品展销费、销售机构人员的工资等都属于销售费用。

（六）利润

1.定义

利润是企业在一定会计期间的经营成果，主要指收入减去费用后的净额。利润按其形成过程，分为税前利润和税后利润。税前利润也称利润总额，是指交所得税之前的利润数额。税前利润减去所得税费用得到的数额就是税后利润，也称净利润。

2.表现形式

根据利润涉及的业务内容，它可分别用营业利润、利润总额和净利润三种形式来表现。

营业利润是指营业收入减去营业成本和其他费用、损失后的余额。

利润总额是指营业利润加上营业外收入、减去营业外支出后的余额。

营业外收入和营业外支出是指企业发生的与其生产经营活动没有直接关系的各项收入和各项支出。

营业外收入是指企业发生的与其生产经营活动没有直接关系的各项收入，主要包括处置固定资产净收益、无法偿还的应付款、罚款净收入等。营业外支出是指企业发生的与其生产经营活动没有直接关系的各项支出，主要包括非人为因素造成的损失、固定资产盘亏、处置固定资产净损失、罚款支出等。

净利润是指利润总额减去所得税费用后的差额，也称税后利润。差额为正值为盈利，差额为负值则为亏损。

会计要素中的资产、负债和所有者权益是企业财务状况的静态反映，属于资产负债表的构成要素，即列示在资产负债表中。收入、费用和利润动态反映企业的经营成果，属于利润表构成要素，即列示在利润表中。

会计要素之间存在怎样的关系呢？我们通过下面的案例来加以分析：

2022年1月1日，大力和小芳共同出资创立了同创公司，每人各投入资金50万元，该公司的全部资产为100万元。此时，该公司所有资产归两人所有。用公式表示为：

100万元（资产）=100万元（所有者权益）

同创公司生产经营过程中资金不足，向银行贷款20万元存入银行。此时，该公司的资产总额达到120万元（银行存款增加20万元），债权人（银行）占有20万元，大力和小芳占有100万元。用公式表示为：

120万元（资产）=20万元（负债）+ 100万元（所有者权益）

2022年1月份，同创公司取得了销售产品收入60万元，收到货款并存入银行；转出该批产品成本50万元，则利润为10万元。用公式表示为：

60万元（收入）−50万元（生产成本）=10万元（利润）

也就是说，同创公司2022年1月份获取了10万元的利润。

同创公司经过1个月的经营后，期末总资产由月初的100万元增加到130万元（银行存款增加80万元，产成品减少50万元），本期实现利润10万元（销售收入60万元，产品成本50万元），公式就转化为：

130万元（资产）=20万元（负债）+100万元（所有者权益）+10万元（利润）

即

130万元（资产）=20万元（负债）+110万元（所有者权益）

总之，企业所有资产都必定有相应的来源，这样，在任何情况下，“资产=负债+所有者权益”这一等式两边的平衡关系都不会被破坏，这个等式就是人们所称的会计恒等式。

任务案例解析

现在对小华所答题目进行分析，并指出小华的错误所在。

第一道题目：企业购买材料20千克，单价为100元，款已通过银行支付，材料尚未运回企业（不考虑增值税）。会计核算对象中明确告知“款项和有价证券的收付”和“财物的收发、增减和使用”都要进行会计核算。这笔业务使企业的银行存款减少，在途物资增加，小华说本笔业务使企业的存款减少2 000元，材料增加2 000元，完全正确。

第二道题目：企业销售不用的材料收到300元现款，已将提货单交给买方，但货物尚未提走（不考虑增值税）。该材料成本为260元。

会计核算对象中明确告知“款项和有价证券的收付”“财物的收发、增减和使用”“收入、支出、费用、成本的计算”都要进行会计核算。这笔业务既使企业的现款和收入增加，也使企业的物资减少，小华说本笔业务使企业的现金和收入同时增加300元，材料减少260元，完全正确。

第三道题目：企业收到某人交来的100元罚款。

这笔业务使企业的款项增加，同时也取得了罚款收入，都应作相应的账务处理，小华说本笔业务使企业的款项增加100元，收入也增加100元，符合会计核算对象要求，完全正确。

第四道题目：企业确认有10 000元货款已无法收回。会计核算对象中明确告知“债权债务的发生和结算”都要进行会计核算。这笔业务使企业的债权减少，其他方面也应该作相应的账务处理，而小华说本笔业务无须进行会计处理，显然是不正确的，所以，小华的面试只能止步于此，没有机会被录用了。

星火小讲堂
1-2

任务三　明确会计的目标和任务

【任务目标】

- 认识确立目标和明确任务的意义
- 明确确立目标的依据
- 明晰会计工作的目标
- 明确会计工作的基本任务
- 培养劳动意识，明白付出才会有回报的道理

微课2

会计目标

【任务案例】

动画2

爱丽丝与猫的对话

爱丽丝：“请你告诉我，我该走哪条路？”

猫：“那要看你想去哪里？”

爱丽丝：“去哪儿无所谓。”

猫：“那么走哪条路也就无所谓了。”

要求：请谈谈这段对话说明了什么。

【知识准备】

一、认识确立目标的意义

目标原意指的是射击、攻击或寻求的对象，也指想要达到的境地或标准。现代意义上的目标是指对活动预期结果的主观设想，是在头脑中形成的一种主观意识形态，也是活动的预期目的，为活动指明方向，具有维系组织各个方面关系、构成系统组织方向核心的作用。比如，计划、目的、打算等都属于目标。目标无论是对个人还是对组织都具有十分重要的意义。

1.没有目标就会迷失方向

无论是个人还是组织，都要有明确的目标，否则就会出现盲目行动的现象，产生不好的结果。因为如果没有明确的目标，就无法确定实现目标的方法，也定会缺少前进的动力，所以，无论是个人还是组织都要有明确的目标。

2.有利于促进企业的发展

一个企业的资源是有限的，只有明确了目标，才能将人、财、物力集中在某个领域或某个方面，在所从事的行业或产品上有所突破，形成自身的优势，取得较好、较快的发展。

3.有利于激发企业潜能

清晰而明确的目标有利于明确企业的使命，产生动力，在有限的时空里突破极限，

最大限度地释放能量。

二、制定目标应遵循的原则

1.目标应当清晰而明确

目标清晰而明确就是目标要可量化、有时间表。可量化就是要达到什么程度，如要在一年内实现利润总额500万元、每个月完成产品1 000件等；有时间表就是对每个目标的实现时间做出明确规定，即每个目标在什么时间内完成都要明确。有了完成任务的具体期限，人们才能按照预定的步骤在规定的时间内努力完成目标。

2.目标合法合理且具有挑战性

目标合法合理就是所制定的目标既要符合法律、法规的要求，又要符合当前的市场状况。企业不能制定法律、法规不允许的目标。企业的目标除了要能够满足当前的市场需求之外，还要具有挑战性，需要全体成员不懈努力才能实现，能够激发组织成员的战斗精神。目标过低，不利于调动组织成员的积极性。

3.近期目标与远期目标相结合

每一个宏大目标的实现都离不开细小目标的完美实现，任何一个单位都不可能在短时间内实现大目标，都是要在实现一个个小目标的基础上来实现大目标，由一个个短期目标的实现促成长远目标的实现。每一个工作目标都要循序渐进地实现。

4.目标应当具有一定的灵活性

一个企业不可能制定出永远都适合的目标。随着国家政策、市场环境和需求的变化，企业人员的变化，以及企业实力的不断增强，企业的目标也应该随之进行调整，这样才能既紧跟国家政策，又适应市场需要，还充分发挥企业自身的资源和人才优势，最大限度地发展好企业。

三、会计的目标

会计的目标就是向信息使用者提供对决策有用的信息，反映企业管理层受托责任的履行情况。

（一）向信息使用者提供对决策有用的信息

1.会计信息提供的对象

就企业会计而言，其主要是为以下三方面提供信息：

（1）为国家宏观经济管理和调控提供会计信息。现阶段，虽然市场在我国资源配置中发挥了决定性作用，但政府通过采取一定的措施对国民经济的运行进行调节、对资源合理配置仍然十分必要和重要。市场管理和调控离不开国家有关部门，这在很大程度上需要利用企业提供的会计信息。通过对会计信息进行汇总分析，可以了解和掌握国民经济整体运行情况，进而制定出正确、合理、有效的调控和管理措施，避免对国民经济实施不当的调控，从而促进国民经济协调稳定、健康有序的发展。

（2）为企业内部经营管理提供信息。企业经营的目的是实现利益最大化。企业内部管理的好坏，直接影响企业的经济效益，影响企业在市场中的竞争力，进而影响企业的生存和发展。只有真实、准确的会计信息，才能使企业管理者作出科学、合理的决策，为企业站稳和拓展市场提供有力保障。由此可见会计为企业内部提供真实、可靠信息的必要性和重要性。

（3）为其他方面提供会计信息。其首先主要是为企业的所有者和债权人等提供信息。例如，企业的股东、银行等金融机构、供应商和客户等需要了解企业的财务状况、偿债能力等信息。其次是为相关的中介机构、组织和个人等提供信息。例如，为证券发行与交易机构、经纪人、会计师事务所及注册会计师、律师事务所及律师、经济研究单位及研究人员等提供会计信息。

2.会计信息的质量要求

提供信息的目的是为相关各方提供决策依据。所提供的会计信息不真实、不准确、不及时等都会影响决策的科学性和准确性，甚至会导致决策失误，造成不可挽回的损失和后果，所以，提供的会计信息必须是有利于信息使用者决策的信息。对此，会计准则对提供的会计信息质量提出了八项要求，即可靠性、相关性、可理解性、可比性、实质重于形式、重要性、谨慎性和及时性。

（1）可靠性。可靠性要求企业提供的会计信息应当以实际发生的交易或事项为依据进行会计确认、计量和报告，如实反映符合确认和计量要求的各项会计要素及其他相关信息，保证会计信息真实可靠、内容完整。

会计的目标是向信息使用者提供对决策有用的信息和反映企业管理层受托责任的履行情况。如果所提供的会计信息不真实，可能会使投资者、债权人等信息使用者作出错误的决策，无法实现会计的目标。

（2）相关性。相关性是指企业提供的会计信息应当与财务会计报告使用者的经济决策需要相关，有助于财务会计报告使用者对企业过去、现在或者未来的情况作出评价或预测，企业提供的会计信息必须满足政府宏观经济管理的需要，满足有关各方，包括投资者、债权人、社会公众等了解企业财务状况、经营成果和现金流量的需要，满足企业内部经营管理需要；否则，企业提供的会计信息毫无价值和意义。

需要指出，相关性并不要求企业提供的会计信息完全满足所有财务会计报告使用者的需要，因为不同的会计信息使用者对会计信息的需求也不完全一样。

关于相关性要求，可以这样理解：如果某人需要食物，人们却给他衣物，是解决不了问题的。所以，提供的会计信息一定要与决策相关。

（3）可理解性。可理解性是指企业提供的会计信息应当清晰明了，便于财务会计报告使用者理解和使用。

随着我国经济向纵深发展，会计信息的使用者越来越广泛，层次和素质越来越多元化，这也从客观上对会计信息的简明和通俗易懂提出了更高要求。可理解性要求日常会计记录清晰、准确，编制的财务会计报告项目勾稽关系清楚、完整，数字准确。

如果企业提供的会计信息不能做到清晰明了，便于理解和使用，这样的会计信息对使用者来说就失去了价值。

（4）可比性。可比性是指企业提供的会计信息应当具有可比性。可比性可以从两方面理解：

第一，横向可比。不同企业发生的相同或者相似的交易或者事项，应当采用规定的会计政策，确保会计信息口径一致，相互可比，这样有助于信息使用者整理加工后，比较和分析不同企业的会计信息而作出最佳决策。比如，银行要选择合适的贷款对象、投资者要选择合适的投资企业、国家要扶持优秀的企业等都需要在诸多企业中进行比较和选择。

第二，纵向可比。纵向可比是指同一企业不同时期发生的相同或相似的经济业务或事项，应当采用一致的会计政策，不得随意变更。这样可以有效地避免企业利用会计政策弄虚作假，粉饰报表。当然，应当采用一致的会计政策，并不表明不允许企业变更会计政策，当企业生产经营活动的客观环境发生了重大变化时，企业可以变更会计政策或方法，以利于提供更可靠、更相关的会计信息，但是必须将变更的理由、情况以及影响在财务会计报告附注中加以说明。

比如，甲公司2021年4月收入为800万元，不含罚款收入；2022年4月收入为850万元，其中，罚款收入60万元。那就不能说2022年4月比2021年4月收入多，因为指标计算口径不一致。

（5）实质重于形式。实质重于形式是指企业应当按照交易或事项的经济实质进行会计确认、计量和报告，不应仅以交易或事项的法律形式为依据，在实际工作中，交易或事项的外在法律形式或者人为形式并不总能完全反映其实质内容。比如，已经售出的一批商品，所有手续都办理完毕，但客户将这批商品暂时存放在商家仓库，那这批商品是属于商家还是买家呢？肯定是属于买家，因为这批商品实际上已经归买家所有了。

（6）重要性。重要性是指企业所提供的会计信息应当反映与企业财务状况、经营成果和现金流量等有关的所有重要交易或者事项。在会计核算过程中，对交易或者事项应当区别其重要程度，采用不同的核算方式。它要求对重要的交易或事项进行单独核算或列报，对非重要的交易或事项可以简化核算或列报。比如，销售商品是企业主要和重要的经济业务，其取得的收入在主营业务收入账户单独进行核算，而销售多余或者闲置的材料是企业不常见、非重要的经济业务，其取得的收入与转让资产使用权取得的租金收入等一并在其他业务收入账户核算，充分体现了重要性要求。

（7）谨慎性。谨慎性是指企业对交易或事项进行会计确认、计量和报告应当保持应有的谨慎，不应高估资产和收入，低估负债和费用。在市场经济环境下，企业的生产活动面临许多风险和不确定性，定期或者至少在每年年度终了，对应收账款等资产可能发生的损失计提坏账准备等就充分体现了谨慎性要求。

概括地说，谨慎性要求不可高估资产和收入，低估负债和费用。值得注意的是，谨慎性不意味着可以随意设置秘密准备，不能成为人为调整资产的工具。

（8）及时性。及时性是指企业对于已经发生的交易或者事项，应当及时进行会计确认、计量和报告，不得提前或者延后。会计信息具有时效性，可以帮助使用者及时、有效地作出决策。及时性要求主要体现在三个方面：一是及时收集会计信息，即在交易或者事项发生后及时收集和整理各种原始单据；二是及时处理会计信息，及时编制财务会计报告；三是及时传递信息，将编制好的财务会计报告按规定时限传递给会计信息使用者。会计信息有可能在某一个时间点是有用的，但到另一个时间点就变得毫无价值，甚至导致会计信息使用者作出错误的决策。

一般情况下，月度报表应于月份终了后6日内报出，季度报表应于季度终了后15日内报出，半年度报表应于半年度结束后60日内报出，年度报表应于年度终了后4个月内报出。

3.提供会计信息的形式

《企业会计准则》明确规定，会计信息要以“报表+附注”的形式进行提供，也就是以会计报表为主，另加财务状况说明书进行提供。财务状况说明书是对在会计报表中无法反映的内容，用文字加以补充说明。

要严格按照法规的要求提供会计信息，杜绝任何虚假会计信息，同时避免生僻难懂、含糊不清等不利于信息使用者的会计信息。

（二）反映受托责任的履行情况

1.受托责任的含义

受托责任是在财产或生产资料的所有权和经营管理权相分离的条件下，经营管理者由于接受委托或命令经管和运用财产或生产资料而对所有者应承担的责任。比如，某企业股东会将企业托付给企业管理层进行管理，股东会与企业管理层之间进行了某些约定或者量化了考核标准，到某一阶段完成的百分比就属于企业管理层的受托责任履行情况。

一般来说，企业所有权和企业管理权往往是分离的。企业的所有者一般不管理企业，而企业的管理者往往不是企业的所有者，因此，企业总经理等管理层，受股东会委托管理企业，完成股东交代的任务。企业的所有者要考核企业管理层受托责任的履行情况，以决定管理层的去留和薪资水平、绩效工资等。在现代经济中，很多企业的所有权和经营权都是分离的，企业的所有者可能会将企业交给自己信赖的人进行经营，企业管理层受委托人之托经营管理企业及其各项资产，从而产生受托责任。企业的经营者需要对企业的所有者负责，企业管理层有责任妥善保管并合理、有效地使用资产。因此，财务报告应当反映企业管理层受托责任的履行情况，以有助于评价企业的经营管理责任以及资产使用的有效性。

2.受托责任的内容

受托责任的内容随着社会经济的发展而不断变化和丰富，也因委托单位的性质不同而存在差异。目前，就企业而言，受托责任主要包括以下七方面：①保护受托财产或生产资料的安全与完整；②及时、保质、保量地完成所有者交办的工作；③及时、准确地记录和计算为完成任务而发生的各项耗费和经营成果；④加强经营管理，不断提高经济效益和社会效益；⑤遵守国家的法律、法规和财经纪律；⑥提交可靠的会计报表，真实、公允地反映财务状况和经营成果；⑦保护经济环境和社会环境，遵守经济秩序。

反映受托责任的履行情况，主要是看受托责任的七个方面是否都做得很好，是否让委托人满意。如果受托财产或生产资料安全与完整；及时、保质、保量地完成了所有者交办的各项工作；完成任务所发生的各项耗费和经营成果能够及时、准确地记录和计算；经营管理到位，经济效益和社会效益不断提高；没有违反国家法律、法规和财经纪律的情况；提供的会计报表可靠，能真实、公允地反映财务状况和经营成果；最大限度地保护了经济环境和社会环境，较好地遵守了社会经济秩序，就说明受托责任的履行情况良好，反之则说明受托责任履行得不好或没有履行。

任务案例解析

任务案例中爱丽丝不知该往哪儿走，就向猫问路，但当猫问她想去哪儿的时候，爱丽丝却说“去哪儿无所谓”，这就导致猫无法告诉她该怎么走。这段对话告诉我们这样一个道理：如果一个人没有目标，就失去了方向，自己不知该怎么办，别人也帮不了他。每个人都应该有自己的目标，无论是生活还是事业，皆如此。

四、会计的任务

习近平总书记在系列讲话中多次强调“空谈误国，实干兴邦”。再好的目标，如果不付诸行动都无法实现，都只能是空想。

要实现会计的目标，需要完成三大任务：进行经济核算、实施会计监督和进行会计分析。

（一）进行经济核算

进行经济核算主要包括会计确认、会计计量、会计记录和会计报告四项具体任务。

1.会计确认

所谓会计确认，是依据一定的标准，辨认哪些数据能够输入、何时输入会计信息系统以及如何进行报告的过程。会计确认包括会计记录的确认和编制会计报表的确认。换言之，会计确认是运用特定会计方法，以文字和金额同时描述某一交易或事项，使其金额反映在特定主体财务报表合计数中的会计程序。会计确认有初始确认和后续确认两个环节，它解决的是定性问题，以判断发生的经济活动是否属于会计核算的内容，归属于哪类性质的业务，是作为资产、负债，还是作为其他会计要素等。

通俗地讲，会计确认是指按照规定的方法，确定是否将企业的经济活动记入会计凭证、账簿并列入会计报表的过程。

2.会计计量

会计计量是根据一定的计量标准和计量方法，将符合确认条件的会计要素登记入账，并列报于财务报表而确定其金额的过程。企业应当按照规定的会计计量属性进行计量，确定相关金额。计量属性是指所予计量的某一要素的特性方面，如桌子的长度、材料的重量、图书的数量等。从会计角度来看，会计计量解决的是定量问题，是会计确认中用以描述某一交易或事项金额的会计程序。

通俗地说，会计计量就是确定被记录项目金额的过程，解决的是记多少的问题。

典型案例 1-1

某企业2022年4月28日购入1台需要安装的设备，买价50 000元，另支付运费500元，4月30日安装完毕并交付使用，支付安装费500元，不考虑增值税。

要求：判断这台设备该不该记为企业的资产？如果该记，什么时候记？

典型案例 1-1 解析

案例中的设备到底算不算企业的资产？什么时候开始算作企业的资产？这需要回到前面所学的知识，即资产的定义。如前所述，资产是过去的交易或事项形成的、企业所拥有或控制的、预期会给企业带来经济利益的资源。这台设备已经购买，是过去的交易所形成的，符合过去的交易或事项形成的这个关键点；企业购买后就拥有了这台设备的所有权，并且使不使用、让哪个部门使用等都由企业自己决定，符合企业所拥有或控制的这个关键点；用这台设备生产产品能获得收入，这又符合预期会给企业带来经济利益这个关键点，因此，可以断定这台设备应该记为企业的资产。

那么，应该从什么时候记为企业的资产呢？是4月28日还是4月30日？关于这个问题，还需要回到资产的定义上。4月28日，设备还没有安装，不能够使用，所以，不能给企业带来经济利益。此时，这台设备还不符合预期会给企业带来经济利益这个资产定义的关键点，因此，4月28日确认这项资产是不正确的，按照这个分析思路，这项资产的确认时间应该是4月30日，因为这一天安装完毕，满足了预期会给企业带来经济利益这个资产定义的关键点。

本案例还需要解决的另一个问题是：这项资产该确认多少？是确认为50 500元，还是51 000元，还是50 000元？这要看达到预定可使用状态时总共花了多少钱。这台设备买后不运回不能用，所以，运费要加上；这台设备需要安装方可使用，所以，安装费应该计入设备成本中。由此，设备总成本应该为“买价+运费+安装费”，即51 000元（50 000+500+500）。确认所记金额的过程属于会计计量问题。

3.会计记录

会计记录是指将经过确认和计量的会计信息在会计特有的载体上予以登记的过程。这是后续要学习的凭证填制、账簿登记等内容，这里不作介绍。

4.会计报告

会计报告即财务会计报告，是指单位对外提供的反映单位某一特定日期财务状况和某一会计期间经营成果、现金流量的文件。会计报告是以账簿记录为依据，采用表格和文字形式，把会计所形成的财务信息传递给信息使用者的载体。通过记录生成的信息量大且分散，必须压缩信息的数量，提高其质量，使其形成相互联系的财务指标体系，以便于信息使用者使用。会计信息必须以一定的方式和格式传递给信息使用者。会计报告就是把按照各种会计核算方法确认、计量、记录的资产、负债、所有者权益、收入、费用和利润的数据编制成财务报表，向使用者提供有关单位财务状况和经营成果的信息。

通俗地讲，会计报告就是将会计信息提供给信息使用者的过程。那么，会计信息应该以什么方式提供给信息使用者呢？会计法规明确规定，会计报告要以会计报表加文字说明的方式报送。或者也可以说，以会计报表加附注的形式提供会计报告。

由于进行经济核算有会计确认、计量、记录和报告四大具体任务，所以进行经济核算被称为会计的第一大职能。

（二）实施会计监督

关于实施会计监督，需要解决以下一系列问题：什么是会计监督？为什么要进行会计监督？监督什么？如何进行会计监督？由谁来监督？依据什么来监督？

1.会计监督的含义

会计监督是指会计在核算过程中对经济活动的合法性和合理性所实施的审查。它是会计的第二个基本职能。

2.会计监督的目的

关于为什么要进行会计监督，可从会计监督的必要性和重要性两方面来理解。

（1）必要性。首先，进行会计监督是法律、法规的要求。《中华人民共和国会计法》（以下简称《会计法》）和《企业内部控制基本规范》要求各单位深入贯彻法律、法规，通过一系列的会计监督制度，整顿和规范会计工作秩序，确保国家统一会计制度的有效实施。其次，进行会计监督是会计管理形势的要求。一些单位内部控制薄弱，管理松懈的问题逐渐暴露，出现了一些经济犯罪行为。比如，携公款外逃，挪用公款，在办理采购、销售、工程项目业务中损公肥私，捞取巨额回扣等。这些经济犯罪案件发生的原因虽然复杂，是多方面的，但会计监督体制不健全、会计管理和控制弱化是其中一个重要的因素。有些行为的发生，有时正是由于单位缺乏最基本的内部会计控制，将支付款项所需的全部印章及相关票据交由一人保管所致。再次，进行会计监督是经济发展形势的要求。近年来，随着经济的高速发展和综合国力的增强，一些问题不可避免地出现了，如腐败问题。建立并实施会计监督，是从源头上治理腐败的一项制度安排。各级财会人员都应认识并高度重视反腐倡廉工作的重大意义，加强会计监督，从源头上遏制腐败现象的发生。最后，进行会计监督是市场经济制度本身所需。加强会计监督已成为市场经济制度不可缺少的一项管理措施。

（2）重要性。会计监督的重要性可以从以下三方面来理解：

一是可以防止国有资产流失。国有资产是全体人民的共同财富，保障国有资产安全、防止国有资产流失，是实现第二个百年奋斗目标、实现共同富裕的必然要求。改革开放以来，我国国有经济不断发展壮大，国有企业市场活力普遍增强、效率显著提高，企业国有资产监管工作取得积极进展和明显成效。但与此同时，一些国有企业逐渐暴露出管理不规范、企业领导人员权力缺乏制约等问题，因此，加强对国有资产的管理对防止国有资产流失至关重要。

二是可以防止偷税漏税。偷税主要是通过多列支出，不列、少列收入，虚假申报等不缴或少缴税款。漏税是指纳税人因无意识而发生的漏缴或少缴税款的违章行为。偷税漏税行为都可以通过会计监督发现并加以控制。

三是可以防止会计信息失真。会计信息是信息使用者决策的依据，所以，会计信息既要符合国家宏观调控的需要，还要满足企业内部经营管理及企业外部各方了解企业财务状况和经营成果的需要。如果会计信息失真，就会导致信息使用者决策失误，从而导致决策水平或经营管理水平下降，干扰经济秩序。会计信息失真的原因虽是多方面的，但缺乏督导是主要因素之一。因此，加强会计监督具有十分重要的意义。

3.会计监督的内容

会计监督主要是监督经济活动的合法性、合理性和准确性。

合法性监督是指保证各项经济业务符合国家有关法律、法规，遵守财经纪律，执行国家的各项方针政策，杜绝违法乱纪行为。比如，在检查账簿时发现有销售违禁产品业务，这属于违法行为，要毫不留情地进行查处。

合理性监督是检查各项财务收支是否符合财务收支计划和预算要求、是否有利于预算目标的实现、是否违背内部控制制度、是否有奢侈浪费现象等，为增收节支、提高经济效益提供保障。比如，企业规定出差时不报销出租车票，但查账时却发现有报销出租车票的项目，这就违反了内部控制制度的要求。

准确性监督主要是检查会计记录和会计报表是否有错误。

4.会计监督的环节

从监督环节来看，会计监督包括事前会计监督、事中会计监督和事后会计监督三个环节。事前会计监督是会计在经济活动开始前进行的监督。例如，通过制定预算和定额，控制费用和消耗；通过对会计资料的分析，找出差距，制定对策和措施，从而做到在事前就有目的地控制经济活动的进程。事中会计监督是会计对正在发生的经济活动过程和取得的核算资料进行审查、分析，并据以纠正偏差和错误，控制经济活动按照预定目标和要求进行。事后会计监督是会计对已经发生的经济活动以及相应的核算资料进行审查、分析。

5.会计监督的主体

从监督主体来看，会计监督有内部监督和外部监督。《会计法》确立了单位内部监督、社会监督、政府监督三位一体的会计监督体系，并对会计监督的具体内涵及实现方式赋予了具体内容。本书仅限于以会计机构和会计人员为监督对象的监督，即内部监督，也就是进行会计工作自查，防止会计工作中出现违规或错误。

6.会计监督的依据

无论哪个环节、哪项内容的会计监督，都要有科学的依据和标准，如党和国家的政策、法规、单位的规定等，要实事求是地开展监督工作。

现实中，由于监督不到位产生严重后果的案例不少。比如，长期不进行财产清查、出纳员挪用公款、滥用财务章、保管员私拿公物、票据审查不严、以假发票报账等，都造成了不同程度的损失。因此，必须加强会计监督工作。

会计核算职能和监督职能相辅相成、辩证统一。一方面，会计核算是会计监督的基础，没有核算所产生的会计信息，监督就失去了依据和内容；另一方面，会计监督又是会计核算质量的保障，只进行核算，不进行监督，难以保证会计核算所提供信息的真实性、合法性、合理性和准确性。

会计部门有责任按照法律及经济管理的目标和要求，通过审核环节，对经济业务事项的合法性、合理性和有效性进行监督，防范和制止违法行为，控制资金、成本及不合理开支，维护法律的尊严和财经纪律，保护各方的利益。

（三）进行会计分析

进行会计分析，实质上是参与经济计划、预测和决策的过程。进行会计分析被称为会计的第三大职能，也被称为会计的发展职能或拓展职能。

进行会计分析就是利用会计信息及其他相关信息资料，计算相关指标，分析企业的营运能力、偿债能力、获利能力和现金流量情况等，为单位制订经济计划、进行经济预测和决策提供可靠依据，促使单位加强资金管理，制订合理的计划，进行科学的预测和决策，提高整体效益，实现管理目标。

进行经济分析，解决的是判断资金结构是否优化，即资产、负债的比例是否科学，是否有利于企业发展的问题；分析偿债能力，可以帮助企业预防资金链断裂等问题；对获利能力进行分析，可以帮助企业分析发展前景等。

星火小讲堂
1-3

任务四　明晰会计工作的依据

【任务目标】

- 明晰会计工作与哪些法规有关
- 认清会计工作违反法律、法规的后果
- 学会运用法律、法规开展会计工作
- 增强法治观念和规矩意识

【任务案例】

案例1：张某的公司会计小李辞职后，张某收到一张法院的传票。原来，会计小李曾在一张白纸上盖上公司公章并将其交给某供货商，对方拿着这张“白纸”打印了一份结算单，多算了20万货款。如今找小李要不到钱，就把张某的公司诉至法院。法院认为：张某认可该结算单上的公章是真的，该结算单有效。因此，法院判决张某按结算单上的数额支付全部货款。

要求：分析并判断张某是否该接受法院判决的结果。

案例2：安阳市恒业医疗器械有限公司是一家以经营医疗器械为主的企业，2006年至2008年11月，陆续向安阳市人民医院、安钢医院、安阳肿瘤医院、汤阴县人民医院、安阳地区医院5家医院销售共310多万元的货物，却未申报销售收入，少缴增值税12.10万元。安阳市税务稽查部门对该单位进行了稽查。

要求：分析并判断税务稽查部门对该单位进行稽查是否具有法律依据。

案例3：某单位会计小芳一贯表现优秀，一天，她心情不好，因发泄情绪将单位的重要会计资料透露给了丈夫，并因此给单位造成了一定的经济损失。

要求：请判断小芳的行为是否违法。

【知识准备】

会计工作涉及的法规较多，不仅涉及会计法规、税收法规，还涉及经济法规。同时，会计从业人员还要遵守会计职业道德。这就从不同角度对会计工作提出了不同的要求。

一、会计法规

近年来，我国会计法规不断完善，现行会计法规分为四个层次：

第一个层次是会计法律。由全国人民代表大会统一制定，如《中华人民共和国会计法》(以下简称《会计法》)。

第二个层次是会计行政法规。由国务院制定，如《总会计师条例》《企业财务会计报告条例》等。

第三个层次是会计规章制度。由财政部统一制定，如《企业会计准则》《企业会计制度》等。

第四个层次是会计管理规定、办法、规则和通知等。由国务院其他部门、中央军委后勤保障部，以及各省、自治区、直辖市等地方制定，只适用于本部门、本地的实际情况。

(一) 会计法律

会计法律是指由全国人民代表大会及其常务委员会经过一定立法程序制定的、调整我国经济生活中会计行为关系的法律规范的总称。现行的《会计法》是我国会计法律制度中层次最高的法律规范。它是会计法规体系中最具法律效力的法律规范，是会计工作的根本大法，是制定其他会计法规、会计规章制度的依据，也是指导我国会计工作的最高准则，其他任何会计法规都不得与之相违背，更不可凌驾于《会计法》之上。

《会计法》包括总则、会计核算、会计监督、会计机构和会计人员、法律责任、附则六部分。会计工作要依据这六部分的要求进行。

总则部分明确指出了《会计法》的立法目的、适用范围、设账要求、单位负责人的基本职责、会计机构及会计人员的职责和权利、对会计人员的奖励、会计工作监管体制、会计制度制定体制。

由《会计法》可知，国家机关、社会团体、公司、企业、事业单位和其他组织办理会计业务都受《会计法》的约束；各单位领导人领导会计机构、会计人员和其他人员执行《会计法》；会计核算的对象和内容主要包括款项和有价证券的收付，财物的收发、增减和使用，债权和债务的发生和结算，资本、基金的增减和经费的收支，收入、费用和成本的计算，财务成果的计算和处理等。

按照《会计法》，会计核算以人民币为记账本位币；以公历年度为会计年度，即公历1月1日至12月31日为一个会计年度；各单位的会计机构和会计人员为会计监督的主体，负责对本单位进行会计监督；各单位有义务依照法律和国家有关规定接受财政、审计、税务监督；单位领导人、会计人员违反《会计法》的有关规定，应当给予行政处理和追究刑事责任。

（二）会计行政法规

会计行政法规是指由国务院制定并发布，或者由国务院有关部门拟定并经国务院批准发布，调整经济生活中某些会计关系的法律规范。它是依据《会计法》制定的，是对会计法律的具体化或某个方面的补充。我国现行的会计行政法规主要是《总会计师条例》《企业财务会计报告条例》等。其中，与会计工作关系密切的是《企业财务会计报告条例》。

《总会计师条例》主要对总会计师的职责、权限、任免与奖惩等作出了规定。

《企业财务会计报告条例》主要对企业财务会计报告的构成、编制、对外提供、法律责任等作出了规定。

按照《企业财务会计报告条例》，年度结账日为公历年度每年的12月31日；半年度、季度、月度结账日分别为公历年度每半年、每季、每月的最后一天。企业（包括公司）结账时间要按要求进行，不得提前，也不能延后。

（三）会计规章制度

会计规章制度是财政部针对会计工作制定的规范性文件，主要有《企业会计准则》和会计制度等。

会计准则对会计核算的计量基础和会计核算业务的处理方法作出了规定。《企业会计准则》分为基本准则、具体准则和应用指南三部分。

《企业会计准则——基本准则》对会计的基本前提、会计信息质量要求、会计计量和财务会计报告提出了要求，会计要以此为依据进行工作。

企业会计具体准则就经济业务的会计处理及其程序作出具体规定。

企业会计准则应用指南是根据基本准则和具体准则制定的指导会计实务操作的细则，主要解决在运用《企业会计准则》处理经济业务时所涉及的会计科目、账务处理、会计报表格式及其编制说明等问题。

会计制度是进行会计工作所遵循的规则、方法和程序的总称，是会计工作的主要依据。

目前，我国的会计制度主要有《企业会计制度》《小企业会计制度》《民间非营利组织会计制度》《村集体经济组织会计制度及相关法规》《农民专业合作社财务制度》《工会会计制度》《政府会计制度行政事业单位会计科目和报表》等。我国会计制度一般包括总说明、会计科目、财务报表和附录四部分内容，主要就会计制度制定的依据、适用范围、管理权限，使用会计科目的具体要求，财务报表的报送范围、报送日期作出规定。

（四）会计管理规定、办法、规则和通知

这一层次是指国务院其他部门、中央军委后勤保障部，以及各省、自治区、直辖市等业务主管部门，在与《会计法》和国家统一会计制度不相抵触的前提下，制定适合本部门、本地实际情况的会计管理规定、办法、规则和通知等。

二、税收法规

税收法规对计税对象、计税时间、计税比率或额度、报税时间以及未按税法规定纳税的处罚等作出了明确规定。这部分内容将在税法课程中学习，这里不作详细介绍。

三、经济法规

经济法规对盈余公积的计提、合同的签订、定金的收付等作出了明确规定。这部分内容将在经济法课程中学习，这里不作详细介绍。

任务案例1解析

会计小李在给供货商的白纸上盖公司公章，违反了《财务印章管理办法》第九条“严禁在各类未按规定履行审批手续的待用印的空白单据、票据上使用公司财务印章”的规定，属于违法行为，会计小李应该承担法律责任及由此造成的经济损失。由于找不到会计小李，所以，张某的公司要承担由会计小李所造成的损失，接受法院的判决结果，按结算单上的数额支付全部货款。

企业印章作为企业身份和权利的证明，是企业在经营管理活动中行使职权的重要凭证和工具，印章的使用管理，关系着企业正常经营管理活动的开展和企业的生存与发展，一定要按要求规范使用。

任务案例2解析

我们来分析和判断一下任务案例中税务稽查部门对这家医疗器械企业进行稽查是否具有法律依据。

《中华人民共和国税收征收管理法》第六十三条规定，纳税人伪造、变造、隐匿、擅自销毁账簿、记账凭证，或者在账簿上多列支出或者不列、少列收入，或者经税务机关通知申报而拒不申报或者进行虚假的纳税申报，不缴或者少缴应纳税款的，是偷税。对纳税人偷税的，由税务机关追缴其不缴或者少缴的税款、滞纳金，并处不缴或者少缴的税款百分之五十以上五倍以下的罚款；构成犯罪的，依法追究刑事责任。

本案例中，这家医疗器械企业的少列收入行为属于违法行为，被税务稽查部门稽查罪有应得。税务稽查部门对其进行稽查，法律依据清楚，属于正常执法。

任务案例3解析

我们来分析和判断一下小芳的行为是否属于违法行为。

《会计基础工作规范》第二十三条规定，会计人员应当保守本单位的商业秘密。除法律规定和单位领导人同意外，不能私自向外界提供或者泄露单位的会计信息。据此可以断定，小芳的行为是违法行为。

星火小讲堂
1-4

会计工作涉及的法规较多，前面列举的只是违反法规的个案，在后续课程的学习中将会接触更多会计法规内容，现阶段也可在课余时间查阅相关的法规和案例进一步学习。

任务五　了解会计的方法

【任务目标】

- 了解会计方法的内涵
- 明晰会计方法体系及各种会计方法的关系
- 认识事物之间的联系性，学会用联系的观点看问题

【任务案例】

小亮和小明是大数据与会计专业的新生，在聊到自己所报的专业时，小明向小亮讲述了自己当时与父亲发生分歧的插曲。小明要报大数据与会计专业，而父亲不想让他报这个专业，说大数据与会计专业不用什么理论和方法，只要跟着老会计学就可以了，用不着花3年的时间去学习，浪费时间。但是小明并不同意父亲的说法，最后还是坚持了自己的想法。

要求：请判断小明父亲的说法能否站住脚。

【知识准备】

一、会计方法的含义

会计方法是核算和监督会计对象、完成会计任务的手段，是指从事会计工作所使用的各种技术方法，一般包括会计核算方法、会计分析方法和会计检查方法。本书只介绍会计核算方法。

会计核算方法是会计部门对企业、事业等单位的资金运动，以货币为主要计量单位，按照真实、准确、完整和及时的要求，进行确认、计量、计算、记录和报告的手段。

在实际会计核算工作中，只有熟悉、掌握和运用会计核算方法，才能在经济业务发生时，按照有关规定，采用相应的核算方法进行处理，如填制原始凭证、编制记账凭证、登记会计账簿、编制会计报表等，完成日常的会计核算工作。如若不熟悉、不掌握和不会运用会计核算方法，则会影响对日常经济业务的处理，影响会计核算工作的进行。随着经济发展和科技进步，会计核算方法也将不断得到完善和发展，对会计核算工作发挥重要作用。

二、会计方法体系

为适应各种会计核算工作的需要，有多种会计核算方法与之对应，各种会计核算方法相互联系、相互制约而形成有机体系。在会计核算方法体系中，主要的方法有设置账户、复式记账、填制和审核凭证、登记会计账簿、成本计算、财产清查和编制财务会计

报告。这些会计核算方法反映了会计核算过程，当经济业务发生后，要填制或取得原始凭证，按照设置的账户，依据复式记账的要求，编制记账凭证，依据编制的记账凭证并结合原始凭证登记会计账簿，依据会计账簿资料和有关资料进行资产、负债、成本和利润计算，按规定组织财产清查，最后根据会计账簿资料和有关资料编制会计报表。在会计核算过程中，填制和审核会计凭证是开始环节，登记会计账簿是中间环节，编制会计报表是终结环节，以这三个环节为连接点而形成会计核算方法体系，如图 1-1 所示。

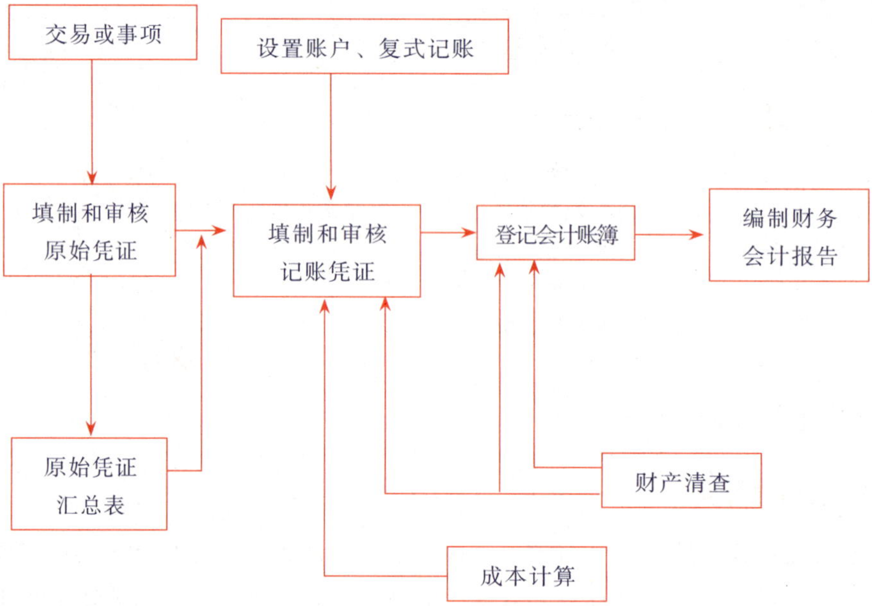

图 1-1　会计核算方法体系图

任务案例解析

《会计法》第二章第九条规定："各单位必须根据实际发生的经济业务事项进行会计核算，填制会计凭证，登记会计账簿，编制财务会计报告。"

《会计基础工作规范》第三十八条规定："各单位的会计核算应当以实际发生的经济业务为依据，按照规定的会计处理方法进行，保证会计指标的口径一致、相互可比和会计处理方法的前后各期相一致。"这里所指的"规定的会计处理方法"就包括填制会计凭证、登记会计账簿、编制财务会计报告等会计方法。

因此，小明父亲说大数据与会计专业不用什么理论和方法，显然是站不住脚的。跟老会计学固然重要，能学到工作中涉及的会计技能，却学不到系统的会计理论和方法，最后很可能导致很多会计事项知其然而不知其所以然。国家设置这样的专业有其必要性和重要性，不能说用3年的时间学习是浪费时间。

星火小讲堂
1-5

任务六　了解会计工作组织

【任务目标】

- 了解会计工作组织的含义
- 明晰会计机构设置的相关规定
- 知晓会计人员的配备要求
- 认识会计工作组织形式

微课 3
了解会计工作

【任务案例】

王新是力佳会计师事务所的新职员，主要负责接待和咨询工作。一天，他接到一个电话，对方咨询刚成立的公司是否应该设置会计机构的事宜。这是一家汽车模具公司，有员工300多人，涉及采购、销售、成本核算、费用支出等业务类型，预测业务量较大，需要会计系统提供如成本控制、信用控制等管理信息。王新听后一时不知该如何回答。

要求：如果你是王新，你会如何回答这个问题？

【知识准备】

一、会计工作组织的含义

会计工作组织是指对会计机构设置、会计人员配备、会计规章的制定与执行等各项工作所作的统筹安排。也就是说，设不设置会计机构、怎样配备会计人员、制定哪些会计规章制度等都是会计工作组织所包含的工作内容。

二、会计机构设置

会计机构是指单位内部设置的办理会计事务和组织领导会计工作的职能部门。是不是所有单位都必须设置会计机构？什么样的单位可以不设置会计机构？原则上，每个单位都应设置会计机构。凡事要遵循成本效益原则，会计工作也不例外。因此，《会计法》对各单位是否设置会计机构作出了原则性规定："应当根据会计业务的需要"来决定，即各单位可以根据本单位会计业务的多少来决定是否设置会计机构。业务较多的单位应设置会计机构，而那些规模很小、业务和人员都不多的单位，可以不单独设置会计机构，将业务并入其他职能部门，或者进行代理记账。

设置会计机构的单位，应当配备会计机构负责人，并至少应该设置两个会计岗位，即会计机构负责人（会计主管）岗位和出纳岗位。

将业务并入其他职能部门的单位，要在相关机构中配备专职会计人员，并且，要同时在专职会计人员中指定会计主管人员。

不单独设置会计机构，也不在有关机构指定会计主管的单位，要在有关机构中设置一名出纳员。

没有设置会计机构和配备会计人员的单位，应当根据《代理记账管理办法》的规定，委托会计师事务所或者持有代理记账许可证书的代理记账机构进行代理记账。

三、会计人员配备

（一）会计人员从业条件

《会计法》第三十八条规定：会计人员应当具备从事会计工作所需要的专业能力。担任会计机构负责人（会计主管人员）的，应当具备会计师以上专业技术职务资格或者从事会计工作三年以上经历。目前，各单位采用会计专业技术职务来代表会计人员的技术等级，分为初级会计师、会计师和高级会计师3个等级。其中，初级会计师和会计师资格的取得实行全国统一考试制度，高级会计师资格的取得实行考试与评审相结合的制度。初级会计师考试科目为初级会计实务和经济法基础，一年内通过全部科目的考试方可获得初级会计师资格。会计师考试科目为中级会计实务、财务管理和经济法，在连续两个考试年度内通过全部科目的考试方可获得会计师资格。

需要强调的是，前面内容是从能力上对会计从业人员提出的条件，但有以下情况的人员不得从事会计工作：

因有提供虚假财务会计报告，做假账，隐匿或者故意销毁会计凭证、会计账簿、财务会计报告，贪污、挪用公款，职务侵占等与会计职务有关的违法行为被依法追究刑事责任的人员，不得再从事会计工作。

（二）会计人员任用的回避制度

会计相关法规规定：会计机构负责人和会计主管的直系亲属不得在本单位担任出纳工作。除此之外，单位负责人的直系亲属不得担任本单位会计机构负责人或会计主管。例如，单位总经理的配偶、子女、父母等都不可以担任财务部门的负责人；财务部门负责人的配偶、子女、父母等都不可以担任出纳员。

由于各单位的性质不同，规模大小也有差别，所以，不同单位的会计岗位设置情况有所区别。各单位应该根据会计业务需要设置会计工作岗位。比如，可以设置会计机构负责人或会计主管人员、出纳和会计，也可以设置会计机构负责人或会计主管人员、出纳岗、财产物资岗、工资岗、税务岗、总账岗等。

关于会计岗位的人员安排，可以一人一岗、一人多岗，也可以一岗多人，但出纳人员不得兼任稽核、会计档案保管和收入、费用、债权债务账簿的登记工作。

一个单位，无论设置多少个会计岗位，也无论一名会计人员担任几个会计岗位的工作，都要按单位的会计人员岗位责任制度对其进行考评。

（三）会计人员职业道德

会计职业道德是指在会计职业活动中应当遵循的、体现会计职业特征、调整会计职业关系的职业行为准则和规范。在会计工作过程中，会计人员应遵守职业道德规范，树立良好的职业形象，形成严谨的工作作风，严格执行工作纪律，不断提高工作质量和效率。会计人员职业道德规范要求会计人员做到以下八点：

（1）爱岗敬业。会计人员应当热爱会计工作，安心本职岗位，忠于职守，尽心尽力，尽职尽责。

（2）诚实守信。会计人员应当做老实人，说老实话，办老实事，执业谨慎，信誉至上，不为利益所诱惑，不弄虚作假，不泄露秘密。

（3）廉洁自律。会计人员应当不贪不占，公私分明，遵纪守法，清正廉洁。

（4）客观公正。会计人员应当端正态度，依法办事，实事求是，不偏不倚，保持应有的客观独立性。

（5）坚持准则。会计人员应当熟悉国家法律、法规，始终坚持按法律、法规的要求进行会计核算，实施会计监督。

（6）提高技能。会计人员应当增强提高专业技能的自觉性和紧迫感，勤学苦练，刻苦钻研，不断进取，提高业务水平。

（7）参与管理。会计人员应当在做好本职工作的同时，努力钻研相关业务，全面熟悉本单位经营活动和业务流程，适时提出合理化建议，协助领导决策，积极参与管理。

（8）强化服务。会计人员应当树立服务意识，提高服务质量，努力维护和提升会计职业的良好形象。

在开展会计工作时，会计人员应当在严格执行会计法规和其他相关法规的前提下，遵守会计人员职业道德规范；否则，可能造成严重后果和无法挽回的损失，甚至受到法律的惩罚。

（四）会计人员要参加继续教育

《会计法》明确规定，会计人员必须接受一定形式的、有组织的理论知识、专业技能、政策法规和职业道德的教育和培训活动，不断保持和提高其专业胜任能力和职业道德水平。会计人员继续教育，可以是接受培训，也可以通过自学方式来完成。但无论哪种形式，都要达到规定的要求。

四、会计工作组织形式

会计工作组织形式主要有集中核算形式和非集中核算形式两种。

1.集中核算形式

集中核算形式是指单位的会计工作大都集中由会计部门负责。单位内部的其他部门和下属单位只对其发生的经济业务填制原始凭证，定期对这些原始凭证进行初步的审核、整理和汇总后送交会计部门。

集中核算形式的优点在于会计部门能及时掌握企业经济业务的全貌，便于对企业内部的各个部门进行会计监督，也便于对会计人员进行管理。集中核算形式的缺点是不利于单位内部经济责任制的落实。集中核算形式适用于小型企业和事业单位。

2.非集中核算形式

非集中核算形式是指将会计工作分散在单位内部所属单位、部门来进行的核算组织形式。在这种核算形式下，企业的产品成本由生产产品的生产车间进行核算，而损益核算则由厂部会计机构负责。

非集中核算形式的优点在于便于内部单位利用会计资料加强经营管理，有利于经济责任制的落实。非集中核算形式的缺点是组织形式层次多、手续复杂、核算工作量大，不利于会计人员分工。非集中核算形式适用于大中型企事业单位。

任务案例解析

《会计法》对各单位会计机构设置的原则性规定是，“应当根据会计业务的需要”来决定，即各单位可以根据本单位会计业务的多少来决定是否设置会计机构。业务较多的单位应设置会计机构，而那些规模很小、业务和人员都不多的单位，可以不单独设置会计机构，可以将业务并入其他职能部门，或者进行代理记账。而这家汽车模具公司有员工300多人，人员相对较多，并且涉及采购、销售、成本核算、费用支出等多种业务类型，预计业务量也较大，还需要会计系统提供如成本控制、信用控制等管理信息。因此，王新应该建议这家公司设置会计机构。

星火小讲堂
1-6

任务七　熟悉会计工作流程

【任务目标】

- 明确会计工作流程的含义
- 熟悉常见的会计工作流程
- 学会选用会计工作流程
- 善于运用具体问题具体分析的哲学原理

【任务案例】

黑龙公司是一家有限责任公司，其经营范围是数控机床生产，原来企业规模小，会计工作一直按记账凭证会计工作流程开展。前不久，公司扩大了生产规模，职工人数增加到了1 000人，预计年销售额近1亿元，资产达到2亿元，会计工作量明显加大。公司财务科科长张超针对企业的发展状况，决定选用账户汇总表会计工作流程开展会计工作。决定宣布后，大多数财务人员都认同这样的选择，表示同意，但是王芳有些不理解，原来做得很顺手，为什么非要变换工作流程呢？变换后该怎么做呢？

要求：

（1）判断张超科长作此决定的科学性。

（2）如果你认为张科长的决定科学、有效，请替张科长向王芳会计做好解释工作。

（3）负责帮助王芳会计学会账户汇总表会计工作流程的具体操作方法。

【知识准备】

一、会计工作流程的含义

会计工作流程也称会计工作程序或会计核算形式，是指由原始凭证到记账凭证、明细分类账和总分类账、会计报表的工作程序和方法等。

一个单位的经济业务信息经过哪些环节或步骤最后形成会计报表，取决于单位所采用的会计工作流程。下面我们就对目前常见的会计工作流程加以了解。

二、常见的会计工作流程

常见的会计工作流程有两种：一种是记账凭证会计工作流程；另一种是账户汇总表会计工作流程。

（一）记账凭证会计工作流程

1. 记账凭证会计工作流程的概念

记账凭证会计工作流程是指对发生的经济业务或事项，都要根据原始凭证或汇总原始凭证编制记账凭证，再直接根据记账凭证逐笔登记总分类账，并定期编制会计报表的一种会计工作流程。它是最基本的会计工作程序，是其他会计工作程序的基础。

2. 记账凭证会计工作流程图

从图1-2中可以看出记账凭证会计工作流程操作的步骤：

①根据原始凭证编制汇总原始凭证。

②根据原始凭证或汇总原始凭证，编制记账凭证。

③根据记账凭证中涉及收款、付款的凭证逐笔登记库存现金日记账和银行存款日记账。

④根据原始凭证（或汇总原始凭证）和记账凭证，登记各种明细分类账。

⑤根据记账凭证逐笔登记总分类账。

⑥期末，库存现金日记账、银行存款日记账和明细分类账的余额与有关总分类账的余额核对。

⑦期末，根据总分类账和明细分类账的记录，编制会计报表。

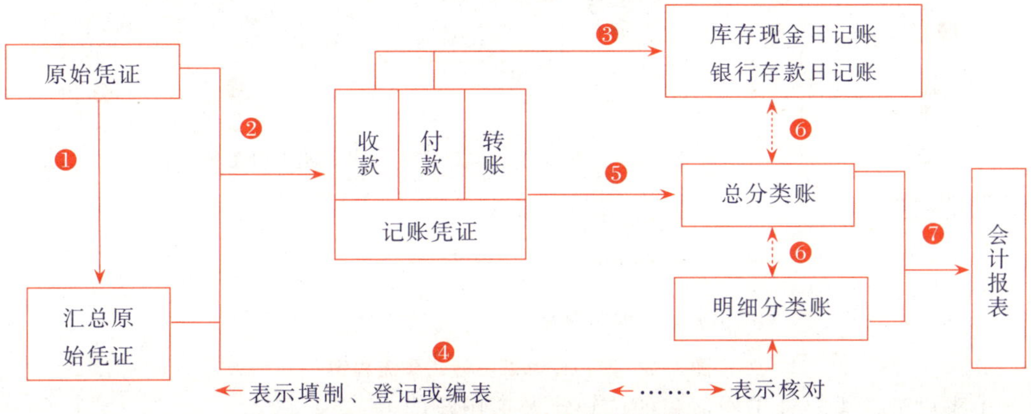

图1-2　记账凭证会计工作流程图

3. 记账凭证会计工作流程的优缺点及适用范围

记账凭证会计工作流程的优点是：总账登记的直接依据是记账凭证，易于理解，容易操作；同时，每一张记账凭证的内容都在总账中单独体现，比较详细，便于检查。其缺点是由于要根据记账凭证逐笔登记总账，工作量较大。

适用范围：记账凭证会计工作流程适用于规模小、经济业务或事项较少的单位。

（二）账户汇总表会计工作流程

1. 账户汇总表会计工作流程的概念

账户汇总表会计工作流程也叫记账凭证汇总表会计工作流程，是根据记账凭证定期编制账户汇总表，再根据账户汇总表登记总分类账的一种会计工作流程。

2. 账户汇总表会计工作流程图

从图1–3中可以看出账户汇总表会计工作流程操作的步骤：

①根据原始凭证编制汇总原始凭证。

②根据原始凭证或汇总原始凭证，编制记账凭证。

③根据记账凭证中涉及收款、付款的凭证逐笔登记库存现金日记账和银行存款日记账。

④根据原始凭证、汇总原始凭证和记账凭证，登记各种明细分类账。

⑤根据记账凭证编制账户汇总表。

⑥根据账户汇总表登记总分类账。

⑦期末，库存现金日记账、银行存款日记账和明细分类账的余额与有关总分类账的余额核对。

⑧期末，根据总分类账和明细分类账的记录，编制会计报表。

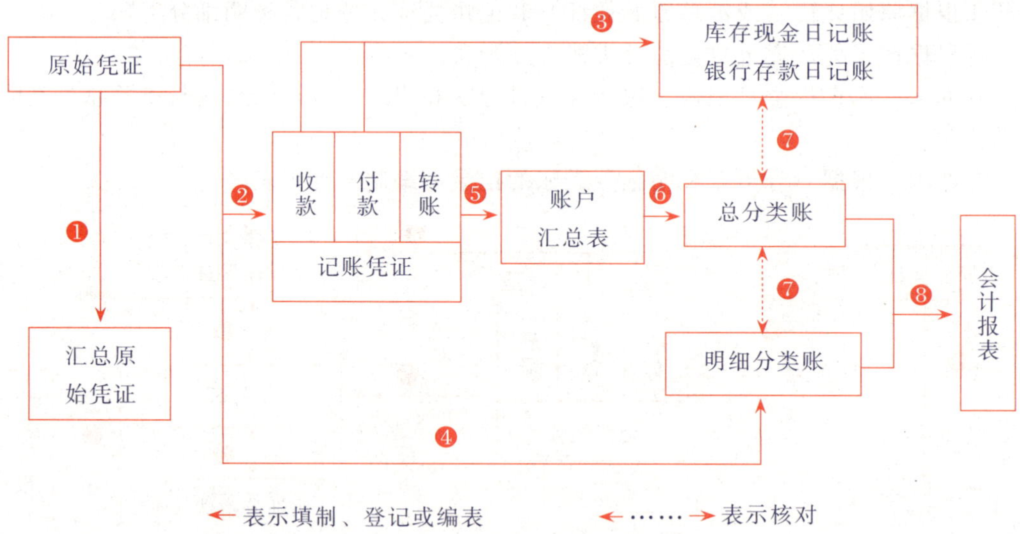

图1–3 账户汇总表会计工作流程图

3. 账户汇总表会计工作流程的优缺点及适用范围

账户汇总表会计工作流程的优点是：减少了总分类账登记的工作量，并且，可以进行平衡试算，简明易懂，操作简单。其缺点是：无法看出经济业务的来龙去脉。

适用范围：账户汇总表会计工作流程适用于规模较大、经济业务或事项较多的单位。

（三）常见会计工作流程比较

记账凭证会计工作流程和账户汇总表会计工作流程的比较如表1-1所示。

表1-1　　会计工作流程比较表

会计工作流程	联系	区别			
		登记总账的依据	优点	缺点	适用范围
记账凭证会计工作流程	1.凭证组织相同，都设收款凭证、付款凭证、转账凭证； 2.账簿组织相同，都设库存现金日记账、银行存款日记账、总账、明细账； 3.报表组织相同，对外报送的表都是资产负债表、利润表、现金流量表； 4.会计工作各环节除登记总账的依据不同外，其他基本相同	依据记账凭证逐笔登记总分类账	1.总分类账可详细地反映经济业务的发生情况； 2.简单明了，易于理解	登记总分类账的工作量较大	适用于规模较小、经济业务或事项较少的单位
账户汇总表会计工作流程		依据账户汇总表登记总分类账	1.减轻了总账登记的工作量； 2.可试算平衡； 3.简明易懂，方便易学	1.不能反映账户对应关系； 2.不便于查对账目	适用于经济业务或事项较多的单位

每一种会计工作流程都有其特点和适用范围。在实际工作中，各单位可在国家法规的框架下，结合自身的具体情况，选用符合本单位特点的会计工作流程，但在选用时应重点考虑以下三方面：

①符合国家有关财务、会计法规对会计信息及时性、真实性、准确性和全面性的要求。

②能及时、完整地提供反映本单位经济活动过程和结果的财务会计报告，满足经济管理的要求。

③应适合本单位的经济业务性质和管理活动特点，有利于会计分工和加强岗位责任制，有利于提高工作效率。

星火小讲堂
1-7

任务案例解析

公司扩大了生产规模，职工人数也增加到了1 000人，并且预计年销售额和资产数额也都能达到很高的额度，会计工作量又明显加大。通过前面的理论学习可以知道，选用账户汇总表会计工作流程能够在一定程度上减少工作量，因此张科长的决定是科学而有效的。如果向王芳讲明常见会计工作流程的选择原则，王芳就会理解张科长的做法了。最后，可以结合图1-3指导王芳按账户汇总表会计工作流程进行操作。

任务八 明确会计的基本假设和核算基础

【任务目标】

- 明晰会计基本假设的内涵
- 熟悉会计核算的两大基础
- 学会运用会计基本假设和核算基础
- 能够运用会计核算基础准确分析和判断企业财务状况和经营效果

【任务案例】

两位个体企业老板比业绩。

张老板：我们公司拥有1 000万元资产，没有一点负债。

王老板：我们公司拥有1 100万元资产，也没有负债，只是我自己垫付了300万元设备款。

张老板：我的收入是500万元。

王老板：我的收入是400万元，但还有200万元没收回的货款，加起来600万元呢。

要求：

（1）评判张老板和王老板谁的公司资产雄厚。

（2）判断哪一家公司当时的经营业绩好。

【知识准备】

一、会计基本假设

会计基本假设也称为会计核算的基本前提，是对会计核算工作的空间和时间范围、内容、基本程序和方法所作的限定。我国《企业会计准则》和《企业会计制度》规定，企业在组织会计核算时，应以会计主体、持续经营、会计分期、货币计量作为会计核算的基本前提。也就是说，会计核算要在这四个基本前提下进行。

（一）会计主体

会计主体是指会计所服务的特定单位。会计主体假设是指会计所反映的是一个特定单位的经济活动。会计主体假设是对会计工作的空间范围所作的限定，明确了会计人员为“谁”核算以及核算“谁”的经济业务。这些特定单位可以是集团公司、总厂，也可以是分公司、分厂、车间、班组等，一般认为，只要满足独立核算、自负盈亏的要求，就可以是会计主体。在会计主体假设条件下，企业应当以自身发生的交易或事项进行确认、计量、记录和报告，不会影响企业自身经济利益的交易或事项则不能加以确认、计量、记录和报告。会计主体必须是与企业相关的利益主体，如投资者、债权人等。不同会计主体的交易或事项应区别开来。比如，私营企业主个人的开支不能在企业的账面上反映。再比如购销业务，购买方的会计人员只能反映购货业务，核算内容是支付款项和收到产品；销售方的会计人员只能反映销售业务，核算内容是交付产品和收回款项。购买方和销售方不能相互混淆。单位之间、单位与个人之间的资产、负债等不能混淆记在同一个账上。

只有以会计主体作为基本前提，明确会计核算和监督的空间范围，才能正确反映特定单位所拥有的资产、对外所承担的债务和投资者所拥有的权益，合理计算经营过程中发生的收益和耗费，向有关各方提供准确的会计信息。

（二）持续经营

持续经营是在可以预见的未来，企业将会按当前的规模和状态继续经营下去，不会停业，也不会大规模削减业务。它明确的是会计核算的时间范围，要求企业采用的会计政策包括会计方法、会计程序保持稳定。

持续经营假设为企业选择适用的会计原则和会计方法进行财产计价和收益确定提供了理论依据。比如，企业于2022年4月购入一台价值10万元的设备，预计可使用10年，那么，这10万元是都记入4月份，还是只记其中的1/10呢？有了持续经营假设，就可以采用一定的方法，将10万元的设备款分别记入10年之中，这样就充分体现出了哪期受益哪期承担的原则，合情合理。

（三）会计分期

会计分期是指把企业持续不断的生产经营过程人为地划分为较短的、等距离的会计期间，以便分期结算账目，按期编制会计报表。按照持续经营假设，会计主体真实、准确的会计信息只有在终止经营的时候才能获取，而投资者和债权人等了解现实生产经营状况以及开展决策都需要及时的会计信息，这就要求企业把持续正常的生产经营活动人为地划分为较短的、等距离的会计期间，分期结算账目和编制财务会计报告。会计分期假设产生了本期与其他各期的区别。为了正确反映各会计期间的经营成果，对于跨期的经济，应采用相应的会计处理方法，如分期计提折旧、摊销费用等。

我国按照自然年度、季度和月度划分会计期间，即会计期间分为年度、半年度、季度和月度。半年度、季度和月度称为会计中期。

只有正确地划分会计期间，才能准确地提供经营成果和财务状况的资料，才能进行会计信息的对比。

（四）货币计量

货币计量是指会计主体在会计确认、计量和报告时以货币为主要计量尺度。实物和劳动计量单位作为辅助计量单位。货币计量假设隐含着币值稳定假设，也就是假设货币币值是不变的，即使有变化，如果变化幅度不大，在会计核算时也不予考虑，因为在会计实务中很难做到币值变动一次，会计记录就调整一次。我国《会计法》规定：“会计核算以人民币为记账本位币，业务收支以人民币以外的货币为主的单位，可以选定其中一种货币作为记账本位币，但是编报的财务报告应当折算为人民币。”因为如果币种不一样，无法进行比较。

会计的四个基本假设相互依存，相互补充。会计主体确立了会计核算的空间范围，持续经营与会计分期确立了会计核算的时间长度，而货币计量为会计核算提供了必要手段。没有会计主体，就不会有持续经营，没有持续经营，就不会有会计分期，没有货币计量就不会有现代会计。

二、会计核算基础

会计核算基础是指会计以什么为标准来确认、计量和报告企事业单位的收入和费用。确认标准有两种：一种是收付实现制；另一种是权责发生制。

1.收付实现制

收付实现制又称现金制或实收实付制，是以收到或支付现金作为确认收入和费用的标准。在收付实现制下，收入和费用的归属期间与现金收支行为紧密相联。

通俗地说就是，在哪个会计期收到钱，就确认为哪个会计期的收入；在哪个会计期支付款，就确认为哪个会计期的费用。

2.权责发生制

权责发生制以取得收入的权利和承担支付责任作为确认本期收入和费用的标准。在权责发生制下，凡是当期已经实现的收入和已经发生或应当负担的费用，不论款项是否收付，都应当作为当期的收入和费用；凡是不属于当期的收入和费用，即使款项已在当期收付，也不应当作为当期的收入和费用。因此，权责发生制也称为应计制或应收应付制。

以上介绍了收付实现制和权责发生制两种会计核算基础，那么，一个单位到底应该采用哪种会计核算基础来确认收入和费用？是否可以自行选择呢？对此，《企业会计准则——基本准则》第九条作出了明确规定：企业会计应当以权责发生制为基础进行会计确认、计量和报告。可见，企业只允许采用权责发生制，而不能采用收付实现制。

目前，我国的行政单位采用收付实现制，事业单位中的经营业务采用权责发生制，其他业务采用收付实现制。

任务案例解析

（1）案例中张老板公司的资产比王老板公司的雄厚。因为张老板公司的资产是1 000万元，而王老板公司的资产虽然是1 100万元，但偿还完王老板垫付的300万元设备款后只剩下800万元资产，低于1 000万元，因此张老板公司的资产比王老板公司的雄厚。

（2）要判断本案例中张老板公司的经营业绩和王老板公司的经营业绩谁的更好，需要明确一个问题，那就是会计核算基础。因为会计核算基础不同，其结论可能不同。《企业会计准则——基本准则》第九条明确规定：企业会计应当以权责发生制为基础进行会计确认、计量和报告。张老板和王老板的公司都属于企业，都应采用权责发生制这个会计核算基础。在权责发生制下，张老板公司的收入为500万元，王老板公司的收入是600万元（400+200），从收入角度看，王老板公司的经营业绩比张老板公司的经营业绩好。

星火小讲堂 1-8

项目加油站

想一想

1. 为什么要了解会计产生和发展的历史？
2. 学习会计的目标对你有哪些启发？
3. 从事会计工作为什么要熟悉相关法律、法规？
4. 做好会计工作需要明确哪些问题？
5. 各种会计核算方法有着怎样的联系？

练一练

1. 某公司会计王某业务能力特别强，但在工作中，他总是因受个人家庭琐事影响而对服务对象态度不好，有时还给前来办事的人脸色看，请你从会计职业道德的角度分析王某的行为。

2. 张某是一家国有企业的财务主管，其女小芳是财经专业的高材生，并且在大学毕业后应聘张某所在企业的出纳员。在应聘者中，小芳的综合成绩最高，请分析说明小芳能否被录用。

项目测一测

△ 单项选择题

项目测试 1-1

单项选择题

1.2022 年 5 月，企业销售甲产品 10 件，每件 500 元，已收款到账；销售乙产品 5 件，每件 200 元，产品已发出，货款尚未收到。在权责发生制下，企业 2022 年 5 月实现的销售收入是（　　）元。

A.5 000　　B.1 000　　C.6 000　　D.3 000

2. 国家机关、国有企业、事业单位任用会计人员实行回避制度。会计机构负责人的直系亲属不得担任本单位（　　）。

A. 总账会计　　B. 出纳员
C. 会计主管人员　　D. 稽核人员

3. 下列属于所有者权益类会计要素的是（　　）。

A. 在途物资　　B. 应付利息
C. 应收账款　　D. 实收资本

4. 设置会计机构的单位，应当配备会计机构负责人，并至少应该设置（　　）个会计岗位。

A.2　　B.3　　C.4　　D.5

5. 下列关于会计的说法中，正确的是（　　）。

A. 会计是一项经济管理活动　　B. 会计的工作就是核算和监督
C. 货币是会计的唯一计量单位　　D. 会计的任务就是提供对外报表

6. 会计的基本职能是（　　）。

A. 核算和监督　　B. 预测和决策
C. 计算和分析　　D. 监督和控制

7. 会计分期的基础是（　　）。

A.会计主体　　B.货币计量

C.持续经营　　D.权责发生制

8.主管全国会计工作的部门是（　　）。

A.国家税务总局　　B.国务院财政部门

C.国务院审计署　　D.国务院

9.下列各项中，属于资产的是（　　）。

A.预付账款　　B.预收账款

C.资本公积　　D.盈余公积

10.下列各项中，属于负债的是（　　）。

A.资本公积　　B.预收账款

C.在建工程　　D.库存商品

11.下列各项中，能够反映单位财务状况的是（　　）。

A.负债　　B.收入

C.费用　　D.利润

12.下列各项中，不属于会计核算职能的是（　　）。

A.会计确认　　B.会计计量

C.会计报告　　D.会计监督

13.下列各项中，（　　）不属于会计的基本假设。

A.会计主体　　B.会计分期

C.持续经营　　D.收付实现制

14.下列关于会计的特点的说法中，不正确的是（　　）。

A.以货币为主要计量单位

B.会计核算有独特的方法和程序

C.有连续性、系统性、全面性和综合性

D.会计工作依据不具有权威性

15.下列关于会计的任务的说法中，不正确的是（　　）。

A.进行经济核算，提供符合要求的会计信息

B.进行会计分析，参与经济计划、预测和决策

C.不对内提供会计信息资料

D.监督经济活动，维护财经法纪和各方利益

△ 多项选择题

项目测试 1-2

多项选择题

1.谨慎性是指对交易或事项进行会计确认、计量和报告应当保持应有的谨慎，不应（　　）。

A.高估资产　　B.高估收益

C.低估负债　　D.低估费用

2.下列关于会计信息提供的对象的说法，正确的有（　　）。

A.为国家宏观经济管理和调控提供会计信息

B.为企业内部经营管理提供信息

C.为企业全体职工提供会计信息

D.为其他方面提供会计信息

3. 下列属于会计人员职业道德要求的有（　　）。

A. 爱岗敬业　　B. 诚实守信

C. 廉洁自律　　D. 客观公正

4. 下列关于会计的说法中，正确的有（　　）。

A. 会计是一项经济管理活动　　B. 有生产活动就必然有会计

C. 会计以货币为主要计量单位　　D. 会计的地位随经济发展而不同

5. 下列各项中，属于会计职能的有（　　）。

A. 预测　　B. 决策

C. 计划　　D. 控制

6. 下列各项中，属于会计工作流程环节的有（　　）。

A. 填制和审核会计凭证　　B. 登记账簿

C. 编制会计报表　　D. 报送会计报表

7. 会计工作的组织方式通常分为（　　）。

A. 独立核算　　B. 集中核算

C. 非集中核算　　D. 非独立核算

8. 按照《会计法》的规定，出纳人员不得兼管（　　）工作。

A. 稽核　　B. 收入、费用账目登记

C. 债权债务账目登记　　D. 原材料明细账

9. 下列各项中，会计法规要求实行会计人员回避制度的有（　　）。

A. 国有企业　　B. 国家机关

C. 有限责任公司　　D. 私营企业

10. 下列关于会计工作的说法中，正确的有（　　）。

A. 会计工作由所设置的会计机构完成

B. 在有关机构中设置会计人员并指定会计主管人员，以完成会计工作

C. 委托经批准设立从事会计代理记账业务的中介机构代理记账

D. 由企业领导指定的任意人员完成

11. 科学、合理地组织会计工作，有助于（　　）。

A. 提高会计工作效率　　B. 保证会计工作质量

C. 提高企业整体管理水平　　D. 保护利益相关者的权益

12. 下列各项中，属于会计机构负责人工作岗位职责的有（　　）。

A. 负责本单位的所有会计工作　　B. 制订本单位的成本费用计划

C. 编制会计报表　　D. 制定本单位的财务会计制度

13. 一个单位是否设置会计机构，一般取决于（　　）。

A. 单位规模的大小　　B. 经济业务复杂程度

C. 经营管理的需要　　D. 财务收支的繁简

14. 下列各项中，（　　）是会计的核算职能。

A. 会计确认　　B. 会计计量

C. 会计报告　　D. 会计分期

15. 下列各项中，属于流动资产的有（　　）。

A. 库存现金　　B. 银行存款

C. 原材料　　D. 库存商品

16. 下列各项中，属于流动负债的有（　）。

A. 短期借款　　B. 应付账款

C. 应付职工薪酬　　D. 应交税费

17. 下列各项中，属于会计核算方法的有（　）。

A. 设置账户　　B. 复式记账

C. 填制和审核凭证　　D. 登记会计账簿

18. 下列各项中，属于会计人员职业道德要求的有（　）。

A. 爱岗敬业　　B. 诚实守信

C. 客观公正　　D. 提高技能

19. 下列各项中，属于会计核算基础的有（　）。

A. 权责发生制　　B. 集中核算

C. 收付实现制　　D. 非集中核算

20. 下列各项中，（　）属于会计工作的内容。

A. 成本计算　　B. 登记会计账簿

C. 编制会计报表　　D. 填制、整理、审核原始凭证

21. 下列关于会计特点的说法中，正确的有（　）。

A. 以货币为主要计量单位

B. 会计工作依据具有权威性

C. 会计核算有独特的方法和程序

D. 具有连续性、系统性、全面性和综合性

22. 下列关于会计的任务的说法中，正确的有（　）。

A. 进行经济核算，提供符合要求的会计信息

B. 进行会计分析，参与经济计划、预测和决策

C. 监督经济活动，维护财经法纪和各方利益

D. 不对内提供会计信息资料

23. 下列各项中，（　）属于会计的基本假设。

A. 会计主体　　B. 持续经营

C. 会计分期　　D. 货币计量

△ 判断题

项目测试 1-3 判断题

1. 职业院校的学生只需要学好技术技能，其他都不重要。（　）

2.《企业会计准则》中，收入指的是企业的全部收入。（　）

3. 重要性是指企业所提供的会计信息应当反映与企业财务状况、经营成果和现金流量等有关的所有重要交易或者事项，不重要的事项不必反映。（　）

4. 在单式簿记发展阶段，中国会计位于世界先进之列，15 世纪中叶，中国会计在世界上始终占据着主导地位。（　）

5. 账户汇总表会计工作流程是根据记账凭证定期编制账户汇总表，再根据账户汇总表登记总分类账的一种会计工作流程。（　）

6. 所有单位都必须设置会计机构。（　）

7. 某国有企业决定聘用本公司财务经理的侄子担任出纳工作，这种做法没有问题。（　）

8. 在权责发生制下，某企业12月份预付下年度的财产保险费，应该计入该年12月份的费用。（　）

9. 货币计量假设是指货币的币值是不变的。（　）

10. 企业会计核算可以采用收付实现制。（　）

11. 会计人员接受的是其会计主体的管理，会计主体为其会计人员提供薪酬，所以，会计人员只为企业管理者提供信息。（　）

12. 只要会计信息真实可靠，不管什么时间报送都有价值。（　）

13. 会计是随着生产的发展和管理的需要而产生和发展起来的。（　）

14. 从事会计工作只有娴熟的技能是不够的，还要有良好的职业道德和法治观念。（　）

15. 会计核算是对过去的交易或事项进行的核算，所以，会计只起事后监督作用。（　）

16. 以虚假的经济业务事项或资料进行会计核算是一种违法行为。（　）

17. 不同会计工作流程之间的主要区别在于登记总账的依据和方法不同。（　）

18. 会计工作要依据法律、法规进行，但也必须考虑领导的意图和各种关系。（　）

19. 权责发生制是以权利和责任的发生来决定收入和费用的归属期，即凡是在本期内已经实现的收入和已经发生或应当负担的一切费用，不论其款项是否收到或支付，都应作为本期的收入和费用处理；凡不属于本期的收入和费用，即使款项在本期收到或支付，也不应作为本期的收入和费用处理。（　）

20. 会计核算方法之间是独立的，互相之间毫无关联。（　）

项目小实训

［实训目的］

使学生对会计和会计工作有更加明确的认识，能够熟悉会计的对象，明确权责发生制和收付实现制。

［实训资料］

1. 张佳和赵亮是会计专业大一新生，没过多久，两人就成了好朋友。一天，两人谈到了专业：张佳说会计是一项工作，我家邻居王大爷就是干会计工作的。赵亮说，你这么说好像不对，会计是一个行业，有时听人说会计这行不好干，既要守法，又要考虑领导意图。二人争执不下。

2. 昌盛公司相关经济业务事项如表1-2所示。

表1-2　昌盛公司相关经济业务事项一览表

序号	经济业务事项内容	会计要素类别
1	出纳员保管的现金	
2	企业新购置的汽车	
3	公司完工入库的产品	
4	购买材料所欠款项	
5	欠职工垫付的医疗费	
6	欠交的税费	
7	收取出借包装物的押金	

续表

序号	经济业务事项内容	会计要素类别
8	管理人员预借的差旅费	
9	赊销商品的款项	
10	投资者投入的资本金	
11	本年实现的净利润	
12	为维持生产经营活动而借入的流动资金	
13	应付给投资者的利润	
14	公司因购货而预先支付的货款	
15	公司销售商品实现的收入	
16	发生的业务招待费	
17	生产产品发生的工资费用	
18	转让专项技术使用权的收入	

3.康盛股份有限责任公司2022年3月份发生如下经济业务：

（1）5日，销售甲商品一批，货款5 000元，尚未收到。

（2）9日，预付购买材料款3 000元，款项以银行存款支付。

（3）12日，销售乙商品一批，货款10 000元，款项已收存银行。

（4）16日，以银行存款支付商品展销费1 000元。

（5）29日，收到尚达公司上月所欠货款10 000元，存入银行。

[实训要求]

（1）根据资料1，帮助张佳和赵亮理清会计和会计工作的关系，提出正确的看法。

（2）将资料2中各经济业务事项的会计要素类别，填入表1-2的相应栏目中。

（3）根据资料3，按照权责发生制计算康盛股份有限责任公司2022年3月份的利润。

项目二　期初建账

知识导图

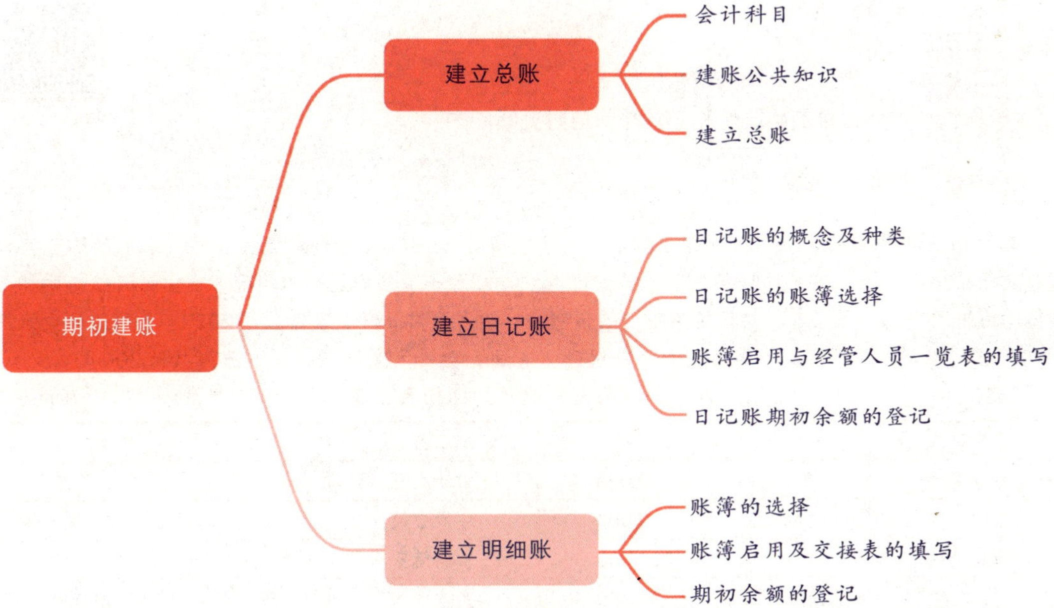

导入案例

小芳和小铭是大数据与会计专业大一新生，他们对自己选择的专业很期待，还没正式上课就开始讨论起自己的专业问题了。小芳："小铭，你看咱们的《财务会计基础》教材了吗？"小铭："还没看呢，有事吗？"小芳："我浏览了一下目录，发现教材中有个建账环节，我听邻居王阿姨说会计工作就是填票据、记账、报送会计报表，建账属于什么环节，都做什么工作呀？"小铭："我也不清楚啊。"你能帮小芳和小铭解决这个问题吗？

任务一　建立总账

【任务目标】

微课 4
认识会计账户

- 能够科学恰当地选择账簿
- 正确启用账簿
- 准确规范地登记各账户的期初余额
- 认识到严谨认真的重要性和必要性，培养判断能力

【任务案例】

李明和王红是某高职学院会计专业的学生，学院安排他们到宏盛有限责任公司（以下简称宏盛公司）进行岗位实习，宏盛公司财务主管张芳安排他们先熟悉一下公司的基本情况，之后张芳给李明和王红同学拿来了空白总账账本，并将相关账户的余额资料给了两位同学。宏盛公司2022年1月总分类账户期初余额表如表2-1所示。公司负责人为总经理张志凤，会计为刘洋洋，总账账簿共计200页。

表2-1　2022年1月总分类账户期初余额表　单位：元

账户名称	方向	金额	账户名称	方向	金额
库存现金	借	8 000	累计折旧	贷	120 000
银行存款	借	2 10 000	应付账款	贷	275 000
应收账款	借	260 000	长期借款	贷	200 000
原 材 料	借	30 000	实收资本	贷	1 200 000
库存商品	借	260 000	盈余公积	贷	20 000
生产成本	借	160 000	利润分配	贷	318 000
固定资产	借	1 205 000			
合　计		2 133 000	合　计		2 133 000

要求：

（1）根据建账要求选用适合宏盛公司使用的总账账簿。

（2）熟练填写账簿启用及经管人员一览表。

（3）准确填写总账目录。

（4）准确规范登记各总账的账户期初余额。

【任务描述】

一、会计科目

（一）会计科目的概念

通过前面会计要素的学习可知，企业经济活动所引起的各项会计要素的增减变化较为复杂，即使只涉及同一项会计要素，其内容和性质也有不同。例如，固定资产和存

货，虽然都属于资产类会计要素，但它们的经济内容以及在经济活动中的周转方式和所起的作用有较大差别。为了既取得各会计要素的增减变化及其结果的总括指标值，又取得具体的分类指标值，就要对会计要素按其经济内容或用途作进一步的分类，将其划分为若干具体项目。所划分出来的这些具体项目，在会计上被称为会计科目。每一个会计科目都明确反映特定会计要素的具体内容。

（二）会计科目及其类别

1.会计科目

行政事业单位和企业所设置的会计科目有所区别，这里只介绍企业常用的会计科目。企业常用的会计科目如表2-2所示。

表2-2 企业常用的会计科目表（部分）

序号	名　称	序号	名　称
	一、资产类	27	应付职工薪酬 **
1	库存现金 **	28	应交税费 *
2	银行存款 **	29	应付利息 *
3	其他货币资金	30	其他应付款 *
4	应收票据 *	31	长期借款 **
5	应收账款 **		三、共同类（略）
6	预付账款 *		四、所有者权益类
7	应收利息 *	32	实收资本 **
8	其他应收款 **	33	资本公积
9	坏账准备 *	34	盈余公积 *
10	材料采购 *	35	本年利润 **
11	在途物资 **	36	利润分配 *
12	原材料 **	37	五、成本类
13	库存商品 **	38	生产成本 **
14	委托加工物资	39	制造费用 **
15	周转材料 *	40	六、损益类
16	固定资产 *	41	主营业务收入 **
17	累计折旧 *	42	其他业务收入 *
18	在建工程 *	43	营业外收入 *
19	工程物资 *	44	主营业务成本 **
20	固定资产清理 *	45	其他业务成本 *
21	无形资产 *	46	税金及附加 *
22	待处理财产损溢 *	47	销售费用 **
	二、负债类	48	管理费用 **
23	短期借款 **	49	财务费用 *
24	应付票据 *	50	资产减值损失 *
25	应付账款 **	51	营业外支出 *
26	预收账款 *	52	所得税费用 *

注：标注**的会计科目是本课程中应熟练掌握的会计科目，标注*的会计科目是本课程中应掌握的会计科目。

2.会计科目类别

(1)按提供会计信息的详略程度分类

按所提供会计信息的详略程度,会计科目可分为总分类科目和明细分类科目。

总分类科目也称为一级科目,是对会计要素具体内容进行总括分类、提供总括信息的会计科目,如“库存现金”“银行存款”“原材料”“短期借款”等。

明细分类科目也称明细科目或细目,是对总分类科目作进一步分类,提供更详细、更具体会计信息的科目,如“银行存款”科目,按所存入银行的名称设置明细科目,可设置工行存款、建行存款、农行存款等明细科目;“原材料”科目按原料及材料的类别、品种和规格型号等设置明细科目,可设置A材料、B材料、C材料、D材料、E材料等明细科目。

如果总分类科目下设的明细分类科目较多,可以增设二级科目。二级科目是介于总分类科目和明细分类科目之间的科目。二级科目比总分类科目详细、具体,明细科目比二级科目详细、具体。例如,“原材料”总分类科目,可按原材料的类别设置“原料及主要材料”“辅助材料”“燃料”等二级科目,在各二级科目下,可再按原材料的品种、规格型号分别设置明细科目,例如,在“原料及主要材料”下再设置“钢材”“水泥”等明细科目;在“钢材”这个明细科目下再设置“圆钢”“方钢”等明细科目;在“圆钢”这个明细科目下可再设置“2cm圆钢”“3cm圆钢”等明细科目。

(2)按会计报表要素分类

根据会计报表要素的特点,可将会计科目分为资产类、负债类、共同类、所有者权益类、成本类、损益类六大类。

二、建账公共知识

(一)建账的含义

建账就是根据《中华人民共和国会计法》和国家统一会计制度的规定、行业要求和将来可能发生的会计业务情况,确定账簿种类、格式、内容,并登记期初余额的一系列活动。

(二)会计账簿及其分类

1.会计账簿的概念

会计账簿是由具有一定格式并相互联系在一起的账页组成,以会计凭证为依据,序时、分类地记录和反映某单位各项经济业务的簿籍。会计核算中应用的账簿很多,不同的账簿,其用途、形式、内容和登记方法有所不同。

2.会计账簿的分类

(1)按账簿的用途分类

按账簿的用途,账簿可以分为序时账簿、分类账簿和备查账簿三种类型。

序时账簿也称日记账,是按照经济业务发生的时间先后顺序,逐日逐笔登记经济业务的簿籍。库存现金日记账和银行存款日记账均为序时账簿。

分类账簿也称分类账,是对各项经济业务按账户进行分类登记的账簿,按其反映内容的详细程度，又分为总分类账簿和明细分类账簿两种类型。

总分类账簿（即总账）是根据一级会计科目开设的账户所组成的账簿，用来分类登记全部经济业务，提供各种资产、负债、所有者权益、收入、费用、利润等总括核算资料的簿籍。

明细分类账簿（即明细账）是根据一级会计科目所属的二级科目或明细科目开设的账户所组成的账簿，用来分类登记某类经济业务，提供详细核算资料。会计实务中，内容复杂的财产明细账，可使用卡片账，如固定资产卡片。卡片账具有应用灵活，便于分工，数量可多可少的特点，更适用于计算机记账。

备查账簿也称辅助账，是对那些在日记账和分类账等主要账簿中不能记载的事项进行补充记录的账簿，如代销商品登记簿、受托加工物资登记簿等。设置和登记备查账簿，能够提供某些经济业务必要的信息资料。

（2）按账簿的外表形式分类

按账簿的外表形式，账簿可以分为订本式账簿、活页式账簿和卡片式账簿三种类型。

订本式账簿简称订本账，是指在启用前就进行顺序编号并固定装订成册的账簿。

订本式账簿的优点是：可以避免账页散失，防止账页被人为抽换，安全性高。其缺点是：在同一时间内，同一本账簿只能由一人登记，不便于分工记账。另外，由于订本账的账页不可根据需要增减，可能出现预留的空白账页不足，致使经济业务无法在连续的账页上登记的情况；也可能出现预留空白账页过多，造成浪费账页。订本式账簿一般适用于具有统驭性、重要性的账簿。我国会计制度规定，库存现金日记账、银行存款日记账和总分类账必须使用订本式账簿。

活页式账簿简称活页账，是将一定数量的账页置于活页夹内，可根据记账内容的变化随时增加或减少账页的账簿。

活页式账簿的优点是：可以根据实际需要随时增页或减页，不会出现浪费账页的现象，使用也较为灵活，并且便于分工记账。其缺点是：账页容易散失，也为不法人员抽换账页提供了方便。活页账一般适用于明细分类账。

卡片式账簿简称卡片账，是由许多分散的、具有账户格式的卡片，存放在卡片箱中所组成的账簿。使用时，卡片账按类别排列、按顺序编号，并加盖有关人员的印章。卡片账由专人保管，以确保其安全。卡片式账簿的优缺点与活页式账簿类似，这里不再赘述。由于固定资产在长期使用中其实物形态不变，又可能转换使用部门，设置卡片账便于随同实物转移。因此，在我国，企业一般对固定资产的核算采用卡片账形式。

（3）按账簿的账页格式分类

按账簿的账页格式，账簿可分为三栏式账簿、多栏式账簿和数量金额式账簿三种类型。

三栏式账簿是指在账页中采用借方、贷方、余额三个主要栏目的账簿。总分类账、日记账、债权明细账、债务明细账一般都采用三栏式账页格式。

多栏式账簿是指在账页中采用一个借方栏目、多个贷方栏目或一个贷方栏目、多个借方栏目的账簿。成本计算账户、收入账户、费用账户等一般采用多栏式账页格式。

数量金额式账簿是指采用数量与金额双重记录的账簿。这种账簿，在账页中的借方、贷方和余额三个栏目内，又都分别设置数量、单价和金额三个小栏目，以反映财产物资的实物数量和价值量。原材料账、库存商品账和固定资产账一般采用数量金额式账页格式。

（三）账簿的基本内容

会计账簿一般包括以下基本内容。

（1）封面，主要包括账簿名称、记账单位名称和会计年度等重要内容。

（2）扉页，主要包括单位名称、账簿名称、起止页数、册次、启用日期、单位负责人、经管人员、交接人员及日期、账户目录等内容。

（3）账页，账簿由若干张账页所组成，一般每一张账页都包括账户名称、日期栏、凭证号栏、摘要栏、金额栏和页次等内容。

（4）封底，一般无内容，与封面一起共同保护整个账簿记录的完整。

（四）会计账簿设置的原则和相关规定

1.会计账簿设置的原则

（1）选择的针对性。账簿设置应根据本单位经济活动特点和经营管理需要来确定，一般应设置日记账、明细分类账、总分类账和辅助账。

（2）内容的完整性。账簿的设置应保证连续、系统、全面、综合地核算和监督本单位的经济活动情况，为经营管理提供系统、分类的核算资料，为会计报表编制提供相关资料。

（3）体系的科学性。设置账簿时，应注意各种账簿间的分工和相互联系，使有关账簿之间保持统驭关系或平行关系，防止重复记账或账项漏记。

2.会计账簿设置的相关规定

（1）必须依照会计法规和国家统一的会计制度规定设置会计账簿，不允许不设置会计账簿。

（2）实行会计电算化的单位，用计算机打印的会计账簿必须连续编号，经审核无误后装订成册，并由记账人员和会计机构负责人、会计主管人员签字或者盖章。

（3）大部分会计账簿一年更换一次，因此，在年初应启用新的会计账簿。

启用会计账簿时，应当在账簿封面上写明单位名称和账簿名称，并在账簿扉页上附启用表。其内容包括：启用日期，账簿页数，记账人员、会计机构负责人、会计主管人员姓名，并加盖名章和单位公章。若记账人员或者会计机构负责人、会计主管人员有工作调动，应当注明交接日期、接办人员及监交人员姓名，并由交接双方人员签名或者盖章。

（4）启用订本式账簿，应当从第一页到最后一页顺序编定页码，不得跳页、缺号。使用活页式账页，应当按账户顺序编号，并定期装订成册。装订后再按实际使用的账页顺序编定页码，另加目录，记明每个账户的名称和页次。

（5）会计人员应当根据审核无误的会计凭证登记会计账簿。

（五）会计账户

1.账户的概念

账户是根据会计科目设置的，具有一定格式和结构，用于分类反映会计要素增减变动情况及其结果的一种载体。设置账户是会计核算的一种重要方法。

会计科目和会计账户既有联系又有区别，会计科目是会计账户的名称，会计账户是会计科目的内容。二者的相同之处在于：会计科目和会计账户都是对会计对象的具体内容所进行的科学分类，都说明一定的经济业务内容；会计科目和会计账户反映的经济内容是一致的；会计科目是开设会计账户的依据，可以根据每一个会计科目设置一个相同名称的会计账户。会计科目和会计账户所不同的是：会计科目是根据经济管理的需要，在经济业务发生之前制定的，会计账户是经济业务发生之后所进行的分类记录。会计科目仅是分类的名称或标志，它只能表明某项经济内容，没有结构，而会计账户则有相应的结构和格式，可以记录经济业务，加工会计信息。

由于会计账户是根据会计科目设置的，所以，会计账户与会计科目的分类相对应。会计账户按其所提供信息的详细程度及统驭关系，可分为总分类账户（即总账账户或总账）和明细分类账户（即明细账）；也可按其所反映的经济内容不同，将账户分为资产类账户、负债类账户、所有者权益类账户、成本类账户、损益类账户等。

2.账户的基本结构

从会计账户的定义可知，账户是用于分类反映会计要素增减变动情况及其结果的载体。而经济业务引起会计要素变化的情况，从数量上看只有两种：一种是增加，另一种是减少。因此，账户也相应地分为两个部分，即左、右两方，一方登记增加额，另一方登记减少额。这两个基本部分构成了账户的基本结构。如果规定在左方记录增加额，就应该在右方记录减少额；反之，如果在右方记录增加额，就应该在左方记录减少额。在具体账户中，究竟哪一方记录增加额，哪一方记录减少额，取决于所记录的经济业务和账户的性质。一个账户，除了增加额、减少额两个基本部分外，还应设置记录经济业务的日期、记录账簿所依据记账凭证的编号、经济业务的摘要和余额等栏目。账户的基本结构如表2-3所示。

表2-3 ×××账

年		凭证		摘要	借方										贷方										借或贷	余额									
月	日	种类	编号		千	百	十	万	千	百	十	元	角	分	千	百	十	万	千	百	十	元	角	分		千	百	十	万	千	百	十	元	角	分

为了直观、清晰，在教学和实际对账时，通常采用简化的“T”字形账户（也称“丁”字形账户），其格式如图 2-1 所示。

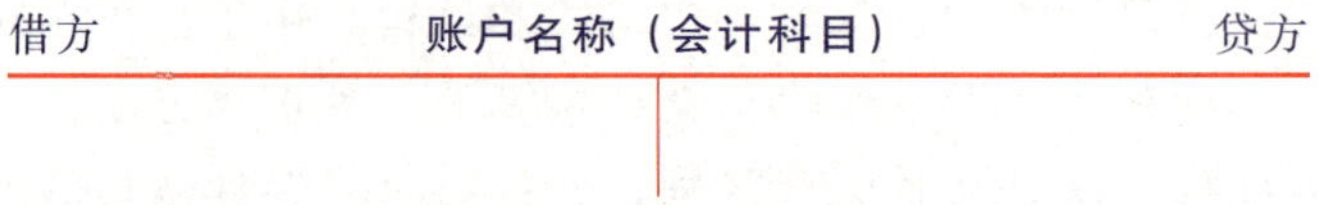

图 2-1 “T”字形账户

3. 账户的发生额及余额

（1）账户的发生额

账户发生额是指经济业务发生后，在账户中记录的增加金额和减少金额，会计上统称为本期发生额。其中，账户中登记本期增加的金额，称为本期增加发生额；账户中登记本期减少的金额，称为本期减少发生额。本期发生额反映各账户经济内容在本期的变动情况。

（2）账户余额

账户余额反映在某一时点上会计要素增减变动的结果。会计上，按照余额所在时点的不同，将余额区分为期初余额和期末余额。对于某个账户来说，本期的期末余额就是下期的期初余额。

账户发生额和账户余额的关系用公式表示为：

期末余额=期初余额+本期增加发生额-本期减少发生额

典型案例 2-1

兴望公司有关现金和短期借款的资料如下：

2022 年 1 月 1 日，“库存现金”账户借方余额为 5 000 元，“短期借款”账户贷方余额为 20 000 元。1 月份发生的有关现金和短期借款的业务如下：

（1）5 日，从银行提取现金 2 500 元。

（2）15 日，偿还 6 个月的短期借款 20 000 元。

（3）18 日，向中国工商银行贷款 100 000 元，期限为 9 个月。

（4）19 日，职工王力借差旅费 4 000 元，以现金支付。

（5）21 日，收回剩余差旅费 1 500 元现金。

（6）25 日，由于资金回笼，偿还短期借款 50 000 元。

（7）29 日，职工张师傅报销加油费 1 000 元，以现金支付。

（8）30 日，向中国工商银行贷款 20 000 元，期限为 5 个月。

要求：计算“库存现金”账户、“短期借款”账户的本期发生额和期末余额。

典型案例 2-1 解析

“库存现金”本期增加发生额=2 500+1 500=4 000（元）

“库存现金”本期减少发生额=4 000+1 000=5 000（元）

“短期借款”本期增加发生额=100 000+20 000=120 000（元）

“短期借款”本期减少发生额=20 000+50 000=70 000（元）

根据“期末余额=期初余额+本期增加发生额-本期减少发生额”计算两账户期末余额如下：

“库存现金”账户期末余额=5 000+4 000−5 000=4 000（元）

“短期借款”账户期末余额=20 000+120 000−70 000=70 000（元）

（六）借贷记账法

1.记账方法分类

记账方法是指按一定的规则，使用一定的符号，在账户中记录各项经济业务的技术方法。记账方法有两类：一种是单式记账法，另一种是复式记账法。单式记账法是对发生的每项经济业务，只在一个账户中进行记录。例如，用10 000元银行存款购买材料。这项业务记账时，只记银行存款账户减少10 000元，而原材料账户增加的10 000元不作记录。可以看出，单式记账法没有反映经济业务的来龙去脉，只能看到局部，看不到整体情况。因此，目前各国普遍采用复式记账法。

复式记账法是指对所发生的每一笔经济业务，都要以相等的金额，同时在两个或两个以上相互关联的账户中进行登记的记账方法。复式记账法又分为借贷记账法、增减记账法和收付记账法三种具体方法。我国《企业会计准则》规定，企业会计核算必须采用借贷记账法。

2.借贷记账法账户结构

借贷记账法是以“借”“贷”为记账符号的一种复式记账方法。在借贷记账法下，每一个账户都设置借方和贷方，账户的左方称为“借方”，右方称为“贷方”。“借记×××（账户名称）”就是在×××账户的左边登记金额，“贷记×××（账户名称）”就是在×××账户的右边登记金额。至于“借方”表示增加还是减少，或贷方表示减少还是增加，不同类别的账户有所区别。一般情况下，“借”表示资产和成本、费用的增加，负债、所有者权益、收入和利润的减少；“贷”表示负债、所有者权益、收入和利润的增加，资产和成本、费用的减少。

（1）资产类账户的结构

资产类账户的结构是：账户的借方登记增加额，贷方登记减少额。在一个会计期间内（年、月），登记在借方的金额合计数称为借方发生额，登记在贷方的金额合计数称为贷方发生额，在每一会计期间的期末，都要按照一定的方法计算出期末余额。资产类账户的期末余额一般在借方。

期末余额的计算公式为：

资产类账户期末借方余额=期初借方余额+本期借方发生额−本期贷方发生额

资产类账户的结构如图2-2所示。

借方　　资产类账户名称	贷方
期初余额　×××	
本期增加额：①×××	本期减少额：①×××
②×××	②×××
⋮	⋮
本期发生额　×××	本期发生额　×××
期末余额　×××	

图2-2　资产类账户的结构

（2）负债及所有者权益类账户的结构

由会计等式“资产=负债+所有者权益”所决定，负债及所有者权益类账户的结构与资产类账户正好相反，其贷方登记负债及所有者权益的增加额，借方登记负债及所有者权益的减少额，期末余额一般在贷方。

期末余额的计算公式为：

负债及所有者权益类账户期末贷方余额=期初贷方余额+本期贷方发生额-本期借方发生额

负债及所有者权益类账户的结构如图2-3所示。

借方　　负债及所有者权益类账户名称　　贷方

借方	贷方
	期初余额　×××
本期减少额：①×××	本期增加额：①×××
②×××	②×××
⋮	⋮
本期发生额　×××	本期发生额　×××
	期末余额　×××

图2-3　负债及所有者权益类账户的结构

（3）成本类账户的结构

成本类账户的结构与资产类账户的结构基本相同，借方登记成本的增加额，贷方登记转入资产或损益（支出）类账户的数额，期末余额一般在借方。当企业的产品全部完工时，该类账户应没有余额。期末余额的计算公式为：

成本类账户期末借方余额=期初借方余额+本期借方发生额-本期贷方发生额

成本类账户的结构如图2-4所示。

借方　　成本类账户名称　　贷方

借方	贷方
期初余额　×××	
本期增加额：①×××	本期减少额：①×××
②×××	②×××
⋮	⋮
本期发生额　×××	本期发生额　×××
期末余额　×××	

图2-4　成本类账户的结构

（4）损益类账户的结构

损益类账户是计算利润（或亏损）涉及的账户。由于“收入-费用=利润（或亏损）”，所以，损益类账户有两类：收入类账户和费用类账户。

收入类账户既包括用来核算企业日常经营活动中产生的收入所涉及的账户，也包括核算日常经营活动以外收入所涉及的账户。例如，“主营业务收入”“投资收益”“营业外收入”等账户。这类账户的结构与所有者权益类账户基本相同，贷方登记增加额，借方登记减少额和结转额，期末结转后，一般无余额。收入类账户的结构如图2-5所示。

借方	收入类账户名称	贷方
本期结转额 ×××		本期增加额：①×××
		②×××
		⋮
本期发生额 ×××		本期发生额 ×××

图 2-5　收入类账户的结构

费用类账户与收入类账户相对应，两类账户的性质正好相反。借方登记增加额，贷方登记减少额和结转额，期末结转后，一般无余额。费用类账户的结构如图 2-6 所示。

借方	费用类账户名称	贷方
本期增加额：①×××		本期结转额 ×××
②×××		
⋮		
本期发生额 ×××		本期发生额 ×××

图 2-6　费用类账户的结构

典型案例 2-2

大华公司2022年1月发生如下经济业务（这里均不考虑增值税）：

（1）从银行提取现金5 000元备用。

（2）向银行借入6个月期限的流动资金借款80 000元，款项已划到公司账户。

（3）收到投资者投入货币资金500 000元，款项已存入公司银行存款账户。

（4）销售部王亚芳出差归来，报销差旅费500元，公司以现金支付。

（5）公司购买一批原材料，已入库，材料价款 50 000 元，用银行存款支付 30 000 元，另 20 000 元暂欠。

（6）公司销售商品一批，价款 60 000 元，其中，50 000 元货款已收回到存款账户，尚有 10 000 元货款未收回，对方承诺 10 天后付款。

（7）办公室主任出差前借差旅费 2 000 元，公司以现金支付。

（8）财务部开出一张面值800元的转账支票购买办公用品，办公用品当即投入使用。

要求：分析（1）至（8）所涉及的账户及记账方向。

典型案例 2-2 解析

（1）这项经济业务的发生，使公司的库存现金增加了5 000元，银行存款减少了5 000元，涉及“库存现金”和“银行存款”两个资产类账户。因资产类账户借方登记增加额，贷方登记减少额，所以应在“库存现金”账户的借方和“银行存款”账户贷方各登记5 000元，本笔业务的记账情况如图 2-7 所示。

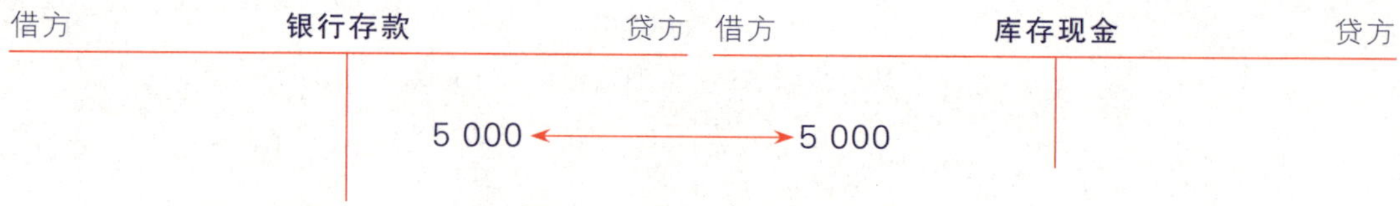

图2-7 业务（1）记账

（2）这项经济业务的发生，使公司的银行存款和短期借款分别增加了80 000元，涉及资产类“银行存款”和负债类“短期借款”两个账户。因资产类账户借方登记增加额，负债类账户贷方登记增加额，所以应在“银行存款”账户借方登记80 000元，在“短期借款”账户贷方登记80 000元，本笔业务的记账情况如图2-8所示。

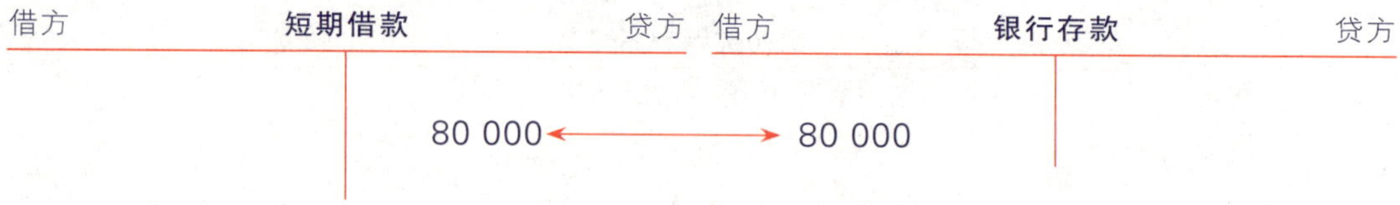

图2-8 业务（2）记账

（3）这项经济业务的发生，使公司的银行存款和实收资本分别增加了500 000元。它涉及资产类“银行存款”和所有者权益类“实收资本”两个账户，因资产类账户借方登记增加额，所有者权益类账户贷方登记增加额，所以应在“银行存款”账户的借方登记500 000元，在“实收资本”账户的贷方登记500 000元，本笔业务的记账情况如图2-9所示。

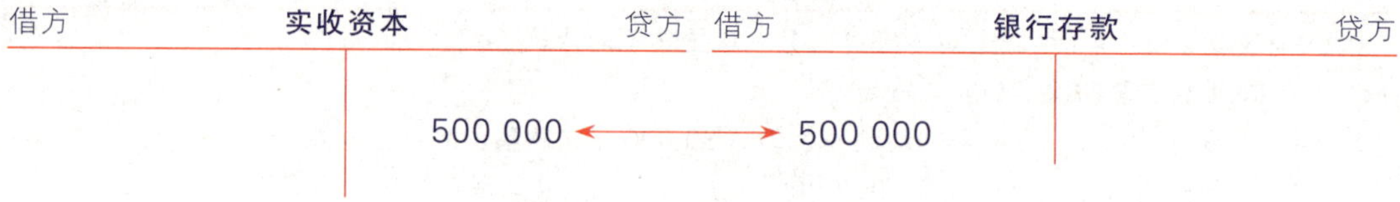

图2-9 业务（3）记账

（4）这项经济业务的发生，使公司现金减少了500元。销售部人员报销差旅费，公司的销售费用增加了500元。它涉及资产类“库存现金”和损益费用类“销售费用”两个账户。因资产类账户贷方登记减少额，损益费用类账户借方登记增加额，所以应在“销售费用”账户的借方登记500元，在“库存现金”账户的贷方登记500元，本笔业务的记账情况如图2-10所示。

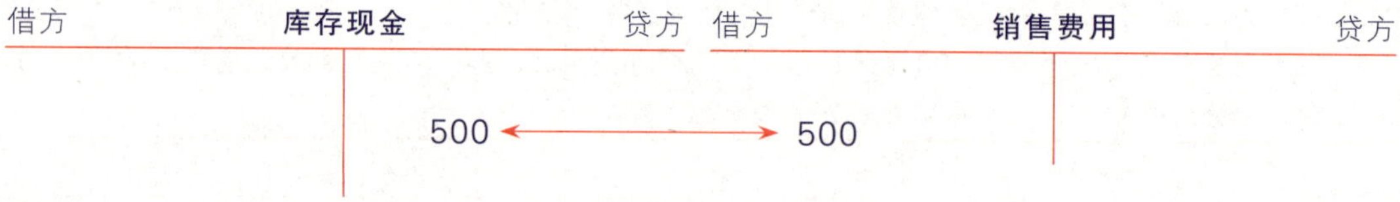

图2-10 业务（4）记账

（5）这项经济业务的发生，使公司的原材料增加了50 000元，银行存款减少了30 000元，应付账款增加了20 000元，涉及“原材料”、“银行存款”和“应付账款”3个账户。因为资产类账户借方登记增加额、贷方登记减少额，负债类账户贷方登记增加额，所以应在“原材料”账户的借方登记50 000元，在“银行存款”账户贷方登记30 000元，在“应付账款”账户贷方登记20 000元，本笔业务的记账情况如图2-11所示。

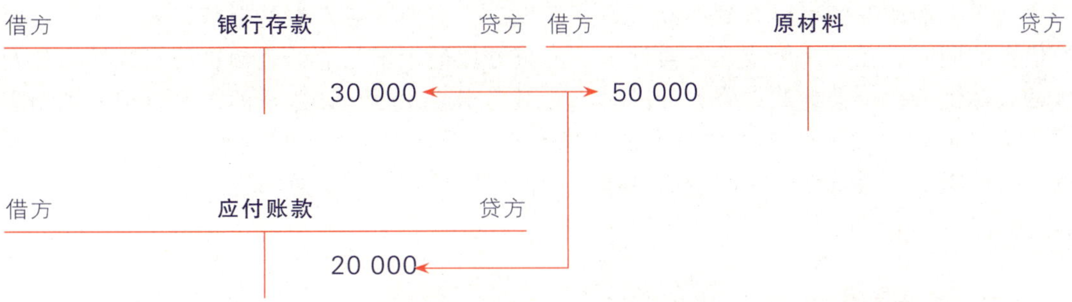

图 2-11 业务（5）记账

（6）这项经济业务的发生，使公司的主营业务收入增加了60 000元，银行存款增加了50 000元，应收账款增加了10 000元，涉及“主营业务收入”、“银行存款”和“应收账款”3个账户。因资产类账户借方登记增加额、贷方登记减少额，损益收入类账户贷方登记增加额，所以应在“主营业务收入”账户贷方登记60 000元，在“银行存款”账户的借方登记50 000元，在“应收账款”账户借方登记10 000元，本笔业务的记账情况如图2-12所示。

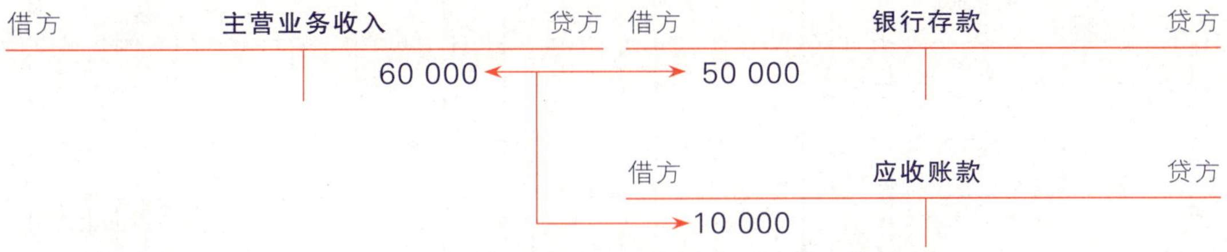

图 2-12 业务（6）记账

（7）这项经济业务的发生，使公司现金减少了2 000元，其他应收款增加了2 000元。它涉及资产类“库存现金”和“其他应收款”两个账户。因资产类账户借方登记增加额，贷方登记减少额，所以应在“其他应收款”账户的借方登记2 000元，在“库存现金”账户的贷方登记2 000元，本笔业务的记账情况如图2-13所示。

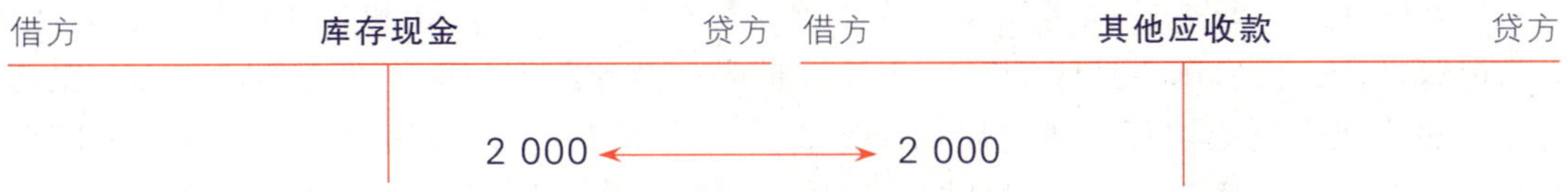

图 2-13 业务（7）记账

（8）这项经济业务的发生，使公司的管理费用增加了800元，银行存款减少了800元，涉及损益费用类账户“管理费用”和资产类账户“银行存款”。因损益费用类账户借方登记增加额，资产类账户贷方登记减少额，所以应在“管理费用”账户借方和“银行存款”账户贷方各登记800元，本笔业务的记账情况如图2-14所示。

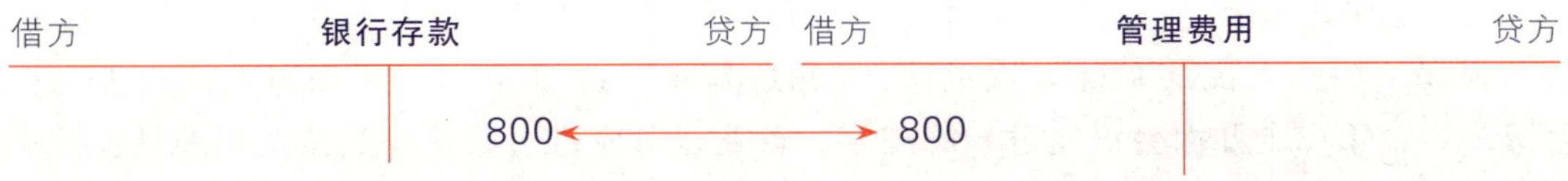

图 2-14 业务（8）记账

通过上面的案例可以看到，经济业务发生后，在把业务发生的金额记入一个会计账户借方的同时，在另一个或几个会计账户的贷方也记入了相应的金额；反之，把业务发生的金额记入一个会计账户贷方的同时，在另一个或几个会计账户的借方也记入了相应的金额。此外，记入会计账户借方的金额和记入会计账户贷方的金额合计数都是相等的。由此得出，借贷记账法的记账规律是“借贷同存在，借贷总相等”。

三、建立总账

（一）选择账簿

按照相关会计法规的要求，总分类账要选用订本式账簿。由于总分类核算采用货币量度，所以，总分类账簿选用三栏式账页格式，如表2-4所示。

表2-4　　总分类账

账户名称：　　第　页

年		凭证		摘要	借方										贷方										借或贷	余额									
月	日	种类	编号		千	百	十	万	千	百	十	元	角	分	千	百	十	万	千	百	十	元	角	分		千	百	十	万	千	百	十	元	角	分

（二）启用账簿

1.填写账簿启用及经管人员一览表

会计账簿属于重要的经济档案。为了保证账簿记录的合法性和会计资料的完整性，明确记账责任，在启用会计账簿时，会计人员应在会计账簿封面上写明单位名称和账簿名称，在账簿扉页上填写“账簿启用及经管人员一览表”，详细填写单位名称、账簿名称、账簿编号、账簿页数、启用日期、经管人员等信息。同时，要在单位盖章处加盖公章、在各负责人姓名后加盖名章。

当负责某账簿记录的人员发生变动时，应当由会计机构负责人监督交接工作，并且交接人员均要填写交接日期并签名或盖章，以明确责任。会计机构负责人工作调动时，应当由单位负责人监督交接工作。账簿启用及经管人员一览表如表2-5所示。

2.粘贴印花税票

根据《中华人民共和国印花税法》（2021年6月10日第十三届全国人民代表大会常务委员会第二十九次会议通过）的规定，营业账簿应进行贴花。其贴花标准是：按实收资本（股本）、资本公积合计金额的万分之二点五贴花。一份凭证应纳税额超过500元的，纳税人可以采取将税收缴款书、完税证明其中一联粘贴在凭证上或者由税务机关在凭证上加注完税标记代替贴花。

表 2-5　　账簿启用及经管人员一览表

<table>
<tr><td colspan="3">单位名称</td><td colspan="5"></td><td colspan="3">单位盖章</td></tr>
<tr><td colspan="3">账簿名称</td><td colspan="5">账</td><td colspan="3" rowspan="4"></td></tr>
<tr><td colspan="3">账簿编号</td><td colspan="5">共　　册　第　　册</td></tr>
<tr><td colspan="3">启用日期</td><td colspan="5">公元　　年　月　日</td></tr>
<tr><td colspan="3">账簿页数</td><td colspan="5">本账簿共计　页</td></tr>
<tr><td colspan="3" rowspan="3">经管人员</td><td colspan="3">主　管</td><td colspan="3">记　账</td><td colspan="2">负责人</td></tr>
<tr><td colspan="2">姓名</td><td>盖章</td><td colspan="2">姓名</td><td>盖章</td><td>姓名</td><td>盖章</td></tr>
<tr><td colspan="2"></td><td></td><td colspan="2"></td><td></td><td></td><td></td></tr>
<tr><td rowspan="5">交接记录</td><td colspan="3">日 期</td><td colspan="2">监 交</td><td colspan="2">移 交</td><td colspan="2">接 管</td><td rowspan="6">贴印花处</td></tr>
<tr><td>年</td><td>月</td><td>日</td><td>姓名</td><td>盖章</td><td>姓名</td><td>盖章</td><td>姓名</td><td>盖章</td></tr>
<tr><td></td><td></td><td></td><td></td><td></td><td></td><td></td><td></td><td></td></tr>
<tr><td></td><td></td><td></td><td></td><td></td><td></td><td></td><td></td><td></td></tr>
<tr><td></td><td></td><td></td><td></td><td></td><td></td><td></td><td></td><td></td></tr>
<tr><td colspan="2">备注</td><td colspan="8"></td></tr>
</table>

印花税票粘贴在账簿扉页的右下角“印花税票”处，并在印花税票中间画几条平行横线即行注销，注销标记应与骑缝处相交。若企业使用税收缴款书或完税证明代替贴花，应在账簿扉页的“印花税票”框内注明“印花税已缴”以及缴款金额。

3.粘贴口取纸

粘贴口取纸可以按一级科目或材料大类，按账页顺序由前往后，自上而下地粘贴，当合起账簿时，全部口取纸应该整齐、均匀，并能够显露出账户名称。最好在右侧粘贴，这样既可以保证整齐，存档时可以戳立放置，又便于翻阅、查询。

4.填写账户目录

由于总分类账采用订本式账簿，账页连续编号，为了方便查找，所有总分类账户设置完毕后，应在账簿启用页后的“账户目录”中，填入每个账户的名称及起止页码。账户目录格式如表2-6所示。这里的账户名称按照财政部下发的会计科目表中的会计科目进行设置。

表 2-6　　账户目录

顺 序	账户名称	页 号	顺 序	账户名称	页 号
1	库存现金	1 ~ 10			
2	银行存款	11 ~ 20			
3	应收账款	21 ~ 25			
4	应收票据	26 ~ 30			
5	原 材 料	31 ~ 50			
6	固定资产	51 ~ 55			
⋮	⋮	⋮			

（三）登记账户期初余额

账户期初余额的登记分别按以下方法进行：

（1）上年有期末余额的总账账户。应将上年末账户的期末余额作为本年度账户的期初余额进行登记。其操作方法是：在账户的第一行日期栏中填入期初的日期，在摘要栏填入“上年结转”（非年初建账的填入“期初余额”），在借贷方向栏中注明余额方向（借或贷），在余额栏内填入账户的余额。

（2）上年没有期末余额的总账账户，不必作任何标识。

任务案例解析

（1）选择总账账簿。根据相关要求宏盛公司应选择三栏式账页格式的订本式总账账簿。

（2）填写账簿启用及经管人员一览表。填写的账簿启用及经管人员一览表如图2-15所示。

账簿启用及经管人员一览表						
单位名称	宏盛有限责任公司				单位盖章	
账簿名称	总 账				宏盛有限责任公司 财务专用章	
账簿编号	共 1 册 第 1 册					
启用日期	公元 2022 年1月1日					
账簿页数	本账簿共计 200 页					
经管人员	主管		记账		负责人	
	姓名	盖章	姓名	盖章	姓名	盖章
	张芳	张 芳	刘洋洋	刘洋洋	张志凤	张志凤
交接记录	日期（年 月 日）	监交（姓名 盖章）	移交（姓名 盖章）	接管（姓名 盖章）	贴印花处	
					贴印花税票	
备注	年度账					

图2-15 账簿启用及经管人员一览表

（3）填写账户目录。填写的账户目录如图2-16所示。

账户目录

顺序	账户名称	页号	顺序	账户名称	页号
1	库存现金	1～10	8	累计折旧	66～70
2	银行存款	11～20	9	应付账款	71～75
3	应收账款	21～25	10	长期借款	76～80
4	原材料	26～40	11	实收资本	81～85
5	库存商品	41～55	12	盈余公积	86～90
6	生产成本	56～60	13	利润分配	91～95
7	固定资产	61～65			

图2-16 账户目录

（4）登记各总账的账户期初余额。

库存现金、生产成本和应付账款总账账户的期初余额登记如图2-17、图2-18、图2-19所示。

总分类账

账户名称：库存现金　　　　　　　　第1页

2022年		凭证		摘要	借方										贷方										借或贷	余额									
月	日	种类	编号		千	百	十	万	千	百	十	元	角	分	千	百	十	万	千	百	十	元	角	分		千	百	十	万	千	百	十	元	角	分
1	1			上年结转																					借					8	0	0	0	0	0

图2-17　库存现金总分类账

总分类账

账户名称：生产成本　　　　　　　　第56页

2022年		凭证		摘要	借方										贷方										借或贷	余额									
月	日	种类	编号		千	百	十	万	千	百	十	元	角	分	千	百	十	万	千	百	十	元	角	分		千	百	十	万	千	百	十	元	角	分
1	1			上年结转																					借					2	5	0	0	0	0

图2-18　生产成本总分类账

总分类账

账户名称：应付账款　　　　　　　　第71页

2022年		凭证		摘要	借方										贷方										借或贷	余额									
月	日	种类	编号		千	百	十	万	千	百	十	元	角	分	千	百	十	万	千	百	十	元	角	分		千	百	十	万	千	百	十	元	角	分
1	1			上年结转																					贷			2	7	5	0	0	0	0	0

图2-19　应付账款总分类账

星火小讲堂 2-1

其他账户期初余额的登记此处省略。

为了掌握各账户的总体情况，加强对总账的管理，总分类账要选用订本式账簿。由于总分类核算采用货币量度，总分类账簿选用三栏式账页格式。

任务二　建立日记账

【任务目标】

微课5 建立日记账

- 认识日记账及其种类
- 能够准确选择日记账账簿
- 正确填写账簿启用及经管人员一览表
- 端正工作态度，能够准确规范地登记期初余额

【任务案例】

实习生王红对宏盛公司的基本情况了解后，会计主管张芳给王红同学拿来了库存现金日记账和银行存款日记账的空白账本，明确了2022年1月1日库存现金账户余额为8 000元，银行存款账户余额为210 000元，账簿共计200页。

要求：

（1）填写库存现金账簿启用及经管人员一览表。

（2）登记库存现金和银行存款日记账的期初余额。

【知识准备】

一、日记账的概念及种类

（一）日记账的概念

日记账也称序时账，是按照经济业务发生时间的先后顺序，逐日逐笔登记的簿籍。日记账既可以用来连续记录全部经济业务的完成情况，也可以用来连续记录某一类经济业务的完成情况。

（二）日记账的种类

目前常见的日记账有库存现金日记账和银行存款日记账。设置这两种日记账，可以及时反映单位库存现金和银行存款的收支及结存情况，有利于对货币资金进行管理和监督。因此，所有单位都必须设置库存现金日记账和银行存款日记账。

库存现金日记账是出纳员根据审核无误的现金收款凭证、现金付款凭证和从银行提取现金业务所编制的银行存款付款凭证，按照经济业务发生的先后顺序，逐日逐笔进行登记的簿籍。

银行存款日记账是出纳员根据审核无误的银行存款收款凭证、银行存款付款凭证和将现金存入银行业务所编制的现金付款凭证，按照经济业务发生的先后顺序，逐日逐笔进行登记的簿籍。

二、日记账的账簿选择

从外观形式来看，日记账要求采用订本式账簿。从账页格式来看，日记账有三栏式和多栏式两种账页格式。我国采用三栏式日记账。

库存现金日记账由设有借方（或收入）、贷方（或支出）和余额（或结余）三栏式结构的账页组成。其格式如表2-7所示。

表2-7 库存现金日记账

年		凭证		摘要	借方										贷方										借或贷	余额									
月	日	种类	编号		千	百	十	万	千	百	十	元	角	分	千	百	十	万	千	百	十	元	角	分		千	百	十	万	千	百	十	元	角	分

银行存款日记账也是由设有借方（或收入）、贷方（或支出）和余额（或结余）三栏式结构的账页组成，但比库存现金日记账多了结算方式栏。其格式如表2-8所示。

表2-8 银行存款日记账

年		凭证		摘要	结算方式		对应账户	借方								√	贷方								√	余额							
月	日	种类	编号		种类	编号		十	万	千	百	十	元	角	分		十	万	千	百	十	元	角	分		十	万	千	百	十	元	角	分

三、账簿启用及经管人员一览表的填写

日记账的账簿启用及经管人员一览表格式、内容与总账类似，这里不再重复列示。

四、日记账期初余额的登记

登记日记账的期初余额，主要填写以下内容项目：登记账簿的日期、记账所依据的凭证类别与编号、摘要、余额及方向。

星火小讲堂
2-2

任务案例解析

（1）填写库存现金日记账账簿启用及经管人员一览表如图2-20所示。

<table>
<tr><td colspan="12">账簿启用及经管人员一览表</td></tr>
<tr><td>单位名称</td><td colspan="9">宏盛有限责任公司</td><td colspan="2">单位盖章</td></tr>
<tr><td>账簿名称</td><td colspan="9">库存现金日记账</td><td colspan="2" rowspan="4">宏盛有限责任公司
财务专用章</td></tr>
<tr><td>账簿编号</td><td colspan="9">共 2 册 第 2 册</td></tr>
<tr><td>启用日期</td><td colspan="9">公元 2022 年 1 月 1 日</td></tr>
<tr><td>账簿页数</td><td colspan="9">本账簿共计 200 页</td></tr>
<tr><td rowspan="3">经管人员</td><td colspan="4">主管</td><td colspan="5">记账</td><td colspan="2">负责人</td></tr>
<tr><td colspan="2">姓名</td><td colspan="2">盖章</td><td colspan="2">姓名</td><td colspan="3">盖章</td><td>姓名</td><td>盖章</td></tr>
<tr><td colspan="2">张芳</td><td colspan="2">张芳</td><td colspan="2">刘洋洋</td><td colspan="3">刘洋洋</td><td>张志凤</td><td>张志凤</td></tr>
<tr><td rowspan="5">交接记录</td><td colspan="3">日期</td><td colspan="2">监交</td><td colspan="2">移交</td><td colspan="2">接管</td><td colspan="2">贴印花处</td></tr>
<tr><td>年</td><td>月</td><td>日</td><td>姓名</td><td>盖章</td><td>姓名</td><td>盖章</td><td>姓名</td><td>盖章</td><td colspan="2" rowspan="5">贴印花税票</td></tr>
<tr><td></td><td></td><td></td><td></td><td></td><td></td><td></td><td></td><td></td></tr>
<tr><td></td><td></td><td></td><td></td><td></td><td></td><td></td><td></td><td></td></tr>
<tr><td></td><td></td><td></td><td></td><td></td><td></td><td></td><td></td><td></td></tr>
<tr><td>备注</td><td colspan="9">年度账</td></tr>
</table>

图2-20 账簿启用及经管人员一览表

（2）登记库存现金日记账和银行存款日记账的期初余额如图2-21、图2-22所示。

库存现金日记账

2022年		凭证		摘要	对应账户	借方									√	贷方									√	余额								
月	日	种类	编号			百	十	万	千	百	十	元	角	分		百	十	万	千	百	十	元	角	分		百	十	万	千	百	十	元	角	分
1	1			上年结转																									8	0	0	0	0	0

图2-21 库存现金日记账

银行存款日记账

2022年		凭证		摘要	结算方式		对应账户	借方								√	贷方								√	余额							
月	日	种类	编号		种类	票号		十	万	千	百	十	元	角	分		十	万	千	百	十	元	角	分		十	万	千	百	十	元	角	分
1	1			上年结转																						2	1	0	0	0	0	0	0

图2-22 银行存款日记账

任务三　建立明细账

【任务目标】

- 能够科学恰当地选用明细账账簿
- 能够正确地启用账簿
- 能够熟练填写账簿启用及经管人员一览表
- 端正工作态度，能够准确规范地登记明细账期初余额

【任务案例】

2022年1月1日，宏盛公司应收丰运公司货款88 000元，库存A材料数量200千克，单价20元，乙产品生产成本88 765元（其中：直接材料费52 165元，直接人工费26 600元，制造费用10 000元）。

要求：

（1）选择合适的明细账账簿。

（2）登记“应收账款——丰运公司”“原材料——A材料”“生产成本——乙产品”明细账的期初余额。

【知识准备】

一、账簿的选择

账簿的选择包括账簿外表形式和账页格式的选择两方面内容。

1.账簿外表形式的选择

账簿外表形式的选择，就是要确定所要建立的明细账采用订本账、活页账，还是卡片账。要正确选择账簿的外表形式，首先要分析订本账、活页账和卡片账的优缺点，然后再根据每种账簿所登记的业务内容和管理要求进行选择。三种账簿外表形式的优缺点，前文已进行介绍，此处不再赘述。按照工作惯例，三栏式明细账使用订本式账簿；材料、商品等明细账使用活页式账簿；固定资产采用卡片式账簿记录其详细情况，即通常所说的固定资产卡片。

2.账页格式的选择

选择账页格式，就是确定所建账簿的账页格式采用三栏式、多栏式，还是数量金额式。账页格式的选择，要根据账簿所要登记的内容和管理要求来进行。如果只需要反映经济业务所记入的账户名称、记账方向和所记金额，则选择三栏式账页格式。如果既要反映经济业务所记入的账户名称、记账方向、所记金额，又要反映业务的具体项目内容，就应该选择多栏式账页格式。如果既要反映某经济业务所记入的账户名称、记账方向、所记金额，还要反映业务的数量和单价，就应该选择数量金额式账页格式。

会计实务中，债权、债务明细分类账一般采用三栏式账页格式，收入、费用或成本等明

细账一般采用多栏式账页格式，原材料、库存商品等明细账一般采用数量金额式账页格式。

二、账簿启用及经管人员一览表的填写

明细账账簿的扉页附有“账簿启用及经管人员一览表”，此表的内容、格式及填写方法与总账、日记账类似，这里不再重复阐述。

三、期初余额的登记

登记明细账期初余额，就是将有年初数据账户的年初数据登记到账户的余额栏中，如果是数量金额式明细账，需要把数量、单价和金额三项都填写齐全，并标明方向，同时，要将账户名称、日期和摘要栏的项目填写齐全。

明细账期初余额的具体登记方法是：在该账户的第一行日期栏中填入期初日期，在摘要栏填入“上年结转”（非年初建账的填入“期初余额”），在借贷方向栏注明余额方向为借或贷，在余额栏填入账户的余额（需要登记数量、单价和金额的明细账，要把数量和单价登记清楚）；对于没有余额的明细账，无须特别标识。

星火小讲堂 2-3

任务案例解析

（1）选择合适的明细账账簿

通过明细账账簿选择相关理论的学习，应收账款明细账选择三栏式订本账，原材料明细账选择数量金额式活页账，生产成本明细账选择多栏式订本账。

（2）“应收账款——丰运公司”“原材料——A材料”“生产成本——乙产品”明细账期初余额的登记如图2-23、图2-24、图2-25所示。

应收账款——丰运公司 明细账

2022年		凭证		摘要	借方	贷方	借或贷	余额
月	日	种类	编号					
1	1			上年结转				88000

图2-23 应收账款明细账

生产成本——乙产品 明细账

2022年		凭证		摘要	借方（项目）				贷方	余额
月	日	种类	编号		直接材料	直接人工	制造费用	合计		
1	1			上年结转	52165	26600	10000	88765		88765

图2-24 生产成本明细账

原材料——甲材料明细账

2022年		凭证号	摘要	收入			发出			结存		
月	日			数量	单价	金额	数量	单价	金额	数量	单价	金额
1	1		上年结转							200	20	4000

图2-25 原材料明细账

项目加油站

想一想

1.为什么要建账？不建账会有哪些后果？

2.为什么同一单位不同账户明细账所用的账页格式不一样？

3.单位负责人说为了管理需要，设置两套账，一套账对外，另一套账只对内不对外，这种做法是否可以？为什么？

4.所有资产类账户都是借方登记增加额，贷方登记减少额吗？

练一练

1.熟悉会计科目按会计要素所作的分类

资料：相关经济业务事项一览表。

目的：熟悉会计科目及其类别。

要求：指出下列经济业务事项涉及的会计科目及其所属类别，填入表2-9相应栏目中。

表2-9 相关经济业务事项一览表

序号	业务事项内容	会计科目	会计科目所属类别
1	出纳员保管的现金		
2	企业新购置的汽车		
3	公司完工入库的产品		
4	购买材料欠的款项		
5	尚未发放的职工薪酬		
6	欠交的税费		
7	收取出借包装物的押金		
8	管理人员报销的差旅费		
9	赊销商品的款项		
10	投资者投入的资本金		
11	放在银行的存款		
12	借入的3年期借款		
13	公司销售产品实现的收入		
14	生产产品发生的人工费用		
15	公司管理部门发生的业务招待费		

2.发生额和期末余额的计算

(1)计算账户本期发生额

资料："应付账款"账户的期初余额为6 000元，本期增加额为12 000元，期末余额为6 000元。

要求：计算该账户的本期减少额。

(2)计算账户期末余额

资料："银行存款"账户的期初余额为120万元，本期增加额为50万元，本期减少额为20万元。

要求：计算该账户的期末余额。

项目测一测

△ 单项选择题

项目测试 2-1

单项选择题

1.会计科目是对（　　）的具体内容进行分类核算的项目。

A.经济业务　　B.会计主体

C.会计对象　　D.会计要素

2.下列各项中，（　　）是设置会计账户的依据。

A.经济业务　　B.会计要素

C.会计科目　　D.会计对象

3.下列会计科目中，（　　）属于资产类科目。

A.库存商品　　B.应付利息

C.制造费用　　D.财务费用

4.下列会计科目中，（　　）属于负债类科目。

A.预付账款　　B.资本公积

C.管理费用　　D.预收账款

5.下列会计科目中，属于一级会计科目的是（　　）。

A.燃料　　B.库存商品

C.房屋　　D.专利权

6.下列各项中，适合采用三栏式账页格式的是（　　）。

A.原材料明细账　　B.费用明细账

C.总分类账　　D.收入明细账

7.下列各项中，属于资产类会计科目的是（　　）。

A.主营业务收入　　B.主营业务成本

C.实收资本　　D.库存商品

8.下列各项中，属于负债类会计科目的是（　　）。

A.应收账款　　B.预付账款

C.原材料　　D.短期借款

9.下列各项中，属于一级会计科目的是（　　）。

A.农行存款　　B.银行存款

C.机器设备　　D.工行存款

10.下列各项中，适合采用数量金额式账页格式的是（　　）。

A.原材料明细账　　B.应收账款明细账

C .收入明细账　　D .应付账款明细账

11.总分类账簿一般应采用（　　）。

A.活页账　　B.卡片式

C.订本账　　D.多栏式

12.应收账款明细账，应该采用（　　）格式。

A.三栏式　　B.数量金额式

C.多栏式　　D.卡片式

13.下列各项中，属于明细科目的是（　　）。

A.钢材　　B.原材料

C.固定资产　　D.短期借款

14.管理费用明细账，通常采用（　　）格式。

A.多栏式　　B.卡片式

C.三栏式　　D.数量金额式

15.材料明细账一般应采用（　　）。

A.活页账　　B.卡片式

C.订本账　　D.备查账

16.三栏式账页结构中的三栏不包括（　　）。

A借方栏　　B.贷方栏

C.余额栏　　D.摘要栏

17.三栏式明细账中的三栏不包括（　　）。

A.摘要栏　　B.借方栏

C.贷方栏　　D.余额栏

18.库存商品账户一般采用（　　）明细账。

A.三栏式　　B.多栏式

C.订本式　　D.数量金额式

19.银行存款日记账应由（　　）来登记。

A.出纳员　　B.会计员

C.财务主管　　D.仓库保管员

20.在登记期初余额时，数量金额式明细账不需要登记的是（　　）项目。

A.数量　　B.单价

C.金额　　D.供货单位

△ 多项选择题

项目测试 2-2 多项选择题

1.下列各项中，属于一级会计账户的有（　　）。

A.电脑　　B.库存商品

C.应收账款　　D.固定资产

2.建账的主要工作有（　　）。

A.选择账簿　　B.启用账簿

C.登记期初余额　　D.登记账簿

3.卡片账的主要优点有（　　）。

A.应用灵活　　B.便于分工

C.数量不限 D.不易散失

4.订本账的好处主要有（ ）。

A.可以防止抽换账页 B.避免账页散失

C.方便同时记账 D.不会影响账户的连续登记

5.下列账簿中，适合采用多栏式账页格式的有（ ）。

A.“银行存款”总账 B.“管理费用”明细账

C.“生产成本”明细账 D.“主营业务收入”明细账

6.下列账簿中，应该采用数量金额式账页格式的有（ ）。

A.“库存商品”明细账 B.“原材料”明细账

C.“生产成本”明细账 D.“应付账款”明细账

7.投资者投入一台设备，这项经济业务会涉及受资方（ ）会计账户。

A.资产类 B.负债类

C.所有者权益类 D.收入类

8.在借贷记账法下，账户的贷方反映（ ）。

A.资产的减少 B.成本费用的减少

C.负债的增加 D.所有者权益的减少

9.在借贷记账法下，账户的借方反映（ ）。

A.资产的增加 B.收入的减少

C.负债的减少 D.所有者权益的增加

10.下列会计科目中，（ ）属于所有者权益类会计科目。

A.应付股利 B.资本公积

C.盈余公积 D.利润分配

11.下列科目中，属于成本类科目的有（ ）。

A.生产成本 B.劳务成本

C.制造费用 D.管理费用

12.下列各项中，属于明细会计科目的有（ ）。

A.建行存款 B.银行存款

C.机器设备 D.工行存款

13.下列各项中，属于所有者权益类会计账户的有（ ）。

A.实收资本账户 B.固定资产账户

C.库存现金账户 D.资本公积账户

14.下列各项中，适合采用订本式账簿的有（ ）。

A.库存商品总账 B.库存现金日记账

C.银行存款日记账 D.原材料明细账

15.下列各项中，（ ）是正确的。

A.资产类账户的余额都在借方

B.资产类账户的余额可能在借方，也可能在贷方

C.资产类账户也可能没有余额

D.资产类账户一定有期初余额

16.下列各项中，属于负债类会计账户的有（ ）。

A. 短期借款账户　　B. 长期借款账户

C. 库存现金账户　　D. 预收账款账户

17. 下列各项中，属于资产类会计账户的有（　　）。

A. 银行存款账户　　B. 库存商品账户

C. 应收账款账户　　D. 预收账款账户

18. 下列各项中，属于成本类会计账户的有（　　）。

A. 生产成本账户　　B. 劳务成本账户

C. 制造费用账户　　D. 管理费用账户

19. 下列各项中，属于损益类会计账户的有（　　）。

A. 主营业务成本账户　　B. 主营业务收入账户

C. 销售费用账户　　D. 管理费用账户

20. 下列账户中，适合采用多栏式账页格式的有（　　）。

A. 原材料　　B. 库存商品

C. 生产成本　　D. 管理费用

项目测试 2-3 判断题

△ 判断题

1. 借贷记账法中的借是增加的意思，贷是减少的意思。（　　）

2. 无论是总账会计科目还是明细账会计科目都必须按统一的会计法规设置。（　　）

3. 总分类会计科目对明细分类科目具有控制作用，而明细分类会计科目则是对总分类会计科目的补充和说明。（　　）

4. 每一个账户的期初余额或期末余额只能在账户的一方，即借方或贷方。（　　）

5. 借贷记账法是一种适用于各种单位的记账方法，目前，我国所有单位都采用这种记账方法。（　　）

6. 无论是哪一类账户，其账户都有余额。（　　）

7. 所有账户的借方都登记增加额，贷方都登记减少额。（　　）

8. 所有资产类账户的余额都在借方，所有负债类账户的余额都在贷方。（　　）

9. 资产类账户借方都登记增加额，贷方都登记减少额。（　　）

10. 关于账户设置，只要设置总账就够了，不必设置明细账。（　　）

11. 在借贷记账法下，账户哪一方为借方，哪一方为贷方，可以自行选定。（　　）

12. 账户余额不是只有到期末才能计算出来，每一天的每一时点都可以计算账户余额。（　　）

13. 会计账簿是由具有一定格式并相互联系在一起的账页组成，以会计凭证为依据，序时、分类地记录和反映企业等单位各项经济业务的簿籍。（　　）

14. 日记账是按照经济业务发生的先后顺序逐日逐笔登记的簿籍，库存现金日记账和银行存款日记账都属于序时账簿。（　　）

15. “应付账款”账户反映应付账款的具体对象，应按债权人姓名或单位名称设置明细账户。（　　）

16. 账簿启用是实施会计监督的重要环节，必须手续完整。（　　）

17. 单位会计人员发生变更时，按规定处理好账务即可，无须在会计账簿启用表上记载。（　　）

18. 任何一个单位都必须设置库存现金日记账和银行存款日记账。（　　）

19. 明细账是提供详细核算资料的账簿，记录与否对企业管理没有影响。（　　）

20.会计账簿是重要的经济档案，为了保证账簿记录的合法性和会计资料的完整性，明确记账责任，在启用账簿时，会计人员应在账簿封面上写明单位名称和账簿名称，在账簿扉页上填写“账簿启用及经管人员一览表”。 ( )

21.由于总分类账户核算采用货币量度，所以，其账页格式选用三栏式。 ( )

22.日记账可以采用活页式账簿。 ( )

23.订本账最大的好处是可以防止抽换账页，避免账页散失。 ( )

24.凡是需要反映数量和金额情况的账簿，都应该采用数量金额式账页。 ( )

25.总分类账必须采用订本式账簿，其账页应采用三栏式。 ( )

项目小实训

实训一：熟悉账户余额与发生额的关系

[实训目的]

通过实训，使学生能够熟悉账户余额与发生额的关系，能够在给定任意3个金额要素的情况下，计算出第4个要素的金额。

[实训资料]

实训资料如表2-10所示。

表2-10 账户余额及发生额计算表 单位：元

账户名称	期初余额		本期发生额		期末余额	
	借方	贷方	借方	贷方	借方	贷方
银行存款	100 000		300 000	（1）	250 000	
应收票据	50 000		900 000	580 000	（2）	
短期借款		120 000	80 000	100 000		（3）
实收资本		3 000 000		100 000		（4）
原材料	580 000		200 000	（5）	300 000	
应付账款		100 000	50 000			（6）
库存现金	30 000		（7）	20 000	15 000	

[实训要求]

根据表2-10的资料，计算表2-10中（1）~（7）处的数据。

实训二：熟悉账户期初余额的登记方法

[实训目的]

使学生对账户期初余额登记有更加深刻的认识，能够熟练进行账户期初余额的登记。

[实训资料]

大地公司2022年1月1日部分账户的期初余额资料如下：“应收账款——兴星公司”账户，借方余额5 650元；“原材料——A材料”账户，数量100千克，单价100元，金额10 000元；“生产成本——甲产品”账户，直接材料费5 678元，直接人工费3 210元，制造费用2 345元。

［实训要求］

开设“应收账款——兴星公司”“原材料——A材料”“生产成本——甲产品”3个明细账户，并将3个账户的期初余额准确登记到账户中。

项目三　填制与审核原始凭证

知识导图

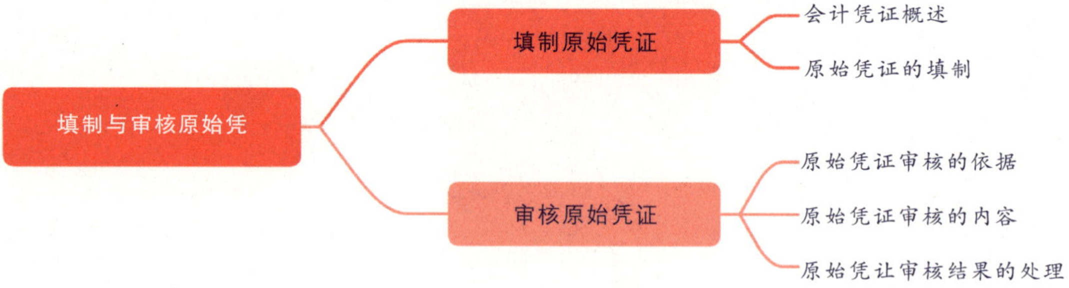

导入案例

你能在图3-1至图3-6中辨别出原始凭证及其所属类别吗？

上海增值税专用发票　№02887455　2102154130
02887455

机器编号：2109158121

开票日期：2022年12月01日

购买方	名　　称：光华机床有限责任公司 纳税人识别号：910622890635288123 地 址、电 话：滨江市锦江路85号0415-36890451 开户行及账号：中国工商银行兴安支行838526740020070948	密码区：（略）

货物或应税劳务、服务名称	规格型号	单位	数　量	单价	金　额	税率	税　额
*住宿服务*住宿服务			7		1 981.13	6%	118.87
合　计					￥1 981.13		￥118.87
价税合计（大写）	⊗贰仟壹佰元整				（小写）￥2 100.00		

销售方	名　　称：全季酒店 纳税人识别号：913102021471245632 地 址、电 话：上海市成山路1139号021-47896212 开户行及账号：中国工商银行成山路支行9071489787984890837	备注

收款人：李　林　　复核：王　路　　开票人：张　强　　销售方：（章）

第三联：发票联　购买方记账凭证

图3-1　增值税专用发票

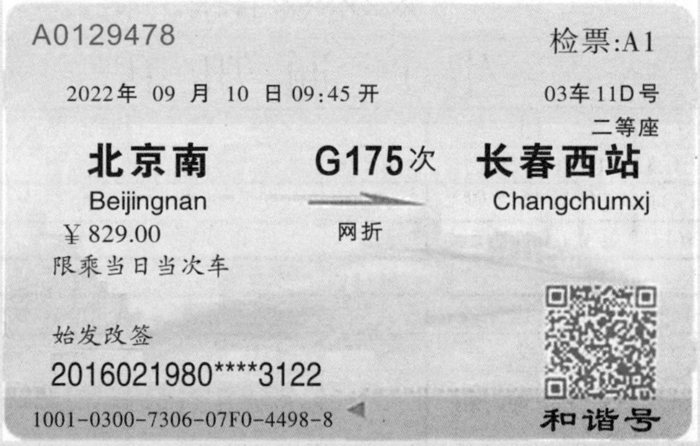

A0129478　　检票:A1

2022年 09 月 10 日09:45 开　　03车11D号

二等座

北京南　G175次　长春西站

Beijingnan　　Changchumxj

¥829.00　　网折

限乘当日当次车

始发改签

2016021980****3122

1001-0300-7306-07F0-4498-8　　和谐号

图3-2　车票

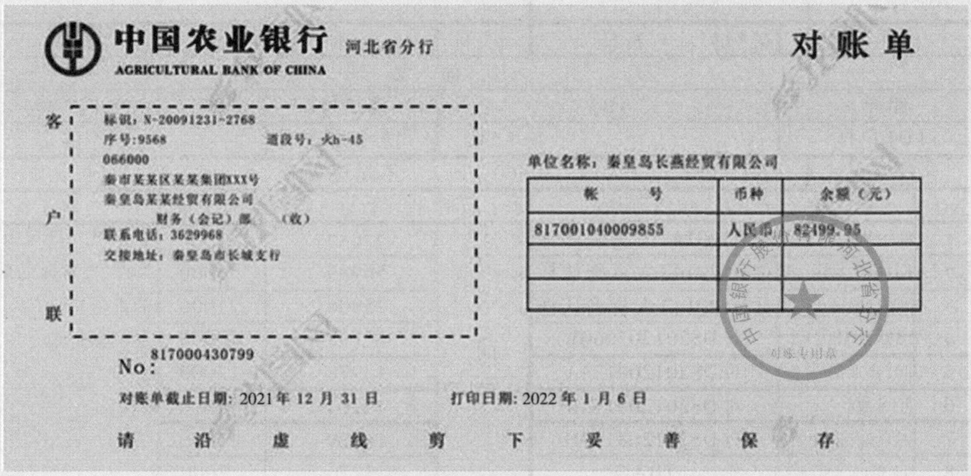

中国农业银行 河北省分行

AGRICULTURAL BANK OF CHINA

对账单

客户联

标识：N-20091231-2768

序号:9568　　道段号：火h-45

066000

秦市某某区某某集团XXX号

秦皇岛某某经贸有限公司

财务（会记）部　（收）

联系电话：3629968

交接地址：秦皇岛市长城支行

单位名称：秦皇岛长燕经贸有限公司

帐　号	币种	余额（元）
817001040009855	人民币	82499.95

No: 817000430799

对账单截止日期：2021年12月31日　　打印日期：2022年1月6日

请　沿　虚　线　剪　下　妥　善　保　存

图3-3　对账单

限　额　领　料　单

领料部门：生产车间　　发料仓库：2号

用　途：B产品生产　　20××年 2 月　　编　号：008

材料类别	材料编号	材料名称及规格	计量单位	领料限额	实际领用	单价	金额	备注
型钢	0348	圆钢 ф10mm	公斤	500	480	4.40	2112	

日期	请领		实发			限额结余	退库	
	数量	签章	数量	发料人	领料人		数量	退库单
2.3	200		200	姜同	王立	300		
2.12	100		100	姜同	王立	200		
2.20	180		180	姜同	王立	20		
合计	480		480			20		

供应部门负责人　李微　　生产计划部门负责人　佟伟　　仓库负责人签章　刘俊

图3-4　限额领料单

××××××××××有限公司

生 产 通 知 单

客 户	德生	合 同 号	××××		加工单号	××××	
成品品种规格	80×50.32*16+70D 不磨毛 3/1S斜纹			坯布品种规格			
投坏数量（码）	224731	交货数量（码）	209000	交货日期	分批交货	坯布交期	分批
成品门幅（”）	53/4”	可载门幅（”）	52	坯布损耗	7%	坯仓号	××
质 量 技 术 要 求							
干擦（级）	4	皂洗牢度（级）	变4沾4	对色光源	UL3000+D65	克重 (DZ)	6
湿擦（级）	2.5	汗渍牢度（级）		P.H.值	6-8	回弹（%）	8
日晒半度（级）	3.5	水洗牢度（级）		撕拉强力（LBS）	经 2　纬 2	拉伸强力（LBS）	经 40
脱缝（LBS）	25	扭股（%）		纬斜	4%	缩水率（%）	经 3
标准	美标	标准	美标	标准	美标	标准	
其 他 要 求							
船样	TBA			测试样	27	A4卡（套）	
LOT色样	1+0.5码			洗水方法	不洗水		
开救方式	60（码）以上80%　30-60（码）　不超过20%　（码）定长允许 %（码）						

NO	颜 色	颜色确认	手干品制	投坯数量（码）	成品数量（码）	注 备
1	CLASSIC NAVT宝蓝	对D120147大货确认样	同D120147	27957	26000	数量只允许短溢装+/-3%，大货成品后提供的报告！※琼斯订单
2	KHAKI卡其	对D120147大货确认样		56989	53000	
3	PVRE BLACK黑色	对D120147大货确认样		25806	21000	
4	DARK KHAKI深卡其	对DS201207060W		53763	50000	
5	ROYAL BLVE 深蓝	对DS201208134A		13978	13000	
6	PLUM 梅红	对DS201208138B		17204	16000	
7	ORANGE CRUSH橙色	对DS201208137H		16129	15000	
8	ICE BLUE 冰蓝	TBA		3226	3000	
9	RISKY RED 红色	TBA		9677	9000	
分批光货日期	坯布交期：1.5交900000米，1.10交55000米，1.15交60494米；成品交期：1月18日交宝蓝26000Y，卡其300000Y，1月23日交卡其23000Y，黑色24000Y，深卡					

技术部主管：

总调度：

生产厂长：

Shippingmarke:
P.SAI/TZ121380
FABRICCONTENT:98%COT
2%SPANDEX
DBSCRIPIION:SOLIDTVILI
W/NDRMALFINISH(MON-PEA)
CONSIRUCTION:180060/32
OD
COLOR:
WIDTH:52"(CW)
FBD#JMSu13-
TSCOTPDSTWILLOSIC

审核：　　制表：　　跟单员：　　日期：2022-1-8

图3-5　生产通知单

材料合同备案章
合同编号：

预拌混凝土购销合同

合同编号：2022-014

订立日期：　2022 年 8 月 15 日

图 3-6　购销合同

任务一 填制原始凭证

【任务目标】

- 明晰原始凭证的概念
- 明确原始凭证的填制要求
- 掌握常见原始凭证的填制方法并能判断某票据是否属于原始凭证
- 增强法治观念，认识依法制证的重要性及编制假原始凭证的危害
- 培养认真谨慎的工作态度

微课6

填制原始凭证

【任务案例】

宏盛公司位于佳木斯市东风区，电话：0454-8249006，纳税人识别号：210202454677357230，开户行：中国建设银行佳木斯市东风支行，账号：4700022609003632321，单位负责人张志凤，办公室主任王树宝，财务负责人张芳。

宏盛公司2022年1月发生的部分经济业务如下：

业务1：5日，办公室李明准备去哈尔滨开会，预借差旅费1 000元，以现金方式支付。

业务2：9日，公司开出转账支票一张，用于偿还欠东风公司购料款22 600元。

业务3：18日，公司收到职工宋莉莉缴纳的罚款300元。

业务4：31日，根据统计结果，本月领料价值15 800元，其中：甲产品领用6 500元，乙产品领用7 500元，车间一般耗用800元，管理部门耗用1 000元。会计部门根据公司本月各部门的领料单编制发出材料汇总表。

要求：根据以上业务填制原始凭证。

【知识准备】

一、会计凭证概述

（一）会计凭证的概念

会计凭证是指记录经济业务发生或者完成情况的书面证明，是登记账簿的依据。任何单位对所发生的每一项经济业务都必须按照规定的程序和要求，由经办经济业务的有关人员填制或从外单位取得有关凭证，对经济业务的合法性和凭证的真实性、完整性负责。

（二）会计凭证的作用

1. 会计凭证能记录经济业务，提供记账依据

会计凭证能记录经济业务活动发生的时间、数量、金额及完成情况，如实反映各项经济业务，为账簿记录提供真实、可靠的依据。

2. 会计凭证能明确经济责任，强化内部控制

会计凭证要求有关经手人签名盖章，明确了经济责任。通过审核凭证，可以检查经

济业务是否合规，是否按计划和预算执行，强化了内部控制。

3.会计凭证能监督经济活动，控制经济运行

通过审核会计凭证，确保经济业务的合理、合法和有效性，监督经济业务活动，发挥会计管理职能。

（三）会计凭证的种类

按照填制程序和用途，会计凭证可分为原始凭证和记账凭证。

1.原始凭证

原始凭证又称单据，是指在经济业务发生或完成时取得或填制的，用以记录或证明经济业务的发生或完成情况的，作为记账原始依据的书面证明。

原始凭证必须能够表明经济业务已经发生或其完成情况，凡是不能证明经济业务发生或完成情况的单证，如购货申请单、购销合同、计划、银行对账单、银行存款余额调节表等，不能作为原始凭证。

2.记账凭证

记账凭证又称记账凭单，是指会计人员根据审核无误的原始凭证，按照经济业务的内容加以归类，并据以确定会计分录后所填制的会计凭证，作为登记账簿的直接依据。

二、原始凭证的填制

（一）原始凭证的概念

原始凭证是指在经济业务发生或完成时取得或填制的，用以记录或证明经济业务的发生或完成情况的有效文字凭据。它是会计核算的原始资料和重要依据，是会计核算资料中最具法律效力的一种书面证明文件，如交易过程中取得的发票、车票、出库单等。

（二）原始凭证的种类

1.按原始凭证的来源分类

原始凭证按其来源不同，可分为外来原始凭证和自制原始凭证两大类。

（1）外来原始凭证。外来原始凭证是指在经济业务发生或完成时从其他单位或个人处取得的原始凭证，如从外单位购货时取得的购货发票，交外单位罚款的收据，职工因公出差取得的机票、船票、住宿发票等。表3-1所示的进账单（回单）和表3-2所示的增值税专用发票，都属于外来原始凭证。

表3-1

ICBC 中国工商银行进账单（回单）

年　月　日

<table>
<tr><td rowspan="3">收款人</td><td>全称</td><td colspan="2"></td><td rowspan="3">付款人</td><td>全称</td><td colspan="10"></td></tr>
<tr><td>账号</td><td colspan="2"></td><td>账号</td><td colspan="10"></td></tr>
<tr><td>开户银行</td><td colspan="2"></td><td>开户银行</td><td colspan="10"></td></tr>
<tr><td colspan="2" rowspan="2">金额</td><td colspan="4" rowspan="2">人民币
（大写）</td><td>千</td><td>百</td><td>十</td><td>万</td><td>千</td><td>百</td><td>十</td><td>元</td><td>角</td><td>分</td></tr>
<tr><td></td><td></td><td></td><td></td><td></td><td></td><td></td><td></td><td></td><td></td></tr>
<tr><td colspan="2">票据种类</td><td></td><td>票据张数</td><td colspan="2"></td><td colspan="10" rowspan="3">收款人开户行盖章</td></tr>
<tr><td colspan="2">票据号码</td><td colspan="4"></td></tr>
<tr><td colspan="6">复核　　　记账</td></tr>
</table>

此联是银行交给收款人的回单

表 3-2　　**黑龙江省增值税专用发票**　　NO：

发票联　　开票日期：

购买方	名　　称： 纳税人识别号： 地 址 、电 话： 开户行及账号：				密码区			
货物或应税劳务、服务名称	规格型号	单位	数量	单　价	金　额	税率	税　额	
合　计								
价税合计（大写）						（小写）		
销售方	名　　称： 纳税人识别号： 地 址 、电 话： 开户行及账号：				备注			

第三联：发票联　购买方记账凭证

收款人：　　复核：　　开票人：　　销售方：（章）

（2）自制原始凭证。自制原始凭证是由本单位内部经办业务的人员，在执行或完成某项经济业务时所填制的、仅供本单位内部使用的原始凭证。例如，仓库保管人员在验收材料入库时所填制的“收料单”、领用材料时所填制的“领料单”、企业发放工资编写的“工资单”、职工出差借差旅费时所填制的“借款单”等，都属于自制原始凭证。这类凭证在企业原始凭证中占有较大的比重。收料单、领料单和借款单的格式如表 3-3、表 3-4、表 3-5 所示。

表 3-3　　**收料单**

供货单位：　　凭证编号：

发票编号：　　年　月　日　　收料仓库：

材料类别	材料编号	材料名称	规格	计量单位	数 量		金 额			
					应收	实收	单价	买价	运杂费	合计

会计主管　　记账　　送检　　检验　　收料

表 3-4　　**领料单**

领料单位：　　编号：

用　途：　　年　月　日　　仓库：

材料类别	材料编号	材料名称	规格	计量单位	数 量		单价	金 额
					请 领	实 领		

记账　　发料　　领料单位负责人　　领料

表 3-5

借款单

年　月　日

借款部门			姓名		借款事由		
借款金额（大写）	万　仟　佰　拾　元　角　分　¥：________						
领导审批		财务审批		部门审批		出纳付款	
借款人			备注				

对于经济业务内容相同，而业务发生频繁的经济业务或事项，会计部门可以对这些业务取得的原始凭证进行归类汇总，编制原始凭证汇总表。如果发出材料太多，可以编制发出材料汇总表，如表3-6所示。

表 3-6

发出材料汇总表

年　月　日

账户名称	材料用途	原材料	燃　料	合　计
合　计				

会计主管　　　　复核　　　　制表

2. 按原始凭证填制手续和内容分类

按原始凭证填制手续和内容不同，原始凭证可以分为一次凭证、累计凭证和汇总凭证。

（1）一次凭证。一次凭证是指一次填制完成，只记录一笔经济业务且仅一次有效的原始凭证。一次凭证包括收据、销货发票、购货发票、收料单、借款单、银行结算凭证等。

（2）累计凭证。累计凭证是指在一定时期内多次记录发生的同类型经济业务且多次有效的原始凭证。常用的累计凭证是限额领料单。

（3）汇总凭证。汇总凭证是指对一定时期内反映经济业务内容相同的若干原始凭证，按照一定标准综合填制的原始凭证。发出材料汇总表、销售日报表、差旅费报销单等都属于汇总原始凭证。

3. 按原始凭证格式分类

按原始凭证格式的不同，原始凭证可分为通用凭证和专用凭证。

（1）通用凭证。通用凭证是指由有关部门统一印制、在一定范围内使用的具有统一格式和使用方法的原始凭证，如增值税专用发票、由中国人民银行制作的银行转账结算凭证等。

（2）专用凭证。专用凭证是指由单位自行印制、仅在本单位内部使用的原始凭证，如折旧计算表、差旅费报销单、工资费用分配表、领料单等。

（三）原始凭证的基本内容

由于经济业务的种类和内容不同，原始凭证的格式和内容也有所不同。但原始凭证作为记录和证明经济业务的发生或完成情况、明确经办单位和人员经济责任的原始证据，必须具备以下基本内容。

1.原始凭证的名称

原始凭证的名称标明原始凭证所记录业务内容的种类，反映原始凭证的作用，如收款收据、入库单等。

2.填制原始凭证的日期

填制原始凭证的日期一般是业务发生或完成的日期，如果在业务发生或完成时，因各种原因未能及时填制，原始凭证则应以实际填制日期为准。

3.填制凭证的单位名称或填制人姓名

每一张原始凭证都必须填写填制凭证的单位名称或填制人姓名，并加盖单位公章或填制人个人名章。

4.经办人员的签名或者盖章

原始凭证中的所有经手人和经办人员都必须在原始凭证上签名盖章，以明确经济责任。

5.接受凭证单位名称

接受原始凭证的单位名称，也称原始凭证的抬头，是指发生经济业务的对方单位。抬头将接受凭证单位与填制凭证单位或填制人相联系，表明经济业务的来龙去脉。

6.经济业务的内容

经济业务的内容主要包括经济业务的项目名称、规格、数量、计量单位、单价和金额等，是原始凭证的核心部分。

（四）原始凭证的基本要求

原始凭证有以下基本要求。

（1）原始凭证必须具备基本内容，包括凭证名称、填制凭证的日期、填制凭证单位名称或者填制人员姓名、经办人员的签名或者盖章、接受凭证单位名称、经济业务内容、数量、单价和金额等。

（2）从外单位取得的原始凭证，必须加盖填制单位的公章；从个人处取得的原始凭证，必须有填制人员的签名或者盖章。自制原始凭证必须有经办单位领导人或者其指定的人员签名或者盖章。对外开出的原始凭证，必须加盖本单位的印章。

（3）凡填有大写金额和小写金额的原始凭证，大写金额与小写金额必须相符。购买实物的原始凭证，必须有验收证明。支付款项的原始凭证，必须有收款单位和收款人的收款证明。

（4）一式多联的原始凭证，应当注明各联的用途，只有一联是可以作为报销依据的凭证。对于一式多联的发票和收据，必须用双面复写纸（发票和收据本身具备复写纸功能的除外）套写，并连续编号。作废一式多联的原始凭证，应当加盖“作废”戳记，连同存根一起保存，不得撕毁。

（5）发生销货退回时，除应填制退货发票（红字）外，还必须附验收入库单；退款时，必须取得收款收据或者汇款银行的凭证，不可用退货发票代替收据。

（6）职工因公出差时的借款凭据，必须附在记账凭证之后。收回借款时，应当另开收据或者退还借据副本，不得退还原借款收据。

（7）经上级有关部门批准的经济业务，应当将批准文件作为原始凭证附件。如果批准文件需要单独归档，应当在凭证上注明批准机关的名称、批准日期和批准文件字号。

（8）原始凭证不得涂改、挖补。发现原始凭证有错误时，应当让开出单位重开或者更正，凡是凭证进行过更正的，必须在更正处加盖开出单位的公章。

（9）法律、法规和国家统一会计制度规定使用统一印制原始凭证的单位，应当按规定取得和使用。法律、法规和国家统一会计制度规定原始凭证格式的单位，应当按规定格式制作和使用；没有规定格式的，应当设计适合本单位管理需要的原始凭证格式，并制作使用。

（10）一张原始凭证所列支出需要几个单位共同负担的，应对其他单位负担部分开具原始凭证分割单，并附原始凭证复印件，进行结算。原始凭证分割单必须具备原始凭证的基本内容，如凭证名称、填制凭证日期、填制凭证单位名称或者填制人姓名、经办人员的签名或者盖章、接受凭证单位名称、经济业务内容、数量、单价、金额和费用分摊情况等。

（11）原始凭证按规定内容填制完毕，除机票、车票、船票等凭证外，一般应当按照要求加盖印章。

星火小讲堂
3-1

（12）作为填制记账凭证、登记会计账簿依据的原始凭证，必须有经办人员签字或盖章、单位负责人或其授权审批人审批签字或盖章、会计机构负责人或其授权的审核人审核签字或盖章。

典型案例 3-1

众信有限责任公司（以下简称“众信公司”）位于佳木斯市东风区，电话：0454-8249006，纳税人识别号：914421020245467357，开户行：工行东风支行，账号：4700022609003632321，单位负责人王春风，办公室主任刘小锋，财务负责人邵红娟，出纳张红。

众信公司2022年1月发生的部分经济业务如下：

（1）5日，办公室尹志高准备去东宁开会，预借差旅费1 000元，以现金支付。

（2）9日，公司开出转账支票一张，用于偿还前欠大地公司购料款33 900元。

（3）15日，收到银行的收账通知单，收到同源公司偿还的甲产品货款56 500元。

（4）18日，公司从华重钢厂购入的一批钢材到货，直径为10mm的0025圆钢1 000千克，单价5元；0026方钢1 000 千克，单价5元。仓库保管人员大伟根据验收结果填制收料单。

（5）25日，公司收到职工宋晓微缴纳的罚款100元。

（6）31日，根据统计，本月共领料价值15 800元，其中：甲产品领用6 500元，乙产品领用7 500元，车间一般耗用800元，管理部门耗用1 000元。会计部门根据公司本月各部门的领料单编制发出材料汇总表。

（7）31日，公司向中天设备销售公司（一般纳税人）销售WH-G型切割机1台，价值5 000元，适用税率13%，开具增值税专用发票。款项尚未收到。

要求：填制上述业务所涉及的有关原始凭证。

典型案例3-1解析

业务（1）至业务（7）所填原始凭证如表3-7至表3-13所示。

表3-7

借款单

2022年1月5日

借款部门	办公室		姓名	尹志高	借款事由	去东宁参加会议	
借款金额（大写）	零万 壹仟 零佰 零拾 零元 零角 零分 ¥：1 000.00						
领导审批	王春风	财务审批	邵红娟	部门审批	刘小锋	出纳付款	张红
借款人	尹志高		备注				

表3-8

转账支票

中国工商银行 转账支票存根 支票号码：01337247 附加信息： 出票日期 2022年1月9日 收款人：大地公司 金　额：¥33 900.00 用　途：偿还购料款 单位主管　会计	中国工商银行　转账支票　No：01337247 出票日期（大写）贰零贰贰年零壹月零玖日　付款行名称：工行东风支行 收款人：大地公司　出票人账号：4700022609003632321 人民币（大写）叁万叁仟玖佰元整 亿 千 百 十 万 千 百 十 元 角 分 　 　 　 ¥ 3 3 9 0 0 0 0 本支票付款期限十天 用途偿还购料款 上列款项请从我账户内支付 出票人签章　复核　记账 众信公司 财务专用章　风王印春

表3-9

ICBC 中国工商银行进账单（回单）

2022年1月15日

收款人	全称	众信公司	付款人	全称	同源公司
	账号	4700022609003632321		账号	210204356762548
	开户银行	工行东风支行		开户银行	工行同源支行
金额	人民币（大写）	伍万陆仟伍佰元整			千 百 十 元 角 分 ¥ 5 6 5 0 0 0 0
票据种类	转账支票	票据张数	1		
票据号码	略				
复核　记账				收款人开户行盖章	

中国工商银行佳木斯市东风支行 转讫

此联是银行交给收款人的回单

表 3-10

收料单

供货单位：华重钢厂　　　　凭证编号：0001

发票编号：02304213　　　　2022 年 1 月 28 日　　　　收料仓库：2 号

材料类别	材料编号	材料名称	规格	计量单位	数量		金额			
					应收	实收	单价	买价	运杂费	合计
原材料	0025	圆钢	ф10mm	千克	1 000	1 000	5.00	5 000		5 000
原材料	0026	方钢		千克	1 000	1 000	5.00	5 000		5 000
合　计										10 000

会计主管　　记账　　送检　刘洋洋　　检验　聊春香　　收料　大伟

表 3-11

收款收据

2022 年 1 月 25 日　　　　No.1210001

今 收 到：众信公司宋晓微缴纳的罚款

金额（大写）：壹佰元整　　现金收讫　　（小写）：¥100.00

☑现金　☐支票　☐信用卡　☐其他　　收款单位盖章：众信公司 财务专用章

第三联　会计联

核准　　会 计　　记 账　　出 纳 张红　　经手人 张晓梅

表 3-12

发出材料汇总表

2022 年 1 月 31 日

账户名称	材料用途	原材料	燃　料	合　计
生产成本	甲产品生产	6 500		6 500
	乙产品生产	7 500		7 500
	小　计	14 000		14 000
制造费用	车间一般耗用	800		800
管理费用	管理部门耗用	1 000		1 000
合　计		15 800		15 800

会计主管　刘春生　　　　复核　赵天宇　　　　制表　郝为发

表 3-13

黑龙江省增值税专用发票

发票联

NO：00872023

开票日期：2022 年 1 月 31 日

购买方	名　　称：中天设备销售公司 纳税人识别号：912210107190793898 地址、电话：锦州市西城区小溪路 88 号 0412-88428879 开户行及账号：中行西支路办 840103919808098652	密码区	（略）

货物或应税劳务、服务名称	规格型号	单位	数量	单　价	金　额	税率	税　额
切割机	WH-G	台	1	5 000.00	5 000.00	13%	650.00
合　计					¥5 000.00		¥650.00
价税合计（大写）	伍仟陆佰伍拾元整				（小写）¥5 650.00		

销售方	名　　称：众信公司 纳税人识别号：914421020245467357 地址、电话：佳木斯市东风区 0454-8249006 开户行及账号：工行东风支行 4700022609003632321	备注	众信公司 914421020245467357 发票专用章

收款人：王立梅　　复核：张晓婷　　开票人：宋微微　　销售方：（章）

第三联：发票联　购买方记账凭证

任务案例解析

四笔业务的原始凭证填制如图 3-7 至图 3-10 所示。

借　款　单

2022 年 1 月 5 日

借款部门	办公室	姓名	李明	事由	去哈尔滨参加会议		
借款金额（大写）	零万 壹仟 零佰 零拾 零元 零角 零分　¥ 1000.00						
领导审批	张志凤	财务审批	张芳	部门审批	王树宝	出纳付款	张丽
借款人	李明	备注	现金已付				

图 3-7　借款单

中国建设银行 转账支票存根

支票号码：01337238

附加信息：

出票日期 2022 年 1 月 9 日

收款人：	东风公司
金　额：	¥22 600.00
用　途：	偿还购料款

单位主管　　会计

本支票付款期限十天

中国建设银行　转账支票　No：01337238

出票日期（大写）贰零贰贰年零壹月零玖日　付款行名称：中国建设银行佳木斯东风支行

收款人：东风公司　　出票人账号：4700022609003632321

人民币（大写）	亿	千	百	十	万	千	百	十	元	角	分
贰万贰仟陆佰元整				¥	2	2	6	0	0	0	0

用途　偿还购料款

上列款项　请从我账户内支付

出票人签章　　宏盛有限责任公司 财务专用章　　凤张印志

复核　　记账

图 3-8　转账支票

收 款 收 据

2022 年 1 月 5 日

今 收 到　职工宋莉莉交来的罚款

金额（大写）　叁佰元整　　　　（小写）￥300.00

☑现金　☐支票　☐信用卡　☐其他　　收款单位盖章　宏盛有限责任公司 财务专用章　　现金收讫

第三联 会计联

核准　　会计　　记账　　出纳 张丽　　经手人 张晓梅

图 3-9　收据

发出材料汇总表

2022 年 1 月 31 日

账户名称	材料用途	原材料	燃 料	合 计
生产成本	甲产品生产	6 500		6 500
	乙产品生产	7 500		7 500
	小　计	14 000		14 000
制造费用	车间一般耗用	800		800
管理费用	管理部门耗用	1 000		1 000
合　计		15 800		15 800

会计主管　　复核 王一名　　制表 李丹丹

图 3-10　发出材料汇总表

任务二　审核原始凭证

【任务目标】

- 掌握原始凭证审核依据
- 熟悉原始凭证审核内容
- 能够发现并处理问题原始凭证
- 培养严格执法的工作作风和公正无私的品格

【任务案例】

图3-11中展示的是宏盛公司的两张票据：

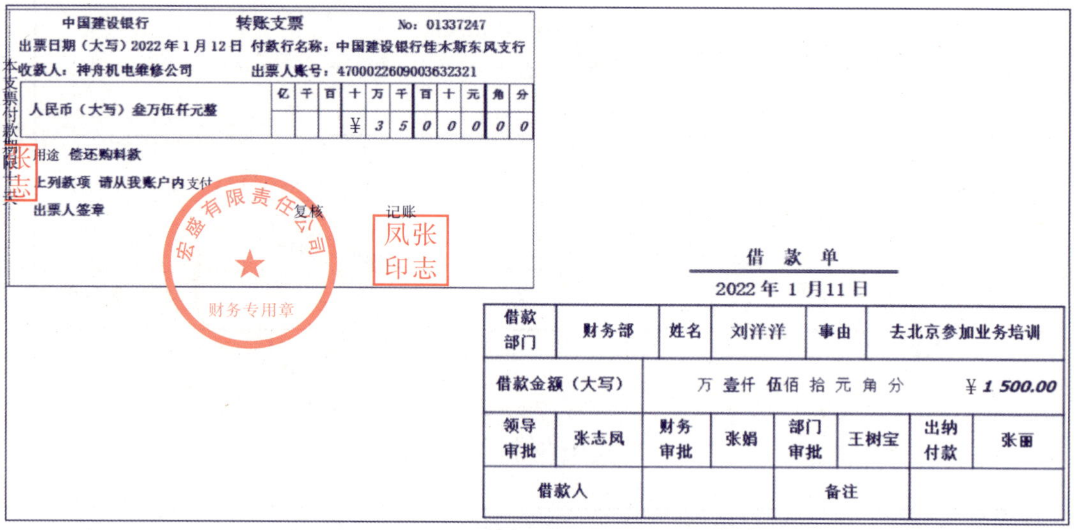

中国建设银行　　转账支票　　No：01337247

出票日期（大写）2022年1月12日　付款行名称：中国建设银行佳木斯东风支行

收款人：神舟机电维修公司　　出票人账号：4700022609003632321

人民币（大写）叁万伍仟元整	亿	千	百	十	万	千	百	十	元	角	分
				¥	3	5	0	0	0	0	0

本支票付款期限十天

用途　偿还购料款

上列款项　请从我账户内支付

出票人签章　　复核　　记账

宏盛有限责任公司　财务专用章

张志

凤张印志

借　款　单

2022年1月11日

借款部门	财务部	姓名	刘洋洋	事由	去北京参加业务培训		
借款金额（大写）	万　壹仟　伍佰　拾　元　角　分　¥1 500.00						
领导审批	张志凤	财务审批	张娟	部门审批	王树宝	出纳付款	张丽
借款人		备注					

图3-11　转账支票和借款单

要求：判断这两张票据的填制是否正确，对问题票据提出正确的处理意见。

【知识准备】

一、原始凭证审核的依据

审核原始凭证是一项非常重要的工作，必须严肃认真对待。检查一张原始凭证是否存在问题的主要依据有两方面：一是原始凭证所反映的经济业务内容；二是法律、法规和国家统一会计制度，以及单位在财务会计方面的规章制度。

二、原始凭证审核的内容

判断原始凭证是否存在问题，应从以下四方面入手：

（1）原始凭证填制是否符合规范化要求。

（2）经办人是否签名，审批人是否按规定程序、内容审批。

（3）原始凭证反映的业务内容是否真实、合法。

（4）原始凭证反映的业务内容是否准确、完整。

三、原始凭证审核结果的处理

对原始凭证审核结果的处理，要区分以下情况：对没有问题的原始凭证，履行签字或盖章手续后，传递到下一个工作环节；对有问题的原始凭证，要根据问题的性质进行处理。

（1）对确认为不真实、不合法的原始凭证，不予接受，并向单位负责人报告。

（2）对确认为不准确、不完整的原始凭证，予以退回，并由经办人员按国家统一会计制度的规定更正或补充。

（3）外来原始凭证，若非金额错误，由出具单位或个人重开或者更正，更正处应加盖出具单位公章或个人印章。若是金额错误，由出具单位或个人重开，不得在原始凭证上更正。

（4）自制原始凭证有错误的，应当重新填制。

（5）外来原始凭证遗失或破损严重无法辨认的，应以出具凭证单位或个人盖有公章或签名的证明（注明原凭证的编号、金额和内容等），并经会计机构负责人（会计主管人员）和单位负责人批准后，代作原始凭证。确实无法取得证明的车票、机票等，应由当事人写出详细情况，经会计机构负责人（会计主管人员）和单位负责人批准后，代作原始凭证。

任务案例解析

转账支票的问题在于：转账支票日期要按照票据法规要求大写，更正如图3-12所示。

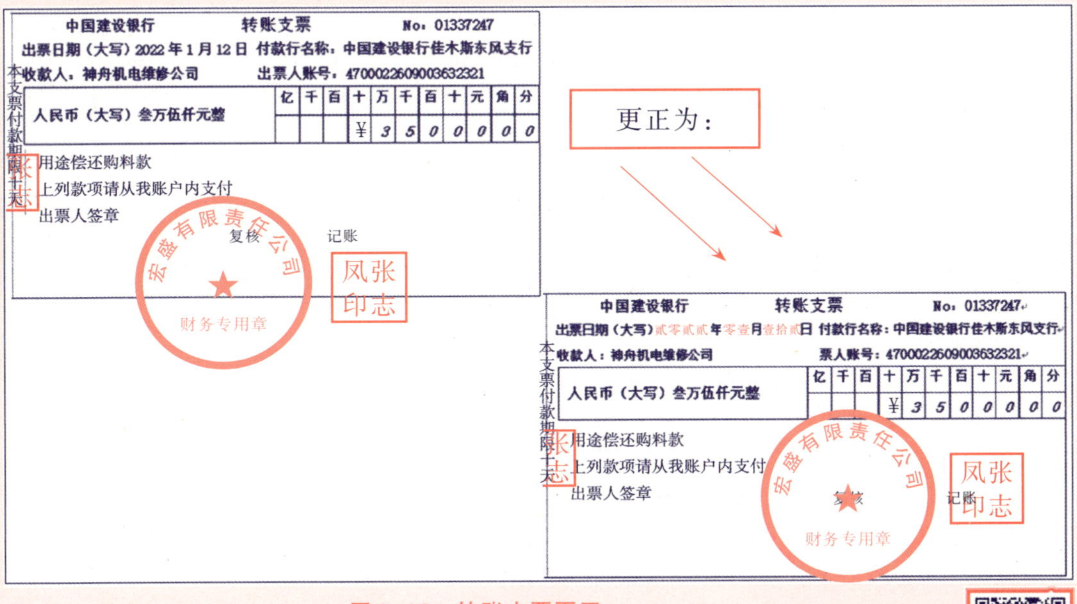

中国建设银行　转账支票　No：01337247

出票日期（大写）2022年1月12日　付款行名称：中国建设银行佳木斯东风支行

收款人：神舟机电维修公司　出票人账号：4700022609003632321

本支票付款期限十天

人民币（大写）叁万伍仟元整	亿	千	百	十	万	千	百	十	元	角	分
				¥	3	5	0	0	0	0	0

用途偿还购料款

上列款项请从我账户内支付

出票人签章　复核　记账

宏盛有限责任公司 财务专用章　风张印志　张志

更正为：

中国建设银行　转账支票　No：01337247

出票日期（大写）贰零贰贰年零壹月壹拾贰日　付款行名称：中国建设银行佳木斯东风支行

收款人：神舟机电维修公司　票人账号：4700022609003632321

本支票付款期限十天

人民币（大写）叁万伍仟元整	亿	千	百	十	万	千	百	十	元	角	分
				¥	3	5	0	0	0	0	0

用途偿还购料款

上列款项请从我账户内支付

出票人签章　复核　记账

宏盛有限责任公司 财务专用章　风张印志　张志

图3-12　转账支票更正

借款单的问题在于：大写金额的空白金额没有填写大写的“零”字，小写金额与人民币符号之间留有空白了。另外，借款人没有签字，已经支付款项，却没加盖“现金已付”印章，更正如图3-13所示。

星火小讲堂 3-2

借 款 单

2022 年 1 月 11日

借款部门	财务部	姓名	刘洋洋	事由	去北京参加业务培训
借款金额（大写）	〇万 壹仟 伍佰 〇拾 〇元 〇角 〇分 ¥ *1 500.00*				

领导审批	张志风	财务审批	张娟	部门审批	王树宝	出纳付款	张丽
借款人				备注			

借 款 单

2022 年 1 月11 日

借款部门	财务部	姓名	刘洋洋	事由	去北京参加业务培训
借款金额（大写）	零万 壹仟 伍佰 零拾 零元 零角 零分 ¥*1 500.00*				

领导审批	张志风	财务审批	张娟	部门审批	王树宝	出纳付款	张丽
借款人		刘洋洋		备注		现金已付	

图 3-13　借款单更正

项目加油站

想一想

1. 为什么要对原始凭证进行严格检查？
2. 怎样判断原始凭证是外来的还是自制的？
3. 原始凭证填制有哪些要求？
4. 会计人员对真实合法但小写金额错误的原始凭证应如何处理？
5. 假如你是会计，在审核原始凭证过程中发现自己的亲属所报票据有问题，该怎么处理？

练一练

资料：（1）2022 年 1 月 11 日宏博公司开出一张面值为 3 390 元的转账支票，用以支付新创公司 A 材料价税款；（2）2022 年 1 月 15 日宏博公司销售部李新刚为去广州参加培训预借差旅费 5 000 元。宏博公司职员有：经理吴江、销售部部长张阳、财务部负责人赵薇、出纳王华。

要求：填写转账支票和借款单。

项目测一测

项目测试 3-1

单项选择题

△ 单项选择题

1. 下列各项中，（　　）属于外来原始凭证。

A. 收料单　　B. 发料凭证汇总表

C. 飞机票　　D. 差旅费报销单

2. 下列各项中，不能作为原始凭证的是（　　）。

A.增值税专用发票　　B.入库单

C.购销合同　　D.领料单

3.采购部门填制的“材料请购单”属于（　　）。

A.外来原始凭证　　B.自制原始凭证

C.原始凭证　　D.以上都不是

4.下列各项中，（　　）能够证明材料采购业务已经发生。

A.发货票　　B.转账支票

C.银行汇票　　D.出库单

5.职工报销差旅费时所填写的差旅费报销单属于（　　）。

A.自制原始凭证　　B.记账凭证

C.外来原始凭证　　D.以上说法都不对

6.下列各项中，（　　）可以作为记账凭证填制的依据。

A.支票存根　　B.银行存款余额调节表

C.购销合同　　D.采购申请单

7.下列各项中，（　　）可以作为出纳员支付款项的依据。

A.收款凭证　　B.转账凭证

C.付款凭证　　D.原始凭证

8.会计人员对真实合法但小写金额错误的原始凭证应（　　）。

A.直接据以编制记账凭证　　B.将金额更正后据以编制记账凭证

C.退回出具单位重新开具　　D.不予受理，并向单位负责人报告

9.下列各项中，不属于原始凭证审核内容的是（　　）。

A.经济业务内容　　B.金额是否正确

C.合同的完整性　　D.凭证项目的完整性

10.在审核原始凭证时，（　　）可不必考虑。

A.原始凭证的填制是否符合填制规范要求

B.原始凭证反映内容是否真实、合法

C.原始凭证是自制的还是外来的

D.经手人是否签名盖章

△ 多项选择题

项目测试 3-2

多项选择题

1.下列各项中，（　　）不符合原始凭证的填制要求。

A.外来原始凭证可以没公章，但必须有经办人员的签名或盖章

B.开给外单位的原始凭证可以没公章，但必须有经办人员的签名或盖章

C.原始凭证发生的错误，应该由出具单位在原始凭证上更正

D.币种符号与金额数字之间不得留有空白

2.按凭证的来源不同，原始凭证可分为（　　）。

A.自制原始凭证　　B.外来原始凭证

C.一次凭证　　D.汇总原始凭证

3.企业发生了采购材料业务，该项业务可能涉及的原始凭证有（　　）。

A.发货票　　B.银行进账单

C.收料单　　D.购货合同

4. 下列各项中，属于自制原始凭证的是（　　）。

A. 借款单　　B. 入库单

C. 购货发票　　D. 领料单

5. 下列各项中，（　　）属于原始凭证的基本内容。

A. 原始凭证名称　　B. 填制日期

C. 经济业务内容　　D. 摘要

6. 审核原始凭证要从（　　）等方面入手。

A. 内容的真实性　　B. 内容的完整性

C. 内容的合法性　　D. 书写的规范性

7. 原始凭证存在的常见问题有（　　）。

A. 基本要素内容不全　　B. 数量、单价和金额不符

C. 大小写金额不符　　D. 经办人签章不符合要求

8. 对问题原始凭证，可根据情况采取（　　）方法进行处理。

A. 退回改正错误　　B. 拒绝办理会计手续

C. 退回补办手续　　D. 先办理再追究责任

9. 下列各项中，可作为登记账簿直接依据的有（　　）。

A. 收款凭证　　B. 付款凭证

C. 转账凭证　　D. 原始凭证

10. 下列各项中，不可以作为原始凭证的有（　　）。

A. 文件　　B. 费用预算

C. 合同　　D. 支票存根

11. 下列各项中，（　　）是原始凭证必须填写的内容。

A. 凭证名称　　B. 填制凭证的单位名称

C. 填制凭证的日期　　D. 接受凭证的单位名称

12. 下列说法正确的有（　　）。

A. 对确认为不真实、不合法的原始凭证不予接受，并向企业负责人报告

B. 对确认为不准确、不完整的原始凭证予以退回

C. 外来原始凭证金额有误的，必须由出具单位或个人重开，不得在原始凭证上更正

D. 自制原始凭证有错误，应当重新填制

13. 关于原始凭证审核，下列说法正确的有（　　）。

A. 原始凭证填制是否符合规范化要求

B. 经办人是否签名，审批人是否按规定程序、内容审批

C. 原始凭证反映的内容是否真实、合法

D. 原始凭证反映的内容是否准确、完整

14. 关于记账凭证审核，下列说法正确的有（　　）。

A. 要看记账凭证后面是否附有审核无误的原始凭证

B. 所填金额是否与原始凭证的金额相符

C. 是否有参与记账凭证填制和传递的人员签名或盖章

D. 用笔是否符合会计法规的要求

15. 原始凭证审核后的处理方法有（　　）。

A. 不予接受　　　　　　　　　B. 予以退回

C. 重新填制　　　　　　　　　D. 重开或更正

项目测试 3-3

判断题

△ 判断题

1. 原始凭证是会计核算的原始资料和重要依据，是登记账簿的直接依据。（　）
2. 原始凭证内容出现错误时，只能重新填写，不允许有任何涂改。（　）
3. 差旅费报销单属于自制原始凭证。（　）
4. 原始凭证大小写金额必须相符，否则即为不符合要求。（　）
5. 原始凭证都是记录经济业务真实情况的凭证，其格式也都是一样的。（　）
6. 原始凭证是在经济业务发生时填制或取得的，不会出现任何问题。（　）
7. 原始凭证没有记账凭证的法律效力强。（　）
8. 出差住宿时取得的发票和单位的工资费用分配表都属于外来原始凭证。（　）
9. 外来的原始凭证，如果不真实、不合法，因其责任不在本单位，所以，可以接受。（　）
10. 任何更改、刮擦过的原始凭证都不能接受。（　）
11. 外来原始凭证存在金额错误时，必须由出具单位或个人重新开具。（　）
12. 自制原始凭证和记账凭证填写错误时，可以重新填制。（　）
13. 外来原始凭证遗失且无法取得证明的，当事人写明详细情况，且会计机构负责人、会计主管人员和单位负责人批准的，可代作原始凭证。（　）
14. 所有记账凭证都必须附有原始凭证。（　）
15. 原始凭证是最具法律效力的会计凭证。（　）

项目小实训

［实训目的］

熟悉原始凭证审核的方法。

［实训资料］

昌盛公司原始凭证如表3-14至表3-17（也可由老师通过其他方式给出资料）。

表3-14

黑龙江工业企业统一发票

（印章：全国统一发票监制章 黑龙江 国家税务总局监制）

购货单位：昌盛公司　　　　2022年1月6日　　　　No.00187569

货号	品名规格或加工修理项目	计量单位	数量	单价	金额								备注
					十	万	千	百	十	元	角	分	
	维修打印机						2	1	0	0	0	0	
合计	人民币（大写）贰万壹仟元整		（小写）¥2 100.00										

第二联　发票联

（印章：洪达机电维修公司 914465280104011642 发票专用章）

单位：（盖章）　　　收款人：大力　　　开票人：小红

表 3-15

借款单

2022 年 1 月 7 日

借款部门		财务部	姓名	顾立利	借款事由		参加培训会
借款金额（大写）		万 壹仟 伍佰 拾 元 角 分 ¥：1 500.00					
领导审批	张学泽	财务审批	李想	部门审批	张佳慧	出纳付款	
借款人				备注			

表 3-16

转账支票

存根：

中国工商银行

转账支票存根

支票号码：01447369

附加信息：

出票日期 2022 年 1 月 9 日

收款人：	神手机电维修公司
金　额：	¥16 000.00
用　途：	支付维修费用

单位主管　　会计

本支票付款期限十天

正联：

中国工商银行　　转账支票　　No：01447369

出票日期（大写）2022年1月9日　　付款行名称：工行佳南支行

收款人：神手机电维修公司　　出票人账号：4700022609003635547

人民币（大写）	亿	千	百	十	万	千	百	十	元	角	分
壹仟陆佰元整					¥	1	6	0	0	0	0

用途 支付维修费用

上列款项请从我账户内支付

出票人签章　　　　复核　　　　记账

（印章：张学泽之印；财务专用章；张学泽之印）

表 3-17

差旅费报销单

报销部门：总经理办公室　　　　2022 年 11 月 16 日

姓名		顾立利	职务		财务部干事	出差事由			参加培训会	
出差起止日期自 2022 年 1 月 11 日起至 2022 年 1 月 15 日共 5 天　　附单据 3 张										
日期		起讫地点	差旅补助			交通费	住宿费	会务费	其他	小计
月	日		天数	标准	金额					
11	11	佳市—哈市	1	100.00	100.00	80.00				180.00
11	15	哈市—佳市	4	100.00	400.00	320.00	360.00	400.00		1 480.00
		合计			500.00	400.00	360.00	400.00		1 660.00
合计人民币（大写）壹仟陆佰陆拾元整										
预领金额：1 500 元			交（退）回金额　元　应补付金额 160.00 元							

单位负责人：张学泽　　会计主管：肖剑　　部门主管：张佳慧　　报销人：顾立利

[实训要求]

审核所给原始凭证，如果凭证错误，指出错误所在。

项目四　填制与审核记账凭证

知识导图

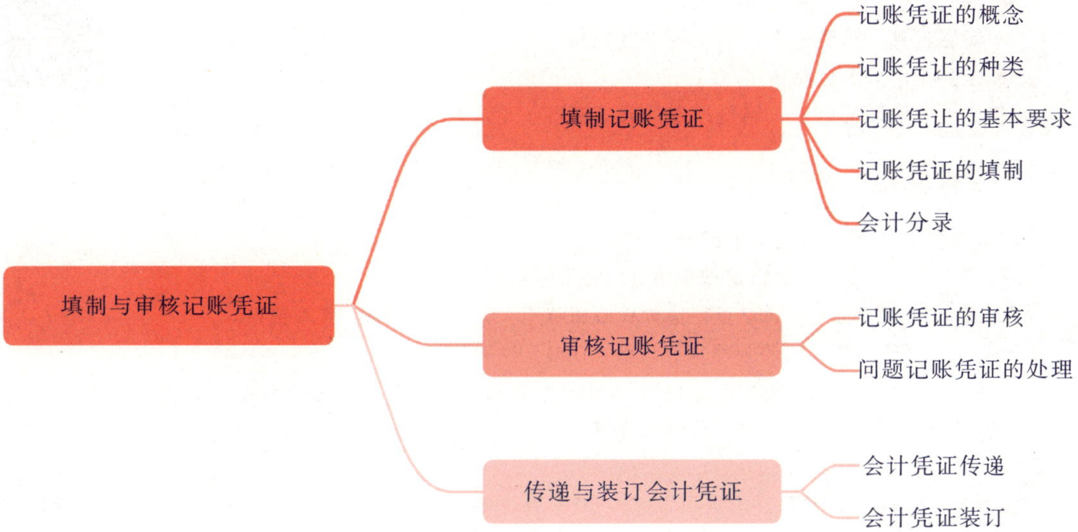

导入案例

原始凭证是用以记录或证明经济业务的发生或完成情况的有效文字凭据。但由于原始凭证种类较多，各种原始凭证格式又不一样，不能清楚地表明经济业务应记入会计账户的名称和方向，无法完全依据原始凭证登记账簿。那需要对原始凭证所反映经济业务进行怎样的归类和整理才能据以登记账簿呢？

任务一 填制记账凭证

【任务目标】

- 明确记账凭证的含义及种类
- 熟悉记账凭证的基本内容和基本要求
- 能够正确填制记账凭证
- 增强依法制证意识，培养严谨认真的态度

微课 7

填制记账凭证

【任务案例】

宏盛公司2022年1月发生的部分经济业务如下：

业务1：5日，公司从银行提取现金6 000元备用。

业务2：10日，公司借入2年期借款900 000元，年利率1.9%，存入银行。

业务3：12日，公司将超限额库存现金4 000元送存银行。

业务4：16日，办公室主任王树宝将前往大连参会，借支差旅费2 000元，以现金支付。

业务5：20日，办公室主任王树宝出差归来，报销差旅费2 258元，公司以现金补付王树宝258元。

业务6：24日，从惠普公司购买B材料50千克，单价40元，取得的增值税专用发票上注明价款2 000元，增值税260元，签发一张金额为2 260元的转账支票支付货款，材料已验收入库。

要求：填制上述经济业务的记账凭证（分别用通用记账凭证和专用记账凭证进行填制）。

【知识准备】

一、记账凭证的概念

记账凭证是会计人员根据审核无误的原始凭证或汇总原始凭证，按照经济业务内容进行归类，并据以确定应借、应贷会计账户和金额所填制的会计凭证。记账凭证是账簿登记的直接依据。

二、记账凭证的种类

常用的记账凭证有两类：一是通用记账凭证；二是专用记账凭证。

（一）通用记账凭证

通用记账凭证是具有统一格式、所有经济业务或事项都能够记录的记账凭证，如表4-1所示。通用记账凭证适用于规模较小、经济业务较简单、收（付）款业务较少的单位。

表 4-1 记账凭证

年 月 日 凭证编号____

摘 要	借 方		贷 方		金 额									记账符号
	总账账户	明细账户	总账账户	明细账户										
合 计														

附单据 张

会计主管 记账 复核 出纳 制单

（二）专用记账凭证

专用记账凭证是专门用于记录某一类经济业务（如收款业务、付款业务或转账业务）的记账凭证。专用记账凭证适用于规模较大、经济业务多且复杂、收（付）款业务较多的单位。

按其记录的经济业务是否涉及现金或银行存款，专用记账凭证又可分为收款凭证、付款凭证和转账凭证三种类型。涉及现金、银行存款收入的业务，填制收款凭证；涉及现金、银行存款支出的业务，填制付款凭证；不涉及现金或银行存款收付的业务，填制转账凭证。收款凭证、付款凭证和转账凭证的格式如表 4-2、表 4-3、表 4-4 所示。

表 4-2 收款凭证

借方账户： 年 月 日 收字第____号

摘 要	贷 方 账 户		金 额										记账符号
	总账账户	明细账户	千	百	十	万	千	百	十	元	角	分	
合 计													

附单据 张

会计主管 记账 复核 出纳 制单

表 4-3 付款凭证

贷方账户： 年 月 日 付字第____号

摘 要	借 方 账 户		金 额										记账符号
	总账账户	明细账户	千	百	十	万	千	百	十	元	角	分	
合 计													

附单据 张

会计主管 记账 复核 出纳 制单

表 4-4

转账凭证

年　月　日　　　　转字第____号

摘　要	借方		贷方		金额	记账符号
	总账账户	明细账户	总账账户	明细账户		
合　计						

附单据　张

会计主管　　记账　　复核　　制单

（三）汇总记账凭证

严格来讲，汇总记账凭证不是一种单独的记账凭证类型，它是前面所讲记账凭证的延伸。因汇总记账凭证内容较多，所以，单独列作一种类型进行讲述。

记账凭证是记账的直接依据，但如果经济业务较多，根据每一张记账凭证分别去登记总账，登记总账的次数就会增多，工作量就会增大，消耗的时间过多。因此，为了减少登记总账的工作量，可根据需要将记账凭证进行汇总，根据汇总的记账凭证来登记总账。汇总时，可以将一定时期内全部记账凭证汇总编制账户汇总表，也可以将一定时期内各种记账凭证分别按照科目编制汇总记账凭证，包括汇总收款凭证、汇总付款凭证和汇总转账凭证。

1.账户汇总表

账户汇总表是指根据一定时期内的全部记账凭证，按相同的会计账户归类，汇总每一总账账户本期借方发生额和贷方发生额所编制的汇总表。汇总期间可长可短，可视业务量的大小来确定。也就是说，账户汇总表可以几天编制一次，也可以每个月编制几次或一个月编制一次，其取决于单位发生经济业务的数量。如果每个月的经济业务数量较多，可多编几次，例如，可以 3～5 天编制一次，也可以 5～10 天编制一次。如果每个月的经济业务数量不多，就可少编几次，例如，可以 10 天编制一次，或 15 天编制一次，甚至 1 个月编制一次。账户汇总表的一般格式如表 4-5 所示。

表 4-5

账户汇总表

年　月　日至　年　月　日　　　　账汇字第____号

账户名称	账目页数	本期发生额		记账凭证起讫号数
		借方	贷方	
合 计				

2.汇总记账凭证

汇总记账凭证的类型取决于该单位所使用的记账凭证的类型。如果某单位使用的是通用记账凭证，则该单位只需要定期编制汇总记账凭证即可，其格式类似于账户汇总表。实务中，单位采用通用记账凭证的，就定期编制账户汇总表。如果某单位使用的是收款凭证、付款凭证和转账凭证这些专用记账凭证，则该单位应定期编制汇总收款凭证、汇总付款凭证和汇总转账凭证三种汇总记账凭证。

（1）汇总收款凭证。汇总收款凭证是指按“库存现金”和“银行存款”账户的借方分别设置的一种汇总记账凭证。它汇总了一定时期内库存现金和银行存款的收款业务，其格式如表4-6所示。

表4-6　汇总收款凭证

借方账户：　　年　月　　汇收字第____号

贷方账户	金额		记账	
	×日至×日 收款凭证（×号至×号）	合计	借方	贷方
合　计				

（2）汇总付款凭证。汇总付款凭证是指按“库存现金”和“银行存款”账户的贷方分别设置的一种汇总记账凭证。它汇总了一定时期内库存现金和银行存款的付款业务，其格式如表4-7所示。

表4-7　汇总付款凭证

贷方账户：　　年　月　　汇付字第__号

借方账户	金额		记账	
	×日至×日 付款凭证（×号至×号）	合计	借方	贷方
合　计				

（3）汇总转账凭证。汇总转账凭证是指按每一贷方账户分别设置，用来汇总一定时期内转账业务的一种汇总记账凭证，其格式如表4-8所示。

表4-8 汇总转账凭证

贷方账户： 年 月 汇转字第__号

<table>
<tr><th rowspan="2">借方账户</th><th colspan="2">金 额</th><th colspan="2">记 账</th></tr>
<tr><th>×日至×日
转账凭证（×号至×号）</th><th>合计</th><th>借方</th><th>贷方</th></tr>
<tr><td></td><td></td><td></td><td></td><td></td></tr>
<tr><td></td><td></td><td></td><td></td><td></td></tr>
<tr><td></td><td></td><td></td><td></td><td></td></tr>
<tr><td></td><td></td><td></td><td></td><td></td></tr>
<tr><td>合 计</td><td></td><td></td><td></td><td></td></tr>
</table>

三、记账凭证的基本要求

记账凭证是登记账簿的重要依据，对账簿记录产生直接影响，因此，对填制记账凭证有较严格的要求。

（1）要根据审核无误的原始凭证（包括原始凭证汇总表）填制记账凭证。

（2）各种记账凭证必须按规定，及时、准确、完整地填写。

（3）记账凭证应包括最基本的内容要素。

记账凭证应包括以下最基本的内容要素：凭证的填制日期、凭证编号、经济业务摘要、账户名称、金额、所附原始凭证张数及有关人员签名或者盖章等。

（4）用笔符合要求，文字或数字要靠底线且留有更正空间。

记账凭证应使用蓝色或黑色墨水笔书写，不得使用铅笔或圆珠笔书写；按会计法规规定，金额需要用红字表示的，数字可用红色墨水笔书写。记账凭证中的文字或数字应该靠底线占行高的二分之一或三分之二。

（5）不得将不同内容和类别的原始凭证汇总填制在同一张记账凭证中。

记账凭证应根据每一张原始凭证、若干张同类原始凭证、原始凭证汇总表填制。不得将不同内容和类别的原始凭证汇总填制在一张记账凭证中。

（6）记账凭证中各基本要素的填制都要符合相关规定。

①凭证的填制日期。一般情况下，凭证的填制日期应该填写填制凭证当天的日期，但有些业务凭证应该填写经济业务发生的日期或月末日期。例如，现金收款凭证和现金付款凭证应当填写现金收付当日的日期；银行存款收款业务的记账凭证应当填写收到银行进账单或银行回执戳记日期；银行付款业务的记账凭证一般应当填写财会人员开出银行付款凭证的日期或承付日期；计提或分配费用等转账业务的记账凭证，应当填写当月最后一天的日期。

②经济业务摘要。它是对经济业务或事项的简要说明。摘要的填写必须简明扼要，突出经济业务或事项的重点和核心内容。对销售商品等业务要写明销售商品的种类、型号及数量，例如，销售乙商品10件。购买材料物资的业务要标明材料物资的名称、数

量、单价，例如，购买单价为200元的B材料10千克。但在实际工作中，摘要非常简化，例如，购买B材料或购料、提现等。

③账户名称。应根据经济业务或事项的内容及现行会计准则的规定规范填写。一级账户的名称必须填写进行明细核算的账户，二级账户或明细账户的名称也必须填写。记账凭证中的账户名称应从上到下逐行填写，同一行应按先“借”后“贷”的顺序逐项填写。

④金额。金额要填写清楚，数字要规范，所填金额必须与原始凭证的金额相符。合计金额前应填写货币符号“¥”。一笔经济业务涉及多个会计账户，需要填制多张记账凭证时，不需要在每张凭证中都填写合计金额，只在最后一张记账凭证上填写合计金额就可以了。账户借方金额合计与账户贷方金额合计应当相等。

⑤凭证编号。记账凭证按月或按年顺序自然编号。编号时，可采用单一而统一的编号形式，即每张记账凭证只有一个编号；也可采用双式统一的编号形式，即每张记账凭证有两个编号，其中，一个编号是由总账会计统一按记账凭证顺序编号，另一个编号是由出纳根据需要将涉及现金和银行存款收、付的记账凭证顺序编号，即出纳编号。记账凭证编号按经济业务发生的顺序，依次编至月末或年末，不得跳号或重号。一笔经济业务需要填制两张或两张以上记账凭证时，可采用“分数编号法”进行编号，例如，第5笔经济业务需要填制2张记账凭证，编号分别为$5\frac{1}{2}$号和$5\frac{2}{2}$号。对于采用专用记账凭证的单位，也可以按现金收入、银行存款收入、现金付出、银行存款付出、转账业务分类编号，例如，现收字第××号、现付字第××号、银收字第××号、银付字第××号、转字第××号等。

⑥附件张数。附件是指填制记账凭证所依据的原始凭证。附件张数是指填制某张记账凭证时所依据原始凭证的张数。除结账和更正错误的记账凭证外，记账凭证都应附有原始凭证，并应注明附件张数。附件张数的计算应按以下方法进行：没有经过汇总的原始凭证，按自然张数计算；经过汇总的原始凭证，每一张汇总单或汇总表算一张原始凭证。例如，差旅费报销单上附有飞机票、住宿费发票等原始凭证8张，8张原始凭证在差旅费报销单上的“所附原始凭证张数”栏内已作了登记，在计算记账凭证所附原始凭证张数时，这张差旅费报销单连同其所附的8张原始凭证一起只算1张原始凭证。采用分数编号法编号的记账凭证，应当将原始凭证附在本号最后一张记账凭证的后面，其他记账凭证不附原始凭证。

附件张数用阿拉伯数字填写即可，不必大写。当一张或几张原始凭证与多张记账凭证有关时，即多张记账凭证都是根据一张原始凭证或几张原始凭证填制的，可将原始凭证附在其中一张主要记账凭证后面，在摘要栏注明“本凭证附件包括××号记账凭证业务”字样，在其他记账凭证上注明“原始凭证在××号记账凭证后面”字样，或同时附原始凭证复印件。

⑦对凭证中空行的要求。填写记账凭证时，中间不能留有空行，对剩余的空行，应当自金额栏最后一笔金额数字下的空行处至合计数上的空行处，从右上角至左下角画单

蓝斜线或“S”形线注销。

⑧签名或盖章。凡参与记账凭证填制和传递的人员，都要在记账凭证的相应位置签名或盖章，以明确责任。在填制和传递记账凭证过程中，先后要有制单人、审核人、会计主管、记账人员等签章，收、付款凭证还应当有出纳人员签章。

对于财会人员较少的单位，在收、付记账凭证上，至少应有两人（会计和出纳）签章。当几个会计依据同一张记账凭证记账时，几个会计都应在记账签章处签字或盖章。

会计主管对未审阅过的记账凭证，可以不签章，但应当对该记账凭证的准确性和合法性负责。

（7）按正确方法处理错误记账凭证。

记账凭证填制发生错误时，应当重新填制。发现已登记入账的记账凭证有错误时，应当采用适当的方法加以更正。

四、记账凭证的填制

记账凭证的填制方法与所采用的记账凭证类型有关，通用记账凭证和专用记账凭证的填写思路、方法都有所不同。

（一）通用记账凭证的填制

填制通用记账凭证，主要是解决会计账户、记账方向和金额三项怎么填的问题。填制记账凭证可按以下基本分析思路进行：首先，看发生的经济业务或事项涉及哪些内容，这些内容应该在哪些会计账户中记录；其次，看记录到这些会计账户的内容是增加了还是减少了；最后，根据所记入会计账户的类别和该账户的记账规定，确定记入会计账户的方向。如果该会计账户是资产类、成本类、损益费用类，增加就记入相应账户的借方，减少就记入相应账户的贷方；如果该账户是负债类、所有者权益类、损益收入类，增加就记入相应账户的贷方，减少就记入相应账户的借方（不含特例）。

典型案例 4-1

隆福公司2022年1月发生的部分经济业务如下：

（1）5日，公司从银行提取现金5 000元备用。

（2）11日，公司借入6个月期借款500 000元，年利率3.9%，存入银行。

（3）15日，公司将超限额库存现金2 000元送存银行。

（4）18日，办公室主任张阳将赴哈尔滨参会，借支差旅费3 000元。

（5）20日，办公室主任张阳出差归来，报销差旅费2 800元，余款返还公司。

（6）25日，从惠普公司购买A材料50千克，单价20元，取得的增值税专用发票上注明价款1 000元，增值税130元，签发一张金额为1 130元的转账支票支付价税款，材料已验收入库。

（7）29日，开出面值339 000元的商业汇票，抵付欠大地公司货款。

要求：分析经济业务并填制记账凭证。

典型案例4-1解析

业务（1）使公司库存现金增加5 000元，银行存款减少5 000元。它涉及“库存现金”和“银行存款”两个资产类账户。资产类账户借方登记增加额，贷方登记减少额，所以，应在“库存现金”账户借方记入5 000元，在“银行存款”账户贷方记入5 000元。该笔业务所填记账凭证如表4-9所示。

表4-9　　　　记账凭证

2022年1月5日　　　　凭证编号 1

摘　要	借　方		贷　方		金　额									记账符号
	总账账户	明细账户	总账账户	明细账户	百	十	万	千	百	十	元	角	分	
从银行提取现金	库存现金		银行存款					5	0	0	0	0	0	
合　计							¥	5	0	0	0	0	0	

附单据1张

会计主管　　记账　　复核　　出纳　　制单　张莉

业务（2）使公司银行存款增加500 000元，短期借款增加500 000元。它涉及资产类账户“银行存款”和负债类账户“短期借款”。资产类账户借方登记增加额，负债类账户贷方登记增加额，所以，应在“银行存款”账户借方记入500 000元，在“短期借款”账户贷方记入500 000元。该笔业务所填记账凭证如表4-10所示。

表4-10　　　　记账凭证

2022年1月11日　　　　凭证编号 2

摘　要	借　方		贷　方		金　额									记账符号
	总账账户	明细账户	总账账户	明细账户	百	十	万	千	百	十	元	角	分	
从银行借入短期借款	银行存款		短期借款			5	0	0	0	0	0	0	0	
合　计					¥	5	0	0	0	0	0	0	0	

附单据1张

会计主管　　记账　　复核　　出纳　　制单　张莉

业务（3）使公司银行存款增加2 000元，库存现金减少2 000元。它涉及“库存现金”和“银行存款”两个资产类账户。资产类账户借方登记增加额，贷方登记减少额，所以，应在“银行存款”账户借方记入2 000元，在“库存现金”账户贷方记入2 000元。该笔业务所填记账凭证如表4-11所示。

表4-11　　　　记账凭证

2022年1月15日　　　　凭证编号 3

摘　要	借　方		贷　方		金　额									记账符号
	总账账户	明细账户	总账账户	明细账户	百	十	万	千	百	十	元	角	分	
将现金存入银行	银行存款		库存现金					2	0	0	0	0	0	
合　计							¥	2	0	0	0	0	0	

附单据1张

会计主管　　记账　　复核　　出纳　　制单　张莉

业务（4）使公司库存现金减少3 000元，应收款项增加3 000元。它涉及“库存现金”和“其他应收款”这两个资产类账户。资产类账户借方登记增加额，贷方登记减少额，所以，应在“其他应收款”账户借方记入3 000元，在“库存现金”账户贷方记入3 000元。该笔业务所填记账凭证如表4-12所示。

表4-12

记账凭证

2022年1月18日　　　　凭证编号 4

摘要	借方		贷方		金额									记账符号
	总账账户	明细账户	总账账户	明细账户	百	十	万	千	百	十	元	角	分	
以现金付差旅费	其他应收款	张阳	库存现金					3	0	0	0	0	0	
合计							¥	3	0	0	0	0	0	

附单据1张

会计主管　　记账　　复核　　出纳　　制单 张莉

业务（5）使公司库存现金增加200元，管理费用增加2 800元，同时，使其他应收款减少3 000元。它涉及“库存现金”“其他应收款”两个资产类账户和“管理费用”这个损益费用类账户。资产类账户借方登记增加额、贷方登记减少额，损益费用类账户借方登记增加额，所以，应在“管理费用”账户借方记入2 800元，在“库存现金”账户借方记入200元，在“其他应收款”账户贷方记入3 000元。该笔业务所填记账凭证如表4-13所示。

表4-13

记账凭证

2022年1月20日　　　　凭证编号 5

摘要	借方		贷方		金额									记账符号
	总账账户	明细账户	总账账户	明细账户	百	十	万	千	百	十	元	角	分	
张阳报差旅费	管理费用	差旅费	其他应收款	张阳				2	8	0	0	0	0	
张阳报差旅费	库存现金		其他应收款	张阳					2	0	0	0	0	
合计							¥	3	0	0	0	0	0	

附单据1张

会计主管　　记账　　复核　　出纳　　制单 张莉

业务（6）使公司的库存材料增加1 000元，应交税费减少130元，银行存款减少1 130元。它涉及“原材料”“银行存款”两个资产类账户和“应交税费”这个负债类账户。资产类账户借方登记增加额、贷方登记减少额，负债类账户借方登记减少额，所以，应在“原材料”账户借方记入1 000元，在“应交税费”账户借方记入130元，在“银行存款”账户贷方记入1 130元。该笔业务填记账凭证的结果如表4-14所示。

表4-14

记账凭证

2022年1月25日　　　　凭证编号 6

摘要	借方		贷方		金额									记账符号
	总账账户	明细账户	总账账户	明细账户	百	十	万	千	百	十	元	角	分	
购买A材料入库	原材料	A材料	银行存款					1	0	0	0	0	0	
购买A材料入库	应交税费	应交增值税	银行存款						1	3	0	0	0	
合计							¥	1	1	3	0	0	0	

附单据3张

会计主管　　记账　　复核　　出纳　　制单 张莉

业务（7）使公司的应付票据增加339 000元，应付账款减少339 000元。因此，它涉及“应付票据”和“应付账款”两个负债类账户。负债类账户贷方登记增加额，借方登记减少额，所以，应在“应付账款”账户借方记入339 000元，在“应付票据”账户贷方记入339 000元。该笔业务所填记账凭证如表4-15所示。

表4-15 记账凭证

2022年1月29日 凭证编号 7

摘要	借方		贷方		金额									记账符号	
	总账账户	明细账户	总账账户	明细账户	百	十	万	千	百	十	元	角	分		附单据1张
商业汇票抵欠货款	应付账款	大地公司	应付票据	大地公司		3	3	9	0	0	0	0	0		
合计					¥	3	3	9	0	0	0	0	0		

会计主管 记账 复核 出纳 制单 张莉

（二）专用记账凭证的填制

专用记账凭证的填制与通用记账凭证的填制思路不同。专用记账凭证的填制应按以下思路进行：首先，选择所填凭证的类型，即该业务或事项应填制收款凭证、付款凭证还是转账凭证；其次，看该笔经济业务或事项涉及的具体内容，这些内容应记入哪些会计账户；再次，看所记录的内容是增加还是减少；最后，根据所记入会计账户的类别和记账规定，确定记入会计账户的方向。确定记入会计账户的方向所遵照的规定与通用记账凭证相同，这里不再重复叙述。

典型案例4-2

以典型案例4-1中的业务资料为例。

要求：阐述专用记账凭证的填制思路与方法并填制记账凭证。

典型案例4-2解析

（1）2022年1月5日，公司从银行提取现金5 000元备用。

这笔经济业务使公司的库存现金增加5 000元，银行存款减少5 000元。显然，这笔经济业务与收付款有关，由于同时涉及库存现金和银行存款时只填付款凭证，所以，该笔业务填制付款凭证。由于资产类账户借方登记增加额，贷方登记减少额，因此，应在借方账户的总账账户处填写库存现金，在贷方账户处填写银行存款，在金额栏填写5 000元。该笔业务所填记账凭证如表4-16所示。

表4-16 付款凭证

贷方账户：银行存款 2022年1月5日 付字第1号

摘要	借方账户		金额										记账符号	
	总账账户	明细账户	千	百	十	万	千	百	十	元	角	分		附单据1张
从银行提取现金	库存现金						5	0	0	0	0	0		
合计						¥	5	0	0	0	0	0		

会计主管 记账 复核 出纳 制单 张莉

（2）2022年1月11日，公司借入6个月期借款500 000元，年利率3.9%，存入银行。

这笔经济业务使公司的银行存款增加500 000元，短期借款增加500 000元。显然，这笔经济业务与收款有关，所以，该笔业务填制收款凭证。该业务涉及资产类账户“银行存款”和负债类账户“短期借款”，因资产类账户借方登记增加额，负债类账户贷方登记增加额，所以，应在借方账户处填写银行存款，贷方账户的总账账户处填写短期借款，在金额栏填写500 000元。该笔业务所填记账凭证如表4-17所示。

表4-17　　　　收款凭证

借方账户：银行存款　　　　2022年1月10日　　　　收字第1号

摘要	贷方账户		金额										记账符号	
	总账账户	明细账户	千	百	十	万	千	百	十	元	角	分		附单据1张
向银行借入短期款项	短期借款				5	0	0	0	0	0	0	0		
合　计				¥	5	0	0	0	0	0	0	0		

会计主管　　记账　　复核　　出纳　　制单　张莉

（3）2022年1月15日，公司将超限额库存现金2 000元送存银行。

这笔经济业务使公司的银行存款增加2 000元，库存现金减少2 000元。显然，这笔经济业务与收付款有关，由于同时涉及库存现金和银行存款时只填付款凭证，所以，该笔业务填制付款凭证。由于资产类账户借方登记增加额，贷方登记减少额，因此，应在借方账户的总账账户处填写银行存款，在贷方账户处填写库存现金，在金额栏填写2 000元。该笔业务所填记账凭证如表4-18所示。

表4-18　　　　付款凭证

贷方账户：库存现金　　　　2022年1月15日　　　　付字第2号

摘要	借方账户		金额										记账符号	
	总账账户	明细账户	千	百	十	万	千	百	十	元	角	分		附单据1张
将现金存入银行	银行存款						2	0	0	0	0	0		
合　计						¥	2	0	0	0	0	0		

会计主管　　记账　　复核　　出纳　　制单　张莉

（4）2022年1月18日，办公室主任张阳将赴哈尔滨参会，借支差旅费3 000元，以现金支付。

这笔经济业务使公司的其他应收款增加3 000元，库存现金减少3 000元。显然，这笔经济业务与付款有关，所以，该笔业务填制付款凭证。由于资产类账户借方登记增加额，贷方登记减少额，因此，这笔经济业务应在借方账户的总账账户处填写其他应收款，在借方账户的明细账户处填写张阳，在贷方账户处填写库存现金，在金额栏填写3 000元。该笔业务所填写的记账凭证如表4-19所示。

表4-19　　　　付款凭证

贷方账户：库存现金　　　　2022年1月18日　　　　付字第3号

摘要	借方账户		金额										记账符号	
	总账账户	明细账户	千	百	十	万	千	百	十	元	角	分		附单据1张
以现金付差旅费	其他应收款	张阳					3	0	0	0	0	0		
合　计						¥	3	0	0	0	0	0		

会计主管　　记账　　复核　　出纳　　制单　张莉

（5）2022年1月20日，办公室主任张阳出差归来，报销差旅费2 800元，余款返还公司。

这笔经济业务使公司库存现金增加200元，使其他应收款减少3 000元，差旅费的发生使企业的管理费用增加2 800元。增加的2 800元要记入“管理费用”账户，返还的200元现金要记入“库存现金”账户，该笔业务既涉及现金收款业务，又涉及转账业务，因此，需填制收款凭证和转账凭证两张记账凭证。

收款凭证的填写分析：由于资产类账户借方登记增加额，贷方登记减少额，所以，收款凭证的借方账户处填写库存现金，在贷方账户的总账账户处填写其他应收款，明细账户处填写张阳，在金额栏填写200元。

转账凭证的填写分析：由于资产类账户贷方登记减少额，损益费用类账户借方登记增加额，所以，在转账凭证借方账户的总账账户处填写管理费用，明细账户处填写差旅费，在贷方账户的总账账户处填写其他应收款，明细账户处填写张阳，在金额栏填写2 800元。

该笔业务所填收款凭证和转账凭证如表4-20、表4-21所示。

表4-20 收款凭证

借方账户：库存现金　　2022年1月20日　　收字第2号

摘要	贷方账户		金额										记账符号
	总账账户	明细账户	千	百	十	万	千	百	十	元	角	分	
收回返还的预借差旅费	其他应收款	张阳						2	0	0	0	0	
合计							¥	2	0	0	0	0	

附单据1张

会计主管　　记账　　复核　　出纳　　制单 张莉

表4-21 转账凭证

2022年1月20日　　转字第1号

摘要	借方		贷方		金额									记账符号
	总账账户	明细账户	总账账户	明细账户	百	十	万	千	百	十	元	角	分	
张阳报差旅费	管理费用	差旅费	其他应收款	张阳				2	8	0	0	0	0	
合计							¥	2	8	0	0	0	0	

附单据3张

会计主管　　记账　　复核　　出纳　　制单 张莉

（6）2022年1月25日，从惠普公司购买A材料20千克，单价50元，取得的增值税专用发票上注明价款1 000元，增值税130元，签发一张金额为1 130元的转账支票支付价税款，材料已验收入库。

这笔经济业务使公司库存材料增加1 000元，应交税费减少130元，银行存款减少1 130元。显然，这笔经济业务与付款业务有关，所以，该笔业务填制付款凭证。由于资产类账户借方登记增加额、贷方登记减少额，负债类账户借方登记减少额。因此，这笔经济业务应在借方账户的总账账户处填写原材料，明细账户处填写A材料，在金额栏填写1 000元，在下一行借方账户栏的总账账户处填写应交税费，明细账户处填写应交增值税，在金额栏填写130元，在贷方账户处填写银行存款，附单据3张。该笔业务所填写的记账凭证如表4-22所示。

表 4-22

付款凭证

贷方账户：银行存款　　　　2022年1月25日　　　　付字第4号

摘 要	借方账户		金额										记账符号
	总账账户	明细账户	千	百	十	万	千	百	十	元	角	分	
购买A材料入库	原材料	A材料					1	0	0	0	0	0	
购买A材料入库	应交税费	应交增值税						1	3	0	0	0	
合 计						¥	1	1	3	0	0	0	

附单据3张

会计主管　　记账　　复核　　出纳　　制单 张莉

（7）2022年1月29日，开出面值339 000元的商业汇票，抵付欠大地公司货款。

这笔经济业务使公司的应付票据增加339 000元，应付账款减少339 000元。该笔业务未涉及库存现金或银行存款的收付，所以，该业务填写转账凭证。此笔业务涉及“应付票据”和“应付账款”两个负债类账户。由于负债类账户贷方登记增加额，借方登记减少额，因此，应在借方账户的总账账户处填写应付账款，明细账户处填写大地公司，在贷方账户的总账账户处填写应付票据，明细账户处填写大地公司，在金额栏填写339 000元。该笔业务所填转账凭证如表4-23所示。

表 4-23

转账凭证

2022年1月29日　　　　转字第2号

摘 要	借方		贷方		金额									记账符号
	总账账户	明细账户	总账账户	明细账户	百	十	万	千	百	十	元	角	分	
商业汇票抵欠货款	应付账款	大地公司	应付票据	大地公司		3	3	9	0	0	0	0	0	
合 计					¥	3	3	9	0	0	0	0	0	

附单据1张

会计主管　　记账　　复核　　出纳　　制单 张莉

（三）汇总记账凭证的填制

不同种类的汇总记账凭证，其填制方法和思路都有所不同。

1.账户汇总表的编制思路

账户汇总表是指将一定时期内的全部记账凭证，按照相同账户归类，汇总计算出每一总账账户本期借方和贷方发生额合计数的方法。账户汇总表中各总账账户的借方发生额合计数与贷方合计数应该相等，如果不相等，说明汇总有错误。

由此可见，账户汇总表的作用与汇总记账凭证的作用相似，但它们的结构不同，汇总记账凭证能够反映各账户之间的对应关系，而账户汇总表不能反映各账户之间的对应关系。

典型案例4-3

资料：典型案例4-1中业务（1）至业务（7）所填制的记账凭证。

要求：编制账户汇总表。

典型案例4-3解析

业务（1）至业务（7）所填制的记账凭证，按照1个月汇总一次要求，采用账户汇总表形式进行汇总的结果如表4-24所示。

表4-24　　账户汇总表

2022年1月1日至2022年1月31日　　账汇字第1号

账户名称	账目页数	本期发生额		记账凭证起讫号数
		借方	贷方	
库存现金		5 200	5 000	记第1号～第7号 或 收字第1号～第2号 付字第1号～第4号 转字第1号～第2号
银行存款		502 000	6 130	
其他应收款		3 000	3 000	
原材料		1 000		
应付账款		339 000		
应付票据			339 000	
短期借款			500 000	
应交税费		130		
管理费用		2 800		
合　计		853 130	853 130	

2.汇总记账凭证的填制思路

汇总收款凭证是以库存现金和银行存款为借方账户，分别对一定时期内库存现金和银行存款对方账户的发生额进行汇总填制而成的会计凭证。汇总收款凭证可分为库存现金汇总收款凭证和银行存款汇总收款凭证两种类型。

库存现金汇总收款凭证是以库存现金为借方账户，对一定时期内库存现金对方账户的发生额进行汇总所填写的汇总收款凭证；银行存款汇总收款凭证是以银行存款为借方账户，对一定时期内银行存款对方账户的发生额进行汇总所填写的汇总收款凭证。

汇总付款凭证是以库存现金和银行存款为贷方账户，分别对一定时期内库存现金和银行存款对方账户的发生额进行汇总填写而成的会计凭证。汇总付款凭证可分为库存现金汇总付款凭证和银行存款汇总付款凭证两种类型。

库存现金汇总付款凭证是以库存现金为贷方账户，对一定时期内库存现金对方账户的发生额进行汇总所填写的汇总付款凭证；银行存款汇总付款凭证是以银行存款为贷方账户，对一定时期内银行存款对方账户的发生额进行汇总所填写的汇总付款凭证。

汇总转账凭证是以转账凭证中每一账户的贷方（借方）账户为依据，分别按照相对应的借方（贷方）账户，汇总一定时期内的借（贷）方发生额填制而成的会计凭证。实务中，汇总转账凭证一般都以贷方为依据，按相对应的借方账户进行汇总。

典型案例4-4

资料：典型案例4-2中业务（1）至业务（7）所填制的专用记账凭证。

要求：编制汇总收款凭证、汇总付款凭证和汇总转账凭证。（说明：本例按1个月汇总一次）

典型案例4-4解析

业务（1）至业务（7）所填制的专用记账凭证，按照1个月汇总一次的时间要求，采用专用记账凭证汇总，结果如表4-25至表4-29所示。

表4-25　　汇总收款凭证

借方账户：银行存款　　2022年1月　　汇收字第1号

贷方账户	金额		记账	
	1—31日收款凭证（1号）	合计	借方	贷方
短期借款	500 000	500 000	略	略
合计	500 000	500 000		

表4-26　　汇总付款凭证

贷方账户：银行存款　　2022年1月　　汇付字第1号

借方账户	金额		记账	
	1—31日付款凭证（1号—4号）	合计	借方	贷方
库存现金	5 000	5 000	略	略
原材料	1 000	1 000		
应交税费	130	130		
合计	6 130	6 130		

表4-27　　汇总付款凭证

贷方账户：库存现金　　2022年1月　　汇付字第2号

借方账户	金额		记账	
	1—31日付款凭证（1号—3号）	合计	借方	贷方
银行存款	2 000	2 000	略	略
其他应收款	3 000	3 000		
合计	5 000	5 000		

表4-28　　汇总转账凭证

贷方账户：其他应收款　　2022年1月　　汇转字第1号

借方账户	金额		记账	
	1—31日转账凭证（1号）	合计	借方	贷方
管理费用	2 800	2 800	略	略
合计	2 800	2 800		

表 4-29 汇总转账凭证

贷方账户：应付票据 2022年1月 汇转字第2号

借方账户	金额		记账	
	1—31日转账凭证（2号）	合计	借方	贷方
应付账款	339 000	339 000	略	略
合 计	339 000	339 000		

五、会计分录

（一）会计分录的定义

通过前面的学习，我们已经知道记账凭证反映的实质内容，就是每笔经济业务或每个经济事项应记入账户的名称、方向（借或贷）和金额。在会计课程学习过程中，如果涉及的每笔经济业务或事项都填制记账凭证，要消耗大量时间。因此，人们就用简化的形式记录记账凭证的内容，这就是通常所说的会计分录。所谓会计分录，是指运用复式记账原理，确定每笔经济业务或事项应记入账户的名称、方向（借或贷）和金额的记录。会计分录的基本格式如下：

借：账户名称　　金额

　贷：账户名称　　金额

（二）会计分录的种类

按照会计分录所反映经济业务的繁简程度，会计分录区分为简单分录和复合分录两种。简单分录是只涉及两个账户的会计分录，即只有“一借一贷”的会计分录。复合分录是指涉及3个或3个以上账户的会计分录。这种分录在一个账户中记借方，在另外两个或两个以上账户中记贷方；或者在一个账户中记贷方，在另外两个或两个以上账户中记借方，即“一借多贷”或“一贷多借”。在特殊情况下，也可以使用“多借多贷”会计分录。

典型案例4-5

资料：典型案例4-1中业务（1）至业务（7）的资料。

要求：编制典型案例4-1中业务（1）至业务（7）的会计分录。

典型案例4-5解析

业务（1）至业务（7）的会计分录如下：

（1）公司从银行提取现金5 000元备用。

借：库存现金　　5 000

　贷：银行存款　　5 000

（2）公司借入6个月期借款500 000元，年利率3.9%，存入银行。

借：银行存款　　500 000

　贷：短期借款　　500 000

（3）公司将超限额库存现金2 000元送存银行。

借：银行存款 2 000

　贷：库存现金 2 000

（4）办公室主任张阳将赴哈尔滨参会，借支差旅费3 000元，以现金支付。

借：其他应收款——张阳 3 000

　贷：库存现金 3 000

（5）办公室主任张阳出差归来，报销差旅费2 800元，余款返还公司。

借：库存现金 200

　　管理费用 2 800

　贷：其他应收款——张阳 3 000

（6）从惠普公司购买A材料50千克，单价20元，取得的增值税专用发票上注明价款1 000元，增值税130元，签发一张金额为1 130元的转账支票支付价税款，材料已验收入库。

借：原材料——A材料 1 000

　　应交税费——应交增值税 130

　贷：银行存款 1 130

（7）开出面值339 000元的商业汇票，抵付欠大地公司货款。

借：应付账款 339 000

　贷：应付票据 339 000

星火小讲堂 4-1

任务案例解析

用通用记账凭证填制的记账凭证如图4-1至图4-6所示。

记账凭证

2022年1月5日　　　　凭证编号 1

摘要	借方		贷方		金额									记账符号
	总账账户	明细账户	总账账户	明细账户	百	十	万	千	百	十	元	角	分	
从银行提取现金	库存现金		银行存款					6	0	0	0	0	0	
合计							¥	6	0	0	0	0	0	

附单据 1 张

会计主管　　记账　　复核　　出纳　　制单 张丽

图4-1　提现的记账凭证

记账凭证

2022年1月10日　　　　凭证编号 2

摘要	借方		贷方		金额									记账符号
	总账账户	明细账户	总账账户	明细账户	百	十	万	千	百	十	元	角	分	
从银行借入长期借款	银行存款		长期借款			9	0	0	0	0	0	0	0	
合计					¥	9	0	0	0	0	0	0	0	

附单据 1 张

会计主管　　记账　　复核　　出纳　　制单 张丽

图4-2　借款的记账凭证

记账凭证

2022年1月12日　　　　凭证编号 3

摘要	借方		贷方		金额									记账符号
	总账账户	明细账户	总账账户	明细账户	百	十	万	千	百	十	元	角	分	
将现金存入银行	银行存款		库存现金					4	0	0	0	0	0	
合计							¥	4	0	0	0	0	0	

附单据 1 张

会计主管　　记账　　复核　　出纳　　制单 张丽

图4-3　将现金存入银行的记账凭证

记账凭证

2022年1月16日　　　　凭证编号 4

摘要	借方		贷方		金额									记账符号
	总账账户	明细账户	总账账户	明细账户	百	十	万	千	百	十	元	角	分	
以现金预付差旅费	其他应收款	王树宝	库存现金					2	0	0	0	0	0	
合计							¥	2	0	0	0	0	0	

附单据 1 张

会计主管　　记账　　复核　　出纳　　制单 张丽

图4-4　以现金预付差旅费的记账凭证

记账凭证

2022年1月20日　　　　凭证编号 5

摘要	借方		贷方		金额									记账符号
	总账账户	明细账户	总账账户	明细账户	百	十	万	千	百	十	元	角	分	
王树宝报差旅费	管理费用	差旅费	其他应收款	王树宝				2	0	0	0	0	0	
	管理费用	差旅费	库存现金						2	5	8	0	0	
合计							¥	2	2	5	8	0	0	

附单据 4 张

会计主管　　记账　　复核　　出纳　　制单 张丽

图4-5　报销差旅费的记账凭证

记账凭证

2022年1月24日　　　　凭证编号 6

摘要	借方		贷方		金额									记账符号
	总账账户	明细账户	总账账户	明细账户	百	十	万	千	百	十	元	角	分	
购买B材料入库	原材料	B材料	银行存款					2	0	0	0	0	0	
	应交税费	应交增值税（进项税额）	银行存款						2	6	0	0	0	
合计							¥	2	2	6	0	0	0	

附单据 3 张

会计主管　　记账　　复核　　出纳　　制单 张丽

图4-6　现购材料入库的记账凭证

用专用记账凭证填制的记账凭证如图4-7至图4-13所示。

付款凭证

贷方账户：银行存款　　2022年1月5日　　付字第1号

摘要	借方账户 总账账户	借方账户 明细账户	千	百	十	万	千	百	十	元	角	分	记账符号
从银行提取现金	库存现金						6	0	0	0	0	0	
合　计						¥	6	0	0	0	0	0	

附单据1张

会计主管　　记账　　复核　　出纳　　制单张丽

图4-7　提现的付款凭证

收款凭证

借方账户：银行存款　　2022年1月10日　　收字第1号

摘要	贷方账户 总账账户	贷方账户 明细账户	千	百	十	万	千	百	十	元	角	分	记账符号
从银行借入长期借款	长期借款				9	0	0	0	0	0	0	0	
合　计				¥	9	0	0	0	0	0	0	0	

附单据1张

会计主管　　记账　　复核　　出纳　　制单张丽

图4-8　借款的收款凭证

付款凭证

贷方账户：库存现金　　2022年1月12日　　付字第2号

摘要	借方账户 总账账户	借方账户 明细账户	千	百	十	万	千	百	十	元	角	分	记账符号
将现金存入银行	银行存款						4	0	0	0	0	0	
合　计						¥	4	0	0	0	0	0	

附单据1张

会计主管　　记账　　复核　　出纳　　制单张丽

图4-9　将现金存入银行的付款凭证

付款凭证

贷方账户：库存现金　　2022年1月16日　　付字第3号

摘要	借方账户 总账账户	借方账户 明细账户	千	百	十	万	千	百	十	元	角	分	记账符号
以现金预付差旅费	其他应收款	王树宝					2	0	0	0	0	0	
合　计						¥	2	0	0	0	0	0	

附单据1张

会计主管　　记账　　复核　　出纳　　制单张丽

图4-10　以现金预付差旅费的付款凭证

付款凭证

贷方账户：库存现金　　　　2022年1月20日　　　　付字第4号

摘要	借方账户		金额										记账符号
	总账账户	明细账户	千	百	十	万	千	百	十	元	角	分	
补付王树宝差旅费	管理费用	差旅费						2	5	8	0	0	
合　计							¥	2	5	8	0	0	

附单据1张

会计主管　　记账　　复核　　出纳　　制单张丽

图4-11　补付差旅费的付款凭证

转账凭证

2022年1月20日　　　　转字第1号

摘要	借方		贷方		金额									记账符号
	总账账户	明细账户	总账账户	明细账户	百	十	万	千	百	十	元	角	分	
王树宝报销差旅费	管理费用	差旅费	其他应收款	王树宝				2	0	0	0	0	0	
合　计							¥	2	0	0	0	0	0	

附单据3张

会计主管　　记账　　复核　　制单张丽

图4-12　报销差旅费的转账凭证

付款凭证

贷方账户：银行存款　　　　2022年1月24日　　　　付字第5号

摘要	借方账户		金额										记账符号
	总账账户	明细账户	千	百	十	万	千	百	十	元	角	分	
购买B材料入库	原材料	B材料					2	0	0	0	0	0	
	应交税费	应交增值税（进项税额）						2	6	0	0	0	
合　计						¥	2	2	6	0	0	0	

附单据3张

会计主管　　记账　　复核　　出纳　　制单张丽

图4-13　现购材料入库的付款凭证

任务二 审核记账凭证

【任务目标】

- 熟悉记账凭证的审核内容
- 能够发现问题记账凭证
- 能够正确处理问题记账凭证
- 培养洞察力、判断力和解决问题的能力

【任务案例】

2022年1月宏盛公司部分经济业务的凭证处理结果如下：

（1）2022年1月5日，公司从开户银行提取现金30 000元。该笔业务所填写的记账凭证如图4-14所示。

记账凭证

2022年1月5日　　　　凭证编号 2

摘要	借方		贷方		金额									记账符号	
	总账账户	明细账户	总账账户	明细账户	百	十	万	千	百	十	元	角	分		
从银行提取现金	库存现金		银行存款					3	0	0	0	0	0	✓	✓
合计							¥	3	0	0	0	0	0		

附单据1张

会计主管王军　　记账张志远　　复核李刚　　出纳王小明　　制单 张丽

图4-14　从银行提取现金的记账凭证

（2）2022年1月10日，公司以银行存款归还长期借款500 000元。该笔业务所填写的记账凭证如图4-15所示。

记账凭证

2022年1月10日　　　　凭证编号 8

摘要	借方		贷方		金额									记账符号	
	总账账户	明细账户	总账账户	明细账户	百	十	万	千	百	十	元	角	分		
归还长期借款	银行存款		长期借款			5	0	0	0	0	0	0	0		
合计					¥	5	0	0	0	0	0	0	0		

附单据1张

会计主管　　记账　　复核　　出纳　　制单 张丽

图4-15　归还长期借款的记账凭证

要求：审核以上两笔业务所填制的通用记账凭证，指出凭证中存在的问题，并改正。

【知识准备】

一、记账凭证的审核

检查一张记账凭证是否存在问题，主要考虑以下6个方面：

1.内容是否真实

审核原始凭证内容与记账凭证内容是否一致，记账凭证汇总表与其所依据的记账凭证的内容是否一致。

2.项目是否齐全

日期、凭证编号、摘要、会计账户、金额、附原始凭证张数及有关人员签章等是否填写齐全。

3.账户是否正确

应借、应贷账户是否正确，是否有明确的账户对应关系，所使用的会计账户是否符合有关法规要求。

4.金额是否正确

记账凭证记录的金额与原始凭证的金额是否一致，记账凭证汇总表的金额与记账凭证的金额合计是否一致。

5.书写是否规范

记账凭证的记录是否文字工整、数字清晰，是否按规定使用蓝色或黑色墨水笔书写，是否按规定进行更正等。

6.手续是否完备

凡参与记账凭证填制和传递的人员，都要在记账凭证相应的位置上签名或盖章，以明确责任，检查记账凭证手续是否完备。

二、问题记账凭证的处理

对审核时发现的问题记账凭证，要按照问题的原因分析处理。

（1）登记入账前发现记账凭证错误的，应当重新填制记账凭证。

（2）入账后发现记账凭证错误的，应当区别情况进行处理。

①在当年内发现的非金额错误，可用红字填制一张与原内容相同的记账凭证，在摘要栏注明“注销某月某日某号凭证”字样，同时，用蓝字重新填制一张正确的记账凭证，注明“更正某月某日某号凭证”字样。如果是金额错误，可以将正确数字与错误数字之间的差额，另填一张记账凭证。金额记少的，就调增金额，用蓝字书写；金额记多的，就调减金额，用红字书写。

②发现以前年度记账凭证有错误时，金额少记的，应当用蓝字填制一张更正的记账凭证。记账凭证的内容、账户名称都与错误记账凭证相同，金额为少记的数额，摘要栏

注明“更正某年某月某日某号凭证”字样；金额多记或者记错账户的，用红字冲销后，再填写正确的记账凭证。如果该凭证涉及费用或成本，应当用蓝字填制一张更正的记账凭证，调整以前年度损益。

（3）重号和漏号的处理。如果凭证重号，应在重号的两张记账凭证的右上角，注明“重号”字样，并在注明的“重号”字样上加盖会计机构负责人（或会计主管人员）的名章；如果凭证漏号，应在漏号的相邻两张记账凭证的右上角，注明“漏号”字样，并在注明的“漏号”字样上加盖会计机构负责人（或会计主管人员）的名章。

（4）账户汇总表编制错误的更正方法。

①当月发现账户汇总表编制有错误，将错误文字或者数字画单红线注销，然后，在红线上方填写正确的文字或者数字，并由责任人员和会计机构负责人（或会计主管人员）在画线处加盖名章。

需要注意的是，画线注销的文字或者数字一定要清晰可辨，如果是文字错误，可以只画去错误文字；如果是数字错误，应当整个数字全部画单红线后更正，不可以只更正错误数字。

②本月发现以前月份账户汇总表编制有错误，应根据错误内容，填制一张与错误汇总表账户相同、金额为红字的记账凭证，在摘要栏注明“注销某年某月某日某号账户汇总表”，同时填制一张正确的记账凭证，在摘要栏注明“更正某年某月某日某号账户汇总表”，还应在被更正的账户汇总表上注明“已在某年某月某日某号凭证更正”，更正凭证只需登记总账，不登记明细账。

典型案例4-6

2022年1月，常春藤有限责任公司部分经济业务的凭证处理结果如表4-30至表4-34所示。（说明：这里不编入原始凭证，仅以业务描述代替原始凭证。）

要求：根据以下业务审核记账凭证，指出凭证中存在的问题。

（1）2022年1月8日，公司将超限额库存现金存入银行50 000元。该笔业务所填写的记账凭证如表4-30所示。

表4-30 记账凭证

2022年1月8日 凭证编号 2

摘要	借方		贷方		金额									记账符号
	总账账户	明细账户	总账账户	明细账户	百	十	万	千	百	十	元	角	分	
将现金存入银行	银行存款		库存现金					5	0	0	0	0	0	
合计							¥	5	0	0	0	0	0	

附单据1张

会计主管 记账 复核 出纳 制单 沈大芳

（2）2022年1月12日，公司以银行存款归还短期借款500 000元。该笔业务所填写的记账凭证如表4-31所示。

表 4-31

记账凭证

2022年1月12日　　　　凭证编号 8

摘 要	借 方		贷 方		金 额									记账符号
	总账账户	明细账户	总账账户	明细账户	百	十	万	千	百	十	元	角	分	
归还短期借款	银行存款		短期借款			5	0	0	0	0	0	0	0	
合 计					¥	5	0	0	0	0	0	0	0	

附单据 1 张

会计主管　　记账　　复核　　出纳　　制单 沈大芳

（3）2022 年 1 月 12 日，总经理赵阳报销差旅费 1 500 元，出差前已预借差旅费 1 500 元。该笔业务所填写的记账凭证如表 4-32 所示。

表 4-32

记账凭证

2022年1月12日　　　　凭证编号 10

摘 要	借 方		贷 方		金 额									记账符号
	总账账户	明细账户	总账账户	明细账户	百	十	万	千	百	十	元	角	分	
赵阳报销差旅费	管理费用	差旅费	库存现金					1	5	0	0	0	0	
合 计							¥	1	5	0	0	0	0	

附单据 1 张

会计主管　　记账　　复核　　出纳　　制单 沈大芳

（4）2022 年 1 月 18 日，用现金 113 元购买办公用品，其中，价款 100 元，增值税 13 元。用品购入后直接投入使用。该笔业务所填写的记账凭证如表 4-33 所示。

表 4-33

记账凭证

2022年1月18日　　　　凭证编号 15

摘 要	借 方		贷 方		金 额									记账符号
	总账账户	明细账户	总账账户	明细账户	百	十	万	千	百	十	元	角	分	
以现金购办公用品	管理费用	办公费	库存现金						1	1	3	0	0	
合 计								¥	1	1	3	0	0	

附单据 1 张

会计主管　　记账　　复核　　出纳　　制单 沈大芳

（5）2022 年 1 月 30 日，从利群公司购买 A 材料 200 千克，单价 15 元，取得的增值税专用发票上面注明价款 3 000 元，增值税 390 元，签发一张金额为 3 390 元的转账支票支付价税款，材料已验收入库。该笔业务填写记账凭证的结果如表 4-34 所示。

表 4-34

记账凭证

2022年1月30日　　　　凭证编号 20

摘 要	借 方		贷 方		金 额									记账符号
	总账账户	明细账户	总账账户	明细账户	百	十	万	千	百	十	元	角	分	
购买A材料	材料采购	A材料	银行存款					3	0	0	0	0	0	
购买A材料	应交税费	应交增值税	银行存款						3	9	0	0	0	
合 计							¥	3	3	9	0	0	0	

附单据 2 张

会计主管　　记账　　复核　　出纳　　制单 沈大芳

典型案例4-6解析

通过对以上记账凭证的审核，发现凭证中存在以下问题：

业务（1）凭证中金额记的是5 000元，业务中涉及的金额是50 000元，少记了45 000元。

业务（2）凭证中的借方账户和贷方账户的名称写反了，借方应该是短期借款，贷方应该是银行存款。

业务（3）凭证中贷方的总账账户栏应该是其他应收款，而不是库存现金。因为赵阳出差前，公司已经预付给他1 500元差旅费。借款时挂到“其他应收款”账户的，回来报销时，应在“其他应收款”账户冲减。

业务（4）用现金113元购买办公用品，其中，价款100元，增值税13元，“管理费用”应为100元，“应交税费——应交增值税”账户借方应记13元，但凭证中“管理费用”账户金额写成了113元，多记了13元，“应交税费——应交增值税”账户没记，所以，应交增值税少记了13元。

业务（5）本笔业务所填凭证存在两方面问题：一是账户使用不准确。材料已经验收入库，库存材料应记入“原材料”账户，而不应该记入“材料采购”账户。二是附单据数不正确。本业务应该取得转账支票、材料入库单和发票3张原始凭证，而不是2张。

星火小讲堂
4-2

任务案例解析

业务（1）所填记账凭证的错误在于金额登记错误，错将30 000写成了3 000，金额少记了27 000元，如图4-16所示。

记账凭证

2022年1月5日　　　　凭证编号 2

摘要	借方		贷方		金额									记账符号
	总账账户	明细账户	总账账户	明细账户	百	十	万	千	百	十	元	角	分	
从银行提取现金	库存现金		银行存款					3	0	0	0	0	0	✓ ✓
合　计							¥	3	0	0	0	0	0	

附单据1张

会计主管王军　记账张志远　复核李刚　出纳王小明　制单 张丽

图4-16　从银行提取现金的记账凭证

从签章和记账符号上看，这张记账凭证的信息已经登记入账，应该用蓝字填写一张记账凭证，补充更正2022年1月2号凭证。由于更正错误的记账凭证是没有所附原始凭证的，因此，附件张数无须填写。更正结果如图4-17所示。

记账凭证

2022年1月10日　　　　凭证编号 12

摘要	借方		贷方		金额									记账符号
	总账账户	明细账户	总账账户	明细账户	百	十	万	千	百	十	元	角	分	
更正2022年1月2号凭证	库存现金		银行存款				2	7	0	0	0	0	0	
合　计						¥	2	7	0	0	0	0	0	

附单据　张

会计主管　记账　复核　出纳　制单 张丽

图4-17　更正2号凭证的记账凭证

业务（2）所填记账凭证的错误在于借贷方的账户名称写反了，如图4-18所示。

记账凭证

2022年1月10日　　　　　　　　凭证编号 8

摘要	借方		贷方		金额									记账符号
	总账账户	明细账户	总账账户	明细账户	百	十	万	千	百	十	元	角	分	
归还长期借款	银行存款		长期借款			5	0	0	0	0	0	0	0	
合计					¥	5	0	0	0	0	0	0	0	

附单据1张

会计主管　　记账　　复核　　出纳　　制单 张丽

图4-18　归还长期借款的错误记账凭证

从签章上看，应该是入账前发现的，因此，我们只需要再重新填写一张记账凭证即可。更正后的记账凭证如图4-19所示。

记账凭证

2022年1月10日　　　　　　　　凭证编号 8

摘要	借方		贷方		金额									记账符号
	总账账户	明细账户	总账账户	明细账户	百	十	万	千	百	十	元	角	分	
归还长期借款	长期借款		银行存款			5	0	0	0	0	0	0	0	
合计					¥	5	0	0	0	0	0	0	0	

附单据1张

会计主管　　记账　　复核　　出纳　　制单 张丽

图4-19　归还长期借款正确的记账凭证

任务三　传递与装订会计凭证

【任务目标】

- 明确会计凭证传递的总体要求
- 明确会计凭证传递的原则和路线
- 能够规范装订会计凭证并按法规要求保管会计凭证
- 增强法治观念和规矩意识，正确认识依法传递与保管会计凭证的重要意义

【任务案例】

王晓华是华丰公司记账会计，期末，她负责凭证装订工作，在会计档案入柜时却发现以下现象：

（1）200多笔业务的会计凭证装订成3册；

（2）每册凭证中都有串号现象，没有正确排序；

（3）封脊没有填写内容。

要求：您认为王晓华在凭证装订中是否存在问题，若存在，请指出问题所在。

【知识准备】

一、会计凭证传递

会计凭证传递是指从会计凭证的取得或填制到会计凭证归档保管，在单位内部有关部门和人员之间的传送过程，主要包括传递程序和传递时间两方面内容。

会计凭证传递的总体要求是要能满足内部控制的要求，最大限度地保证会计工作质量，节约传递时间，提高传递效率，减少传递工作量。合理有效的会计凭证传递程序和及时传递是保证会计核算工作正常、高效的前提和基础。

由于单位性质、规模、内部机构设置、会计机构的人员数量及分工不同，会计凭证传递的过程和时间也有所区别。但为了加强内部管理，落实岗位责任制，提高工作效率，各单位在会计凭证传递方面应该开展以下几方面共性工作。

1.制定各种会计凭证的传递程序

各单位应根据各经济业务事项的特点，结合单位的部门设置、人员配备、人员分工情况和管理要求，在遵循内部牵制原则的基础上，制定出各种会计凭证的传递程序，以避免会计凭证传递有不必要的环节，使凭证传递速度变慢，影响整体工作效率。

2.规定各种会计凭证的传递时间

及时性是会计信息质量的重要要求。为了能够保证会计核算的及时性，各单位应规定会计凭证在相关部门和经办人员处停留的时间限度，也就是要明确会计凭证在某部门或经办人员处最长可停留的时间。在确定时间限度时，要以能够完成凭证处理工作为前提，避免时间过少，无法完成或草率完成，工作质量不高；也应防止停留的时间过长，使规定的传递时间成为虚设，不起作用。

3.及时沟通，团结协作

由于原始凭证涉及的机构或部门较多，在确定传递程序和时间时，不可单枪匹马，独自一个部门完成，要在调查研究的基础上，结合各机构或部门提出的合理建议进行制定。记账凭证不涉及其他部门，但也应由会计主管人员与制单、复核、出纳、记账等相关人员协商制定，以保证传递程序和时间更加科学、合理、有效。

二、会计凭证装订

会计凭证是重要的会计档案，要保存到规定的期限才可以销毁，如果不进行装订，可能发生散失，或人为撤销、撕毁原始凭证的现象，给单位造成损失。另外，凭证装订后更有利于保管和查阅。因此，会计凭证要定期进行装订，通常在原始凭证所记载的经济业务记账完毕，核对无误后进行装订。

（一）整理凭证

会计凭证整理主要是对记账凭证所附的原始凭证进行整理，其目的是使装订出的凭证美观规范。整理凭证，一是将原始凭证粘贴在记账凭证背面；二是把所有应归档的会计凭证收集齐全，并将记账凭证分类按序号排放。

1.原始凭证粘贴

原始凭证粘贴应遵循平整、美观、可见的原则，其方法有两种，一是将原始凭证直接粘贴在报销凭证上；二是将原始凭证先粘贴在空白报销单上，再将空白报销单粘贴在报销凭证上。粘贴原始凭证的基本要求与方法如下：

（1）原始凭证粘贴必须使用统一印制的单据粘贴单、差旅费报销单等相关单据，不得使用自行印制或购买的单据粘贴单和差旅费报销单等。

（2）如果原始票据较少，可直接在正式报销单的反面粘贴，粘贴时，原始凭证的正面与报销单的正面要同向。

（3）若票据较多，可在多张空白报销单上粘贴。粘贴原始凭证时，要分类粘贴，同类末级会计科目的原始凭证应粘贴在一起，如发票按费用分类粘贴在一张粘贴单上。粘贴时，大票贴在下面，小票贴在上面，发票和车票等必须从右至左呈阶梯状依次粘贴，不能罗列在一起。同类原始凭证，如果数量较多，大小不一，应按凭证规格的大小进行分类，同一张单据粘贴单上所粘贴的凭证尽量保持大小一致。每张单据粘贴单所粘贴的凭证不得过多，以美观好看为标准。将已填写完毕的正式报销单粘贴在已贴好原始报销凭证的空白报销单上，要注意将左边对齐粘贴。

（4）对于面积大且数量多的原始凭证，可以单独装订，如工资单、耗料单等，但应在封面上注明原始凭证的张数、金额，所属记账凭证的日期、编号、种类、保管地点。封面应一式两份，一份作为原始凭证装订成册的封面，封面上注明“附件”字样；另一份附在记账凭证的后面，同时，在记账凭证上注明“附件另订”，以备查考。

（5）所有原始凭证必须贴在粘贴纸的装订线内。

（6）对重要的原始凭证，如各种经济合同、涉外文件、契约等，为了便于日后查阅，也可以不附在记账凭证之后，另编目录，单独登记保管，并在相关的记账凭证和原始凭证上相互注明日期和编号，以便日后核对。

（7）对于规格较大、纸厚质硬的原始凭证，每张单据粘贴单粘贴2张为宜，要分张折叠，大小要不超出单据粘贴单。

（8）原始凭证粘贴完毕，须将凭证张数、合计金额填列完整。

2.记账凭证分类排序

记账凭证分类排序的主要工作有两项，一是把所有应归档的会计凭证收集齐全，将记账凭证分类按序号（从小到大）排放。如果单位使用专用记账凭证，则要将每一类记账凭证放在一起，如果单位使用通用记账凭证，则将所有记账凭证放在一起。二是将每一类记账凭证按适当厚度分成若干份，确定装订册数，准备装订成册。记账凭证的厚度一般以2～3厘米为宜，太厚不便于翻阅核查，太薄不利于戳立放置。为了使装订成册的会计凭证外形美观，如果凭证不平，各部分厚度不均匀，可用纸均匀地垫在相应位置，以保证它的厚度与凭证其他部位的厚度一致。

（二）凭证装订

一般情况下，会计凭证不跨月装订，但记账凭证少的单位，也可将若干张账户汇总表及相关记账凭证、原始凭证合并装订成一册，只要在凭证封面注明本册所含的凭证月份即可。记账凭证较多的单位，一个月内可以装订若干册。采用账户汇总表会计核算形式的企业，原则上一张账户汇总表及所附的记账凭证、原始凭证装订成一册。装订好的会计凭证要四边成线，有棱有角，坚固、规整。

1.装订前的检查处理

在装订会计凭证前，应做好以下两方面工作：一是要检查会计凭证及其附件是否齐全，编号是否正确、连续，手续是否齐全，有无相关人员没签字的情况，试算是否平衡，有无不正常的跨月装订，如果存在上述情况，要及时处理。二是要检查并摘除凭证上的金属物（如，订书针、大头针、回形针），以免影响装订或使装订不平整。

2.凭证装订

会计凭证装订是指将整理完毕的会计凭证加上封面和封底，装订成册，并在装订线上加贴封签的一系列工作。其目的是使会计凭证能够长时间保存，不丢页、不磨损，方便查阅，美观好看。凭证装订方法并不固定，只要能够达到装订的目的就是好的装订方法。现介绍两种装订方法，一种是左侧装订法，一种是左上角包角装订法。

（1）左侧装订法。左侧装订法是目前使用的最普遍、最直观的方法。左侧装订法的基本操作方法如下：

①把账户汇总表放在每册记账凭证的第一页，即放在第一张记账凭证上面，按照原来排好的顺序放置后，以底边和左侧为准墩齐夹紧。

②把会计凭证封面折叠好，其方法是将凭证封皮面朝里向外折叠（要求封面在下，封底在上，折线要以装订后能露出封面全部文字为限），如图4-20所示。

③将墩齐夹紧的记账凭证连同账户汇总表正面朝上放在折叠好的凭证封皮下方，如图4-21所示。

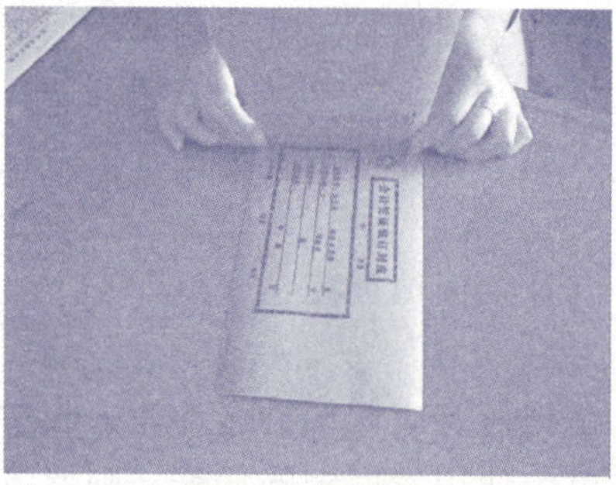

图4-20 凭证封面的折叠

图4-21 装订排列顺序示意

④在记账凭证左侧打3个孔，把线绳的中段从孔中引出，留扣，再把线绳从两端孔引出，穿入中间留扣后拉紧系好，剪掉线绳的多余部分，如图4-22、图4-23所示。

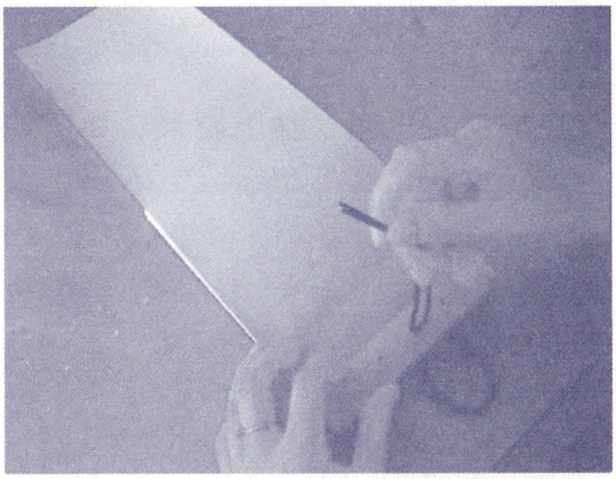

图 4-22　凭证打孔留绳扣

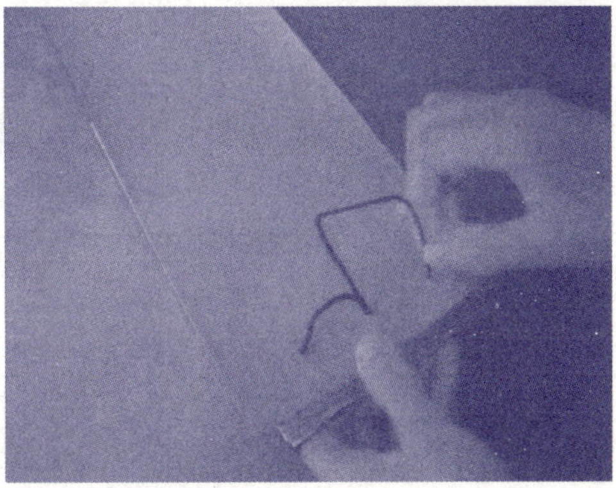

图 4-23　穿绳

⑤将凭证封皮的底面翻转向后折到凭证的底部，用胶水将封底左侧粘好，剪掉或折回超出凭证的封皮部分，如图 4-24 所示。

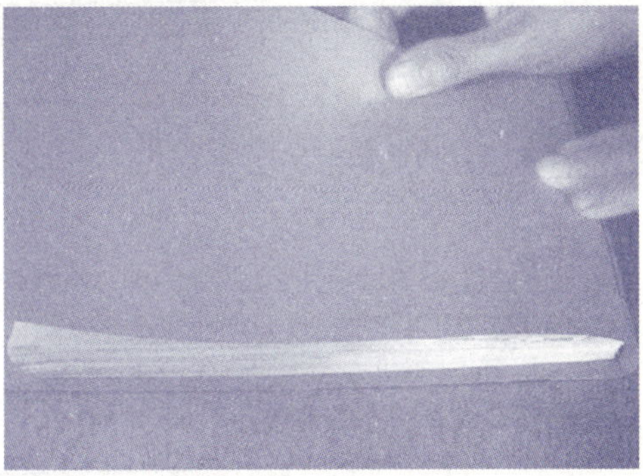

图 4-24　封皮翻转

⑥填写封面和封脊的相应内容，如年、月、日和册数编号等。

（2）左上角包角装订法。左上角包角装订法比较美观，但操作比较麻烦，这种方法较少被运用。其操作方法如下：

①将凭证封皮和封底裁开，分别附在凭证前面和后面，再用一张质地相同的纸放在封皮左上角，做护角线。

②在凭证的左上角画一边长为 5 厘米的等腰三角形，在三角形底线上分布均匀地打两个孔，如图 4-25 所示。

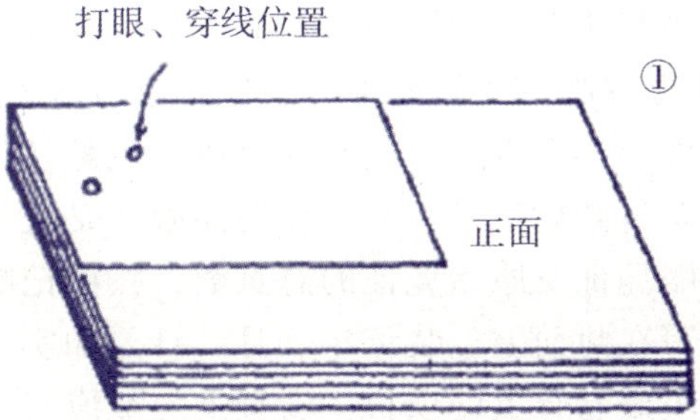

图 4-25　打孔穿线

③用卷带或线绳穿过两个孔。

④在凭证的背面打结，卷带或线绳最好把凭证两端也系上。

⑤将护角向左上方折叠，并将一侧剪开至凭证的左上角，抹上胶水，如图4-26所示。

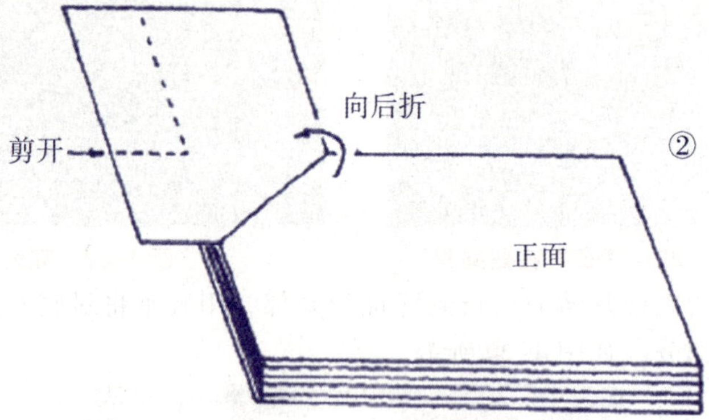

图4-26　将包角向后折叠

⑥将侧面和背面的卷带或线绳扣粘住，剪掉多余的卷带或线绳，如图4-27所示。

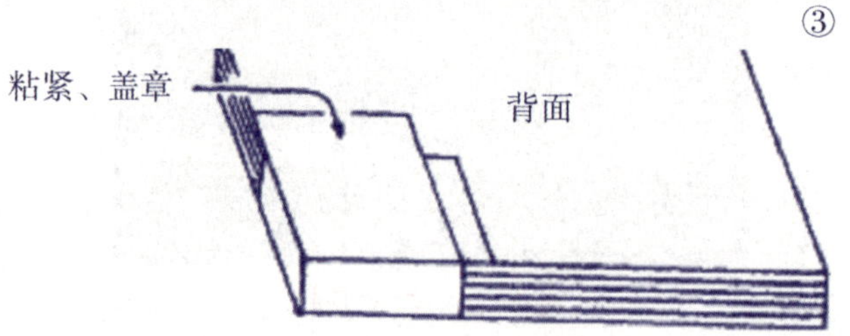

图4-27　粘贴卷带或线绳及包角纸

⑦填写封面和封脊的相应内容，包括年、月、日和册数编号等，如在凭证本的侧脊写上“某年某月第几册共几册”的字样。

（三）填写凭证封面内容

装订成册的会计凭证必须加装封面，封面上应注明单位名称、年度、月份和起讫日期、凭证种类、起讫号码及装订人的签名或者盖章。

封面各记事栏是事后查账和查证有关事项的最基础的索引和凭证，要认真填写会计凭证封面。“起讫日期”要写全年、月、日；“单位名称”要写全称；“册数”要注明“本月共××册”或“第×册共××册”；“凭证张数”栏要填写清晰，“自第×号至第×号”填本册凭证类别（收、付、转）共多少张及其起讫号码（收款及付款凭证因合并装订，应分两行分别注明收款凭证及付款凭证号数）；“保管期限”是按规定要求本册凭证应保管多少年。另外，还要把记账凭证及原始凭证的总页数，按照记账凭证及所附原始凭证的张数加计清点，准确地填写在封面上。装订年、月、日要如实填写。会计主管人员和装订人员要签章。另外，要填好卷脊上的项目。卷脊上一般应写上“某年某月凭证”和册数，填写卷脊项目便于日后查找。装订线上应有封口，并在封签处加盖会计主管人员的骑缝图章。会计凭证封面如表4-35所示。

表4-35　　记账凭证封面

年　月　　　　编号：

单位名称	
册数	第　　册　共　　册
起讫编号	自第　　号至第　　号　　共计　　张
起讫日期	自　　年　月　日至　　年　月　日

装订人：

封面相关内容写好，凭证装订工作即告结束。

任务案例解析

根据会计凭证装订的学习，王晓华在凭证装订中存在一定的问题。具体体现在以下三方面：（1）200多笔业务的会计凭证装订成3册，凭证厚度有些过薄，不太美观，会计凭证厚度一般在2～3厘米为宜。（2）凭证没有正确排序，有串号现象。（3）凭证封脊没有填写内容，不符合要求，不方便查阅。

项目加油站

星火小讲堂 4-3

想一想

1. 怎样选择适合本单位的记账凭证类别？
2. 为什么要对会计凭证进行审核？审核记账凭证应该从哪几方面入手？
3. 从记账凭证填制结果看，借贷记账法的记账规律是什么？
4. 会计分录与记账凭证有什么关联？
5. 进行会计凭证装订有哪些作用？

练一练

资料：时尚公司2022年1月发生的部分经济业务如下：

（1）5日，公司通过银行代发本月工资1 890 000元。

（2）8日，用现金支付公司业务招待费600元。

（3）13日，向银行借入3个月期的借款1 000 000元，已划转到公司银行账户。

（4）16日，收到职工交来的违纪罚款100元。

（5）23日，开出面值1 000 000元转账支票，预付工程款。

（6）29日，经三方协商达成一致，公司将所欠群芳公司的33 900元货款转到仲尼公司名下。

要求：根据所给经济业务资料，编制每笔业务的会计分录（给明细资料的要写清明细项目）。

项目测一测

△ 单项选择题

项目测试 4-1
单项选择题

1. 当所发生的经济业务只涉及货币资金增减时，一般填制（　　）。
A. 收款凭证　　B. 付款凭证
C. 转账凭证　　D. 记账凭证

2. 下列各项中，属于记账凭证与原始凭证共同点的是（　　）。
A. 所起作用相同　　B. 反映的业务内容相同
C. 编制时间相同　　D. 经济责任当事人相同

3. 企业发生赊销商品业务时，应填制（　　）记账凭证。
A. 收款凭证　　B. 转账凭证
C. 付款凭证　　D. 汇总凭证

4. 如果报销差旅费时应补给出差人员现金，应填制（　　）记账凭证。
A. 收款凭证　　B. 付款凭证
C. 转账凭证　　D. 以上都不是

5. 通用记账凭证的格式和填制方法与（　　）基本一致。
A. 收款凭证　　B. 转账凭证
C. 付款凭证　　D. 汇总收款凭证

6. 用银行存款支付欠货款的经济业务，应填制（　　）凭证。
A. 银行存款收款凭证　　B. 库存现金收款凭证
C. 银行存款付款凭证　　D. 库存现金付款凭证

7. 下列说法中，不正确的是（　　）。
A. 记账凭证的作用与原始凭证相同
B. 记账凭证是登记账簿的直接依据
C. 记账凭证有通用和专用之分
D. 记账凭证根据原始凭证或原始凭证汇总表填制

8. 报销的职工差旅费应记入（　　）账户。
A. 营业外支出　　B. 管理费用
C. 其他业务成本　　D. 财务费用

9. 计提短期借款利息，应记入（　　）账户。
A. 制造费用　　B. 销售费用
C. 生产成本　　D. 财务费用

10. 用现金预付单位领导差旅费，应记入（　　）账户。
A. 银行存款　　B. 其他应收款
C. 管理费用　　D. 销售费用

11. 借入3个月期限的借款，应计记入（　　）账户。
A. 短期借款　　B. 长期借款
C. 制造费用　　D. 财务费用

12. 购买一台电脑，应记入（　　）账户。

A.其他业务支出　　B.固定资产

C.主营业务成本　　D.实收资本

13.将现金存入银行的业务，应填制（　　）。

A.库存现金付款凭证　　B.银行存款付款凭证

C.库存现金收款凭证　　D.银行存款收款凭证

14.从银行提取现金的业务，应填制（　　）。

A.库存现金付款凭证　　B.银行存款付款凭证

C.库存现金收款凭证　　D.银行存款收款凭证

15.下列关于记账凭证审核后的处理方法，不正确的是（　　）。

A.填制时发生错误，应重填

B.重号的，应在重号记账凭证右上角注明“重号”字样，并盖章

C.漏号的，在漏号相邻两张记账凭证的右上角注明“漏号”字样，并盖章

D.将重号记账凭证删掉

△ 多项选择题

项目测试 4-2 多项选择题

1.下列各项中，（　　）可能是收款凭证的借方账户。

A.库存现金　　B.银行存款

C.材料采购　　D.原材料

2.将现金送存银行或从银行提取现金的业务，可编制的记账凭证有（　　）。

A.库存现金收款凭证　　B.银行存款收款凭证

C.库存现金付款凭证　　D.银行存款付款凭证

3.记账凭证的编制依据可以是（　　）。

A.单个原始凭证　　B.反映同类经济业务的多张原始凭证

C.汇总原始凭证　　D.多张反映不同内容经济业务的原始凭证

4.专用记账凭证可以分为（　　）。

A.收款凭证　　B.付款凭证

C.转账凭证　　D.原始凭证

5.（　　）是在转账凭证中不可能出现的账户名称。

A.在途物资　　B.管理费用

C.库存现金　　D.银行存款

6.（　　）是在收款凭证中可能出现的账户名称。

A.库存现金　　B.管理费用

C.银行存款　　D.主营业务收入

7.（　　）是记账凭证中可能出现的账户名称。

A.库存现金　　B.银行存款

C.应收账款　　D.短期借款

8.在填制报销差旅费的记账凭证时，可能出现在借方的账户有（　　）。

A.库存现金　　B.银行存款

C.财务费用　　D.管理费用

9.审查记账凭证时，（　　）是必须考虑的内容。

A.账户名称　　B.记录金额

C.项目是否齐全　　D.记录字体

10.处理问题记账凭证时可以采用的方法有（　　）。

A.重新填制　　B.将凭证上的错误涂抹后改正

C.用红字凭证冲销　　D.重新填制一张蓝字更正的记账凭证

11.记账凭证的传递路线与（　　）有关。

A.需要凭证信息的部门　　B.经济业务的特点

C.单位内部人员分工　　D.内部牵制制度的要求

12.下列各项中，（　　）是将现金存入银行业务不应填制的凭证。

A.库存现金付款凭证　　B.银行存款付款凭证

C.库存现金收款凭证　　D.银行存款收款凭证

13.下列经济业务中，不应填制转账凭证的有（　　）。

A.以现金200元购买办公用品　　B.职工借支1 000元差旅费

C.赊购一台价值5 000元的设备　　D.补发职工2 000元工资

14.下列各项中属于记账凭证审核内容的有（　　）。

A.内容的真实性　　B.账户的正确性

C.手续的完备性　　D.金额的正确性

15.下列记账凭证中可以不附原始凭证的有（　　）。

A.收款凭证　　B.付款凭证

C.结账的记账凭证　　D.更正错账的记账凭证

△ 判断题

项目测试 4-3

判断题

1.记账凭证是登记账簿的直接依据，原始凭证不能作为记账的依据。（　　）

2.涉及现金或银行存款增加的经济业务必须填制收款凭证。（　　）

3.企业是否适合采用专用记账凭证，主要看其规模和经济业务的多少。（　　）

4.如果单位采用专用记账凭证，则转账凭证记录的经济业务一定不涉及现金或银行存款。（　　）

5.审核记账凭证主要是看其后面是否附有原始凭证以及所附原始凭证的张数。（　　）

6.填制日期、账户名称、记账方向以及记录金额都是记账凭证审核的内容。（　　）

7.不同的企业由于经济业务、涉及的部门不同，会计凭证传递的程序和时间也有所不同。（　　）

8.各单位应以各项经济业务的特点，结合内部机构组织和人员分工情况，以及各部门和人员利用会计凭证进行经营管理的需要和内部牵制制度的要求为出发点，规定各种会计凭证的联数和传递程序。（　　）

9.记账凭证必须根据审核无误的原始凭证填制。（　　）

10.不得将不同内容和类别的原始凭证汇总填在同一记账凭证中。（　　）

11.在编写会计分录时，账户名称、记账方向和记账金额必须都要填写。（　　）

12.企业必须使用专用记账凭证，其他单位可以使用通用记账凭证。（　　）

13.记账凭证必须根据审核无误的单个原始凭证填制，不可根据汇总的原始凭证填制。（　　）

14.会计凭证传递要制定传递程序，规定传递时间，否则，就会影响工作效率。（　　）

15.编制会计分录时，账户名称、记账方向和记账金额三者缺一不可。（　　）

16.按工作惯例，对将现金存入银行或从银行提取现金的业务，只填制付款凭证，不填制收款

凭证。　(　　)

17. 从银行提取现金的业务，只填制银行存款付款凭证。　(　　)

18. 记账凭证根据审核无误的原始凭证填制，这里所说的原始凭证不包括汇总原始凭证。　(　　)

19. 任何单位对所发生的每一经济业务或事项，都要按照规定的程序和要求，由经办人员取得或自制合法的会计凭证。　(　　)

20. 简单会计分录是指一借多贷或多借一贷的会计分录。　(　　)

项目小实训

实训一：记账凭证的填制

［实训目的］

熟悉通用记账凭证和专用记账凭证的填制方法。

［实训资料］

燕京公司2022年1月发生的部分经济业务。

（1）6日，从银行提取900 000元备发工资。

（2）8日，用现金900 000元发放本月工资。

（3）12日，收到东郊公司归还的欠货款339 000元，存入银行。

（4）22日，开出面值1 130元转账支票为经理办公室购买办公用品，其中，价款1 000元，增值税130元，购入后直接投入使用。

（5）27日，刚刚生产完工的甲产品验收入库，其生产成本为15 000元。

（6）30日，开出面值为56 500元的转账支票，用以偿还欠大华公司的货款。

［实训要求］

分别采用通用记账凭证和专用记账凭证填制记账凭证。（审核无误的原始凭证略）

实训二：记账凭证的审核

［实训目的］

熟练准确地查找记账凭证中存在的问题。

［实训资料］

前锋公司经济业务的凭证处理结果如表4-36至4-41所示。

（1）2022年1月8日，公司将库存现金9 000元送存银行。该笔业务所填写的记账凭证如表4-36、表4-37所示。

表4-36　付款凭证

贷方账户：库存现金　　2022年1月8日　　付字第1号

摘要	借方账户		金额										记账符号
	总账账户	明细账户	千	百	十	万	千	百	十	元	角	分	
将现金存入银行	银行存款						9	0	0	0	0	0	
合计						¥	9	0	0	0	0	0	

会计主管　　记账　　复核　　出纳　　制单　周芳芳

附单据1张

表 4-37 **收款凭证**

借方账户：银行存款　　2022年1月8日　　收字第 1 号

摘要	贷方账户		金额										记账符号
	总账账户	明细账户	千	百	十	万	千	百	十	元	角	分	
将现金存入银行		库存现金					9	0	0	0	0	0	
合　计						¥	9	0	0	0	0	0	

附单据 1 张

会计主管　　记账　　复核　　出纳　　制单　周芳芳

（2）2022年1月13日，公司收到德邦公司的欠货款56 500元，存入银行。该笔业务所填写的记账凭证如表4-38所示。

表 4-38 **收款凭证**

借方账户：银行存款　　2022年1月13日　　收字第 2 号

摘要	贷方账户		金额										记账符号
	总账账户	明细账户	千	百	十	万	千	百	十	元	角	分	
收到德邦公司欠货款	应收账款	德邦公司			5	6	5	0	0	0	0	0	
合　计				¥	5	6	5	0	0	0	0	0	

附单据 1 张

会计主管　　记账　　复核　　出纳　　制单　周芳芳

（3）2022年12月15日，财务部宋平预借差旅费1 500元，公司以现金支付。该笔业务所填写的记账凭证如表4-39所示。

表 4-39 **付款凭证**

贷方账户：库存现金　　2022年1月15日　　付字第 2 号

摘要	借方账户		金额										记账符号
	总账账户	明细账户	千	百	十	万	千	百	十	元	角	分	
以现金付差旅费	管理费用	宋平					1	5	0	0	0	0	
合　计						¥	1	5	0	0	0	0	

附单据 1 张

会计主管　　记账　　复核　　出纳　　制单　周芳芳

（4）2022年1月23日，新华公司投入货币资金1 000 000元，款项已划到公司账户。该笔业务所填写的转账凭证如表4-40所示。

表 4-40 **转账凭证**

2022年1月23日　　转字第 1 号

摘要	借方		贷方		金额									记账符号
	总账账户	明细账户	总账账户	明细账户	百	十	万	千	百	十	元	角	分	
接受投资	银行存款		实收资本	新华公司		1	0	0	0	0	0	0	0	
合　计					¥	1	0	0	0	0	0	0	0	

附单据 2 张

会计主管　　记账　　复核　　制单　周芳芳

（5）2022年1月27日，从丰润公司购买B材料500千克，单价20元，取得的增值税专用发票上注明价款10 000元，增值税1 300元，签发一张面额为11 300元的转账支票支付价税款，材料尚未入库。该笔业务所填写的记账凭证如表4-41所示。

表 4-41

付款凭证

贷方账户：银行存款　　　　2022年1月27日　　　　付字第3号

摘要	借方账户		金额										记账符号
	总账账户	明细账户	千	百	十	万	千	百	十	元	角	分	
购买B材料	原材料	B材料				1	0	0	0	0	0	0	
购买B材料	应交税费	应交增值税					1	3	0	0	0	0	
合　计					¥	1	1	3	0	0	0	0	

附单据1张

会计主管　　记账　　复核　　出纳　　制单　周芳芳

[实训资料]

审核经济业务对应的记账凭证，找出问题凭证并指出问题所在。

项目五　处理会计账簿

知识导图

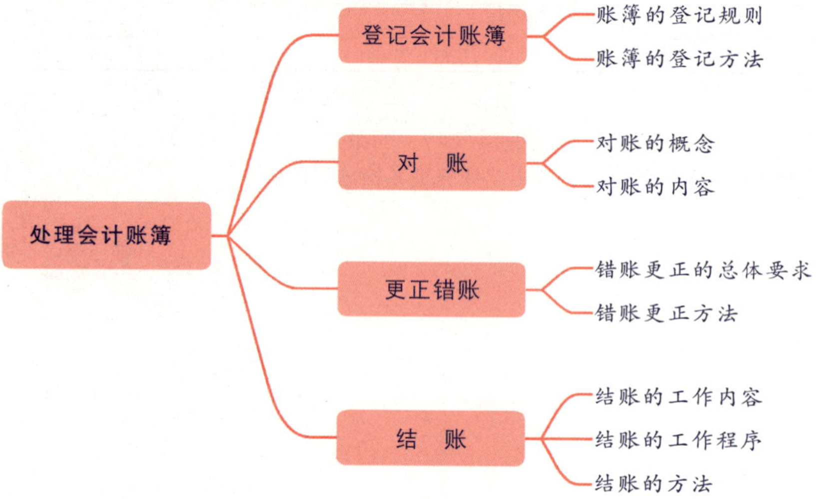

导入案例

小莉和小华是大一会计专业学生，小莉问小华："听说记账只能用蓝色或黑色墨水笔书写，不能用油笔、铅笔、红笔书写，但我曾在妈妈记的账本中看到是有红字的呀，到底能不能用红笔，你知道吗?"小华说："我也不清楚啊。"你能帮小莉和小华讲清这是为什么吗?

任务一 登记会计账簿

【任务目标】

- 明确账簿的登记规则
- 掌握账簿的登记方法
- 熟悉登记账簿的相关法规
- 增强规矩意识，敬畏法律，认识规范登账的重要性

微课 8

记账规则

【任务案例】

案例1：大华公司2022年1月1日应收账款总账账户余额为4 000 000元，1月份该账户发生如下经济业务：

（1）1月8日，销售给华为公司商品，售价50 000元，款未收到（不考虑相关税费）。

（2）1月19日，收到华为公司还回的赊销款120 000元，存入银行。

（3）1月23日，收回小米公司所欠的货款300 000元，存入银行。

（4）1月26日，销售给小米公司商品，售价60 000元，货款已收存银行（不考虑相关税费）。

要求：根据上述资料登记应收账款总账和主营业务收入总账。

案例2：荣耀公司2022年1月1日银行存款余额为1 000 000元，1月份银行存款账户发生如下经济业务：

（1）1月5日，从银行提取现金20 000元备用。

（2）1月5日，从银行借入3个月到期的借款100 000元，存入银行。

（3）1月7日，销售商品，售价50 000元，货款已收存银行（不考虑相关税费）。

要求：根据上述资料登记银行存款日记账。

案例3：祥瑞公司2022年1月1日“应收账款——华为公司”的账户余额为1 000 000元，“应收账款——小米公司”的账户余额为3 000 000元，“原材料——甲材料”账户结存数量1 000，单位成本20元。1月份发生如下经济业务：

（1）1月8日，销售给华为公司A商品，售价50 000元，款未收到（不考虑相关税费）。

（2）1月19日，收到华为公司还回的货款120 000元，存入银行。

（3）1月23日，收回小米公司所欠的货款300 000元，存入银行。

（4）1月26日，销售给小米公司B商品，售价60 000元，货款已收存银行（不考虑相关税费）。

（5）1月28日，从大地公司购入甲材料300千克，单价20元，已验收入库，款未付（不考虑相关税费）。

（6）1月29日，生产车间领用甲材料500千克用于生产A产品。

（7）1月31日，计提管理部门设备及房屋折旧30 000元。

（8）1月31日，分配本月职工工资100 000元，其中行政管理人员60 000元，生产工人40 000元。

（9）1月31日，结转损益类账户。

要求：根据上述资料登记应收账款——华为公司明细账、应收账款——小米公司明细账、主营业务收入明细账、管理费用明细账、原材料——甲材料明细账。

【知识准备】

一、账簿的登记规则

账簿信息是编制会计报表、进行会计分析和检查的重要依据。为了确保账簿资料真实可靠，要求登记账簿遵守以下规则：

（1）应将会计凭证的日期、种类和编号、业务内容摘要和金额逐项记入账内，要求数字准确、摘要恰当、登记及时、字迹工整。

（2）每一账户内容登记完毕，记账人员应在记账凭证上签名或盖章，并在记账凭证上注明所记账簿的页数，或作“√”标记，表示已经完成记账。

（3）账簿中记录的文字和数字上方，要留有适当空间，一般应占格距的二分之一，便于对错账进行更正。

（4）记账应使用蓝色或黑色墨水笔书写，不能使用圆珠笔（银行的复写账簿除外）或铅笔书写，防止涂改。

（5）可用红色墨水笔记账的几种情况：

①冲销错误记录。

②在不设借方栏或贷方栏的多栏式账页中，登记减少数。

③三栏式账户中未印明余额方向的，在余额栏内登记负数余额。

④国家统一会计制度规定可以用红字登记的其他会计记录。

（6）各种会计账簿应按页次顺序连续登记，不得跳行、隔页。如果发生跳行、隔页，应在空行、空页处用红色墨水笔对角线画线注销，或注明“此行空白”“此页空白”字样，并由记账人员签名盖章。订本式账簿，不得任意撕毁账页，活页式账簿不得任意抽换账页。

（7）需要结出余额的账户，结出余额后，应在“借或贷”栏内写明“借”或“贷”。没有余额的账户，应在“借或贷”栏内写“平”，并在余额栏内用“0”表示。

（8）账簿记录发生错误时，不得涂改、挖补、刮擦或用药水消除字迹，不得重新抄写，应采用正确方法进行更正。

（9）在登记账簿时，不得自造简化字，不得使用同音异义字；对于没有角、分的整数，应在角、分栏写“0”，不得省略或用“-”代替。

（10）账页不够用时，应办理转页手续。其方法是：结出本页合计数及余额，写在本页最后一行和下页第一行有关栏内，并在摘要栏内注明“过次页”和“承前页”字样；也可以将本页合计数及金额只写在下页第一行有关栏内，并在摘要栏内注明“承前页”字样。

对需要结计本月发生额的账户，结计“过次页”的本页合计数，应该是自本月初起至本页末止的发生额合计数；对需要结计本年累计发生额的账户，结计“过次页”的本页合计数，应该是自年初起至本页末止的累计数；对既不需要结计本月发生额，也不需要结计本年累计发生额的账户，可以只将每页末的余额结转次页。

（11）实行会计电算化的单位，总账和明细账应当定期打印输出。

二、账簿的登记方法

（一）总账的登记方法

总账登记的方法如下：

（1）日期栏。日期栏按登记账簿时所依据记账凭证的日期填写。

（2）凭证号栏。凭证号栏按所依据的记账凭证的种类和编号填写。

（3）摘要栏。摘要是对登记入账的经济业务内容的简要说明，一般与记账凭证的摘要相同，也可以适当调整。

（4）借、贷栏。借、贷栏填写的是某账户实际发生的增、减金额。

（5）余额栏。余额栏填写的是根据期初余额、本期借方发生额、本期贷方发生额和期末余额四者关系计算而得到的数额。

总账可以根据记账凭证直接登记，也可以根据汇总记账凭证、账户汇总表等汇总凭证登记，每月登记总账的次数可视单位业务量的多少而定。根据汇总凭证登记总账时，可5天、10天、15天或1个月汇总一次，根据凭证汇总结果，分期登记总账。

典型案例5-1

尚都公司2022年1月初有关账户余额为：银行存款账户借方余额为500 000元，库存现金账户借方余额为8 000元，其他应收款3 000元，B材料250千克，单位成本20元，总成本为5 000元，库存商品6 000件，单位成本50元，总成本为300 000元，应付账款账户贷方余额为22 600元，生产成本账户借方余额为18 000元，固定资产账户借方余额为1 000 000元，累计折旧账户贷方余额为100 000元，实收资本账户贷方余额为1 000 000元，利润分配账户贷方余额为710 600元。1月份相关业务的文字表述见业务（1）至（13）。

要求：分别采用记账凭证会计工作流程和账户汇总表会计工作流程，登记所涉及的总账。

（1）5日，办公室主任宋成义出差归来，报销差旅费3 500元，公司财务部以现金补付他不足部分500元。本笔业务审核无误的记账凭证如表5-1所示。

表5-1

记账凭证

2022年1月5日　　　　凭证编号 1 号

摘要	借方		贷方		金额									记账符号
	总账账户	明细账户	总账账户	明细账户	百	十	万	千	百	十	元	角	分	
报销差旅费	管理费用	差旅费	其他应收款	宋成义				3	0	0	0	0	0	
报销差旅费	管理费用	差旅费	库存现金						5	0	0	0	0	
合计							¥	3	5	0	0	0	0	

附单据2张

会计主管 张芳　　记账　　复核 赵凯　　出纳 闫春丽　　制单 于立新

（2）13日，采购B材料400千克，单价20元，取得了增值税专用发票，发票注明价款8 000元，增值税1 040元，价税款已用银行存款支付，材料已验收入库。本笔业务审核无误的记账凭证如表5-2所示。

表5-2

记账凭证

2022年1月13日　　　　凭证编号 2 号

摘要	借方		贷方		金额									记账符号
	总账账户	明细账户	总账账户	明细账户	百	十	万	千	百	十	元	角	分	
用存款购料入库	原材料	B材料	银行存款					8	0	0	0	0	0	
用存款购料入库	应交税费	应交增值税	银行存款					1	0	4	0	0	0	
合　计							¥	9	0	4	0	0	0	

附单据3张

会计主管 张芳　　记账　　复核 赵凯　　出纳 闫春丽　　制单 于立新

（3）23日，领用B材料505千克，其中：乙产品领用B材料500千克，办公室领用B材料5千克，B材料单位成本20元。本笔业务审核无误的记账凭证如表5-3所示。

表5-3

记账凭证

2022年1月23日　　　　凭证编号 3 号

摘要	借方		贷方		金额									记账符号
	总账账户	明细账户	总账账户	明细账户	百	十	万	千	百	十	元	角	分	
领用材料	生产成本	乙产品	原材料	B材料			1	0	0	0	0	0	0	
领用材料	管理费用	材料费	原材料	B材料					1	0	0	0	0	
合　计						¥	1	0	1	0	0	0	0	

附单据1张

会计主管 张芳　　记账　　复核 赵凯　　出纳 闫春丽　　制单 于立新

（4）27日，销售乙产品5 000件，单价80元，开出的增值税专用发票写明价款400 000元，增值税52 000元，收到银行通知，全部价税款已进入公司账户，产品单位成本为50元。本笔业务审核无误的记账凭证如表5-4所示。

表5-4

记账凭证

2022年1月27日　　　　凭证编号 4 号

摘要	借方		贷方		金额									记账符号
	总账账户	明细账户	总账账户	明细账户	百	十	万	千	百	十	元	角	分	
现销乙产品	银行存款		主营业务收入			4	0	0	0	0	0	0	0	
现销乙产品	银行存款		应交税费	应交增值税			5	2	0	0	0	0	0	
合　计					¥	4	5	2	0	0	0	0	0	

附单据2张

会计主管 张芳　　记账　　复核 赵凯　　出纳 闫春丽　　制单 于立新

（5）30日，用现金支付经理办公室的办公费565元。其中，价款500元，增值税65元。本笔业务审核无误的记账凭证如表5-5所示。

表5-5

记账凭证

2022年1月30日　　　　凭证编号 5 号

摘要	借方		贷方		金额									记账符号
	总账账户	明细账户	总账账户	明细账户	百	十	万	千	百	十	元	角	分	
用现金付办公费	管理费用	办公费	库存现金						5	0	0	0	0	
用现金付办公费	应交税费	应交增值税	库存现金							6	5	0	0	
合计								¥	5	6	5	0	0	

附单据1张

会计主管 张芳　记账　复核 赵凯　出纳 闫春丽　制单 于立新

（6）30日，用银行存款偿还欠中环公司的购货款22 600元。本笔业务审核无误的记账凭证如表5-6所示。

表5-6

记账凭证

2022年1月30日　　　　凭证编号 6 号

摘要	借方		贷方		金额									记账符号
	总账账户	明细账户	总账账户	明细账户	百	十	万	千	百	十	元	角	分	
偿还所欠货款	应付账款	中环公司	银行存款				2	2	6	0	0	0	0	
合计						¥	2	2	6	0	0	0	0	

附单据1张

会计主管 张芳　记账　复核 赵凯　出纳 闫春丽　制单 于立新

（7）31日，分配本月工资费用500 000元。其中：生产人员工资350 000元，车间管理人员工资30 000元，行政管理部门人员工资50 000元，销售部门人员工资70 000元。本笔业务审核无误的记账凭证如表5-7所示。

表5-7

记账凭证

2022年1月31日　　　　凭证编号 7 号

摘要	借方		贷方		金额									记账符号
	总账账户	明细账户	总账账户	明细账户	百	十	万	千	百	十	元	角	分	
分配工资费用	生产成本	直接人工	应付职工薪酬			3	5	0	0	0	0	0	0	
分配工资费用	制造费用	人工费	应付职工薪酬				3	0	0	0	0	0	0	
分配工资费用	管理费用	人工费	应付职工薪酬				5	0	0	0	0	0	0	
分配工资费用	销售费用	人工费	应付职工薪酬				7	0	0	0	0	0	0	
合计					¥	5	0	0	0	0	0	0	0	

附单据1张

会计主管 张芳　记账　复核 赵凯　出纳 闫春丽　制单 于立新

（8）31日，公司按原定方法计提折旧8 000元，其中：生产车间5 000元，行政管理部门1 000元，销售部门2 000元。本笔业务审核无误的记账凭证如表5-8所示。

表5-8

记账凭证

2022年1月31日　　　　凭证编号 8 号

摘要	借方		贷方		金额									记账符号
	总账账户	明细账户	总账账户	明细账户	百	十	万	千	百	十	元	角	分	
计提折旧	制造费用	折旧费	累计折旧					5	0	0	0	0	0	
计提折旧	管理费用	折旧费	累计折旧					1	0	0	0	0	0	
计提折旧	销售费用	折旧费	累计折旧					2	0	0	0	0	0	
合计							¥	8	0	0	0	0	0	

附单据1张

会计主管 张芳　　记账　　复核 赵凯　　出纳 闫春丽　　制单 于立新

（9）31日，结转本月产品负担的制造费用35 000元。本笔业务审核无误的记账凭证如表5-9所示。

表5-9

记账凭证

2022年1月31日　　　　凭证编号 9 号

摘要	借方		贷方		金额									记账符号
	总账账户	明细账户	总账账户	明细账户	百	十	万	千	百	十	元	角	分	
结转制造费用	生产成本	乙产品	制造费用				3	5	0	0	0	0	0	
合计						¥	3	5	0	0	0	0	0	

附单据1张

会计主管 张芳　　记账　　复核 赵凯　　出纳 闫春丽　　制单 于立新

（10）31日，结转乙产品的销售成本250 000元。本笔业务审核无误的记账凭证如表5-10所示。

表5-10

记账凭证

2022年1月31日　　　　凭证编号 10 号

摘要	借方		贷方		金额									记账符号
	总账账户	明细账户	总账账户	明细账户	百	十	万	千	百	十	元	角	分	
结转销售成本	主营业务成本		库存商品	乙产品		2	5	0	0	0	0	0	0	
合计					¥	2	5	0	0	0	0	0	0	

附单据2张

会计主管 张芳　　记账　　复核 赵凯　　出纳 闫春丽　　制单 于立新

（11）31日，结转收益类账户的发生额到“本年利润”账户。本笔业务审核无误的记账凭证如表5-11所示。

表5-11

记账凭证

2022年1月31日　　　　凭证编号 11 号

摘　要	借　方		贷　方		金　额									记账符号
	总账账户	明细账户	总账账户	明细账户	百	十	万	千	百	十	元	角	分	
结转本月收益	主营业务收入		本年利润			4	0	0	0	0	0	0	0	
合　计					¥	4	0	0	0	0	0	0	0	

附单据1张

会计主管 张芳　　记账　　复核 赵凯　　出纳 闫春丽　　制单 于立新

（12）31日，结转费用类账户的发生额到“本年利润”账户。本笔业务审核无误的记账凭证如表5-12所示。

表5-12

记账凭证

2022年1月31日　　　　凭证编号 12 号

摘　要	借　方		贷　方		金　额									记账符号
	总账账户	明细账户	总账账户	明细账户	百	十	万	千	百	十	元	角	分	
结转本月费用	本年利润		主营业务成本			2	5	0	0	0	0	0	0	
结转本月费用	本年利润		管理费用				5	5	1	0	0	0	0	
结转本月费用	本年利润		销售费用				7	2	0	0	0	0	0	
合　计					¥	3	7	7	1	0	0	0	0	

附单据1张

会计主管 张芳　　记账　　复核 赵凯　　出纳 闫春丽　　制单 于立新

（13）31日，结转本年利润。本笔业务审核无误的记账凭证如表5-13所示。

表5-13

记账凭证

2022年1月31日　　　　凭证编号 13 号

摘　要	借　方		贷　方		金　额									记账符号
	总账账户	明细账户	总账账户	明细账户	百	十	万	千	百	十	元	角	分	
结转本年利润	本年利润		利润分配	未分配利润			2	2	9	0	0	0	0	
合　计						¥	2	2	9	0	0	0	0	

附单据1张

会计主管 张芳　　记账　　复核 赵凯　　出纳 闫春丽　　制单 于立新

典型案例5-1解析

（1）采用记账凭证会计工作流程登记总分类账，其登记结果如表5-14至表5-31所示。

表5-14

总分类账

账户名称：库存现金　　　　第1页

2022年		凭证		摘要	借方										贷方										借或贷	余额									
月	日	种类	编号		千	百	十	万	千	百	十	元	角	分	千	百	十	万	千	百	十	元	角	分		千	百	十	万	千	百	十	元	角	分
1	1			上年结转																					借					8	0	0	0	0	0
1	5	记	1	补付差旅费																5	0	0	0	0	借					7	5	0	0	0	0
1	30	记	5	购办公用品																5	6	5	0	0	借					6	9	3	5	0	0

表5-15

总分类账

账户名称：银行存款　　　　第5页

2022年		凭证		摘要	借方										贷方										借或贷	余额									
月	日	种类	编号		千	百	十	万	千	百	十	元	角	分	千	百	十	万	千	百	十	元	角	分		千	百	十	万	千	百	十	元	角	分
1	1			上年结转																					借			5	0	0	0	0	0	0	0
1	13	记	2	用存款购料															9	0	4	0	0	0	借			4	9	0	9	6	0	0	0
1	27	记	4	现销乙商品			4	5	2	0	0	0	0	0											借			9	4	2	9	6	0	0	0
1	30	记	6	偿还欠货款														2	2	6	0	0	0	0	借			9	2	0	3	6	0	0	0

表5-16

总分类账

账户名称：其他应收款　　　　第10页

2022年		凭证		摘要	借方										贷方										借或贷	余额									
月	日	种类	编号		千	百	十	万	千	百	十	元	角	分	千	百	十	万	千	百	十	元	角	分		千	百	十	万	千	百	十	元	角	分
1	1			上年结转																					借					3	0	0	0	0	0
1	5	记	1	报销差旅费															3	0	0	0	0	0	平								0		

表 5-17　　　　**总分类账**

账户名称：原材料　　　　第 15 页

2022年		凭证		摘要	借方										贷方										借或贷	余额									
月	日	种类	编号		千	百	十	万	千	百	十	元	角	分	千	百	十	万	千	百	十	元	角	分		千	百	十	万	千	百	十	元	角	分
1	1			上年结转																					借					5	0	0	0	0	0
1	13	记	2	材料入库					8	0	0	0	0	0											借				1	3	0	0	0	0	0
1	23	记	3	领用材料														1	0	1	0	0	0	0	借					2	9	0	0	0	0

表 5-18　　　　**总分类账**

账户名称：库存商品　　　　第 20 页

2022年		凭证		摘要	借方										贷方										借或贷	余额									
月	日	种类	编号		千	百	十	万	千	百	十	元	角	分	千	百	十	万	千	百	十	元	角	分		千	百	十	万	千	百	十	元	角	分
1	1			上年结转																					借			3	0	0	0	0	0	0	0
1	30	记	10	结转销售成本													2	5	0	0	0	0	0	0	借				5	0	0	0	0	0	0

表 5-19　　　　**总分类账**

账户名称：固定资产　　　　第 25 页

2022年		凭证		摘要	借方										贷方										借或贷	余额									
月	日	种类	编号		千	百	十	万	千	百	十	元	角	分	千	百	十	万	千	百	十	元	角	分		千	百	十	万	千	百	十	元	角	分
1	1			上年结转																					借		1	0	0	0	0	0	0	0	0

表 5-20 **总分类账**

账户名称：累计折旧 第 30 页

2022年		凭证		摘要	借方										贷方										借或贷	余额									
月	日	种类	编号		千	百	十	万	千	百	十	元	角	分	千	百	十	万	千	百	十	元	角	分		千	百	十	万	千	百	十	元	角	分
1	1			上年结转																					贷			1	0	0	0	0	0	0	0
1	31	记	8	计提折旧															8	0	0	0	0	0	贷			1	0	8	0	0	0	0	0

表 5-21 **总分类账**

账户名称：应付账款 第 35 页

2022年		凭证		摘要	借方										贷方										借或贷	余额									
月	日	种类	编号		千	百	十	万	千	百	十	元	角	分	千	百	十	万	千	百	十	元	角	分		千	百	十	万	千	百	十	元	角	分
1	1			上年结转																					贷				2	2	6	0	0	0	0
1	30	记	6	偿还欠货款				2	2	6	0	0	0	0											平								0		

表 5-22 **总分类账**

账户名称：应付职工薪酬 第 40 页

2022年		凭证		摘要	借方										贷方										借或贷	余额									
月	日	种类	编号		千	百	十	万	千	百	十	元	角	分	千	百	十	万	千	百	十	元	角	分		千	百	十	万	千	百	十	元	角	分
1	31	记	7	分配工资费用													5	0	0	0	0	0	0	0	贷			5	0	0	0	0	0	0	0

表 5-23　　　　**总分类账**

账户名称：应交税费　　　　第45页

2022年		凭证		摘要	借方										贷方										借或贷	余额									
月	日	种类	编号		千	百	十	万	千	百	十	元	角	分	千	百	十	万	千	百	十	元	角	分		千	百	十	万	千	百	十	元	角	分
1	13	记	2	购买材料					1	0	4	0	0	0											借					1	0	4	0	0	0
1	27	记	4	销售商品														5	2	0	0	0	0	0	贷				5	0	9	6	0	0	0
1	30	记	5	购办公用品							6	5	0	0											贷				5	0	8	9	5	0	0

表 5-24　　　　**总分类账**

账户名称：生产成本　　　　第50页

2022年		凭证		摘要	借方										贷方										借或贷	余额									
月	日	种类	编号		千	百	十	万	千	百	十	元	角	分	千	百	十	万	千	百	十	元	角	分		千	百	十	万	千	百	十	元	角	分
1	1			上年结转																					借				1	8	0	0	0	0	0
1	23	记	3	产品领料				1	0	0	0	0	0	0											借				2	8	0	0	0	0	0
1	31	记	7	分配工资费用			3	5	0	0	0	0	0	0											借			3	7	8	0	0	0	0	0
1	30	记	9	分配制造费用				3	5	0	0	0	0	0											借			4	1	3	0	0	0	0	0

表 5-25　　　　**总分类账**

账户名称：制造费用　　　　第55页

2022年		凭证		摘要	借方										贷方										借或贷	余额									
月	日	种类	编号		千	百	十	万	千	百	十	元	角	分	千	百	十	万	千	百	十	元	角	分		千	百	十	万	千	百	十	元	角	分
1	31	记	7	分配工资费用				3	0	0	0	0	0	0											借				3	0	0	0	0	0	0
1	31	记	8	计提折旧					5	0	0	0	0	0											借				3	5	0	0	0	0	0
1	31	记	9	结转制造费用														3	5	0	0	0	0	0	平								0		

表 5-26 总分类账

账户名称：主营业务收入 第60页

2022年		凭证		摘要	借方										贷方										借或贷	余额									
月	日	种类	编号		千	百	十	万	千	百	十	元	角	分	千	百	十	万	千	百	十	元	角	分		千	百	十	万	千	百	十	元	角	分
1	27	记	4	现销乙商品													4	0	0	0	0	0	0	0	贷			4	0	0	0	0	0	0	0
1	31	记	11	结转销售收入			4	0	0	0	0	0	0	0											平								0		

表 5-27 总分类账

账户名称：主营业务成本 第65页

2022年		凭证		摘要	借方										贷方										借或贷	余额									
月	日	种类	编号		千	百	十	万	千	百	十	元	角	分	千	百	十	万	千	百	十	元	角	分		千	百	十	万	千	百	十	元	角	分
1	31	记	10	结转销售成本			2	5	0	0	0	0	0	0											借			2	5	0	0	0	0	0	0
1	31	记	12	结转本期费用													2	5	0	0	0	0	0	0	平								0		

表 5-28 总分类账

账户名称：管理费用 第70页

2022年		凭证		摘要	借方										贷方										借或贷	余额									
月	日	种类	编号		千	百	十	万	千	百	十	元	角	分	千	百	十	万	千	百	十	元	角	分		千	百	十	万	千	百	十	元	角	分
1	5	记	1	报销差旅费					3	5	0	0	0	0											借					3	5	0	0	0	0
1	23	记	3	管理部门领料						1	0	0	0	0											借					3	6	0	0	0	0
1	30	记	5	购买办公用品						5	0	0	0	0											借					4	1	0	0	0	0
1	31	记	7	分配工资费用				5	0	0	0	0	0	0											借				5	4	1	0	0	0	0
1	31	记	8	计提折旧					1	0	0	0	0	0											借				5	5	1	0	0	0	0
1	31	记	12	结转本期费用														5	5	1	0	0	0	0	平								0		

表 5-29　　**总分类账**

账户名称：销售费用　　第 75 页

2022年		凭证		摘要	借方										贷方										借或贷	余额									
月	日	种类	编号		千	百	十	万	千	百	十	元	角	分	千	百	十	万	千	百	十	元	角	分		千	百	十	万	千	百	十	元	角	分
1	31	记	7	分配工资费用				7	0	0	0	0	0	0											借				7	0	0	0	0	0	0
1	31	记	8	计提折旧					2	0	0	0	0	0											借				7	2	0	0	0	0	0
1	31	记	12	结转本期费用														7	2	0	0	0	0	0	平								0		

表 5-30　　**总分类账**

账户名称：本年利润　　第 80 页

2022年		凭证		摘要	借方										贷方										借或贷	余额									
月	日	种类	编号		千	百	十	万	千	百	十	元	角	分	千	百	十	万	千	百	十	元	角	分		千	百	十	万	千	百	十	元	角	分
1	31	记	11	结转本期收益													4	0	0	0	0	0	0	0	贷			4	0	0	0	0	0	0	0
1	31	记	12	结转本期费用			3	7	7	1	0	0	0	0											贷				2	2	9	0	0	0	0
1	31	记	13	结转本年利润				2	2	9	0	0	0	0											平								0		

表 5-31　　**总分类账**

账户名称：利润分配　　第 85 页

2022年		凭证		摘要	借方										贷方										借或贷	余额									
月	日	种类	编号		千	百	十	万	千	百	十	元	角	分	千	百	十	万	千	百	十	元	角	分		千	百	十	万	千	百	十	元	角	分
1	1			上年结转																					贷			7	1	0	6	0	0	0	0
1	31	记	13	结转本年利润														2	2	9	0	0	0	0	贷			7	3	3	5	0	0	0	0

（2）采用账户汇总表会计工作流程登记总分类账。

采用账户汇总表会计工作流程登记总分类账，首先应编制账户汇总表，然后，根据账户汇总表登记总分类账，账户汇总表如表5-32所示，其总账登记结果如表5-33至表5-50所示。

表5-32 账户汇总表

2022年1月1日至31日　　账汇字第1号

会计账户	本期发生额		总账页数	记账凭证起讫号数
	借方余额	贷方余额		
库存现金		1 065		记1～记13
银行存款	452 000	31 640		
其他应收款		3 000		
原材料	8 000	10 100		
库存商品		250 000		
累计折旧		8 000		
应交税费	1 105	52 000		
应付账款	22 600			
应付职工薪酬		500 000		
生产成本	395 000			
制造费用	35 000	35 000		
主营业务收入	400 000	400 000		
主营业务成本	250 000	250 000		
管理费用	55 100	55 100		
销售费用	72 000	72 000		
本年利润	400 000	400 000		
利润分配		22 900		
合　计	2 090 805	2 090 805		

表5-33 总分类账

账户名称：库存现金　　第1页

2022年		凭证		摘要	借方										贷方										借或贷	余额									
月	日	种类	编号		千	百	十	万	千	百	十	元	角	分	千	百	十	万	千	百	十	元	角	分		千	百	十	万	千	百	十	元	角	分
1	1			上年结转																					借					8	0	0	0	0	0
1	31	账汇	1	1—31日汇总															1	0	6	5	0	0	借					6	9	3	5	0	0

表 5-34 **总分类账**

账户名称：银行存款 第 2 页

2022年		凭证		摘要	借方										贷方										借或贷	余额									
月	日	种类	编号		千	百	十	万	千	百	十	元	角	分	千	百	十	万	千	百	十	元	角	分		千	百	十	万	千	百	十	元	角	分
1	1			上年结转																					借			5	0	0	0	0	0	0	0
1	31	账汇	1	1—31日汇总			4	5	2	0	0	0	0	0				3	1	6	4	0	0	0	借			9	2	0	3	6	0	0	0

表 5-35 **总分类账**

账户名称：其他应收款 第 3 页

2022年		凭证		摘要	借方										贷方										借或贷	余额									
月	日	种类	编号		千	百	十	万	千	百	十	元	角	分	千	百	十	万	千	百	十	元	角	分		千	百	十	万	千	百	十	元	角	分
1	1			上年结转																					借					3	0	0	0	0	0
1	31	账汇	1	1—31日汇总															3	0	0	0	0	0	平								0		

表 5-36 **总分类账**

账户名称：原材料 第 4 页

2022年		凭证		摘要	借方										贷方										借或贷	余额									
月	日	种类	编号		千	百	十	万	千	百	十	元	角	分	千	百	十	万	千	百	十	元	角	分		千	百	十	万	千	百	十	元	角	分
1	1			上年结转																					借					5	0	0	0	0	0
1	31	账汇	1	1—31日汇总					8	0	0	0	0	0				1	0	1	0	0	0	0	借					2	9	0	0	0	0

表 5-37 **总分类账**

账户名称：库存商品 第 5 页

2022年		凭证		摘要	借方										贷方										借或贷	余额									
月	日	种类	编号		千	百	十	万	千	百	十	元	角	分	千	百	十	万	千	百	十	元	角	分		千	百	十	万	千	百	十	元	角	分
1	1			上年结转																					借			3	0	0	0	0	0	0	0
1	31	账汇	1	1—31日汇总													2	5	0	0	0	0	0	0	借				5	0	0	0	0	0	0

表 5-38 **总分类账**

账户名称：固定资产 第 6 页

2022年		凭证		摘要	借方										贷方										借或贷	余额									
月	日	种类	编号		千	百	十	万	千	百	十	元	角	分	千	百	十	万	千	百	十	元	角	分		千	百	十	万	千	百	十	元	角	分
1	1			上年结转																					借		1	0	0	0	0	0	0	0	0

表 5-39 **总分类账**

账户名称：累计折旧 第 7 页

2022年		凭证		摘要	借方										贷方										借或贷	余额									
月	日	种类	编号		千	百	十	万	千	百	十	元	角	分	千	百	十	万	千	百	十	元	角	分		千	百	十	万	千	百	十	元	角	分
1	1			上年结转																					贷			1	0	0	0	0	0	0	0
1	31	账汇	1	1—31日汇总															8	0	0	0	0	0	贷			1	0	8	0	0	0	0	0

表 5-40 **总分类账**

账户名称：应付账款　　　　　　　　　　　　　　　　　　第 8 页

2022年		凭证		摘要	借方										贷方										借或贷	余额									
月	日	种类	编号		千	百	十	万	千	百	十	元	角	分	千	百	十	万	千	百	十	元	角	分		千	百	十	万	千	百	十	元	角	分
1	1			上年结转																					贷				2	2	6	0	0	0	0
1	31	账汇	1	1—31日汇总				2	2	6	0	0	0	0											平								0		

表 5-41 **总分类账**

账户名称：应付职工薪酬　　　　　　　　　　　　　　　　第 9 页

2022年		凭证		摘要	借方										贷方										借或贷	余额									
月	日	种类	编号		千	百	十	万	千	百	十	元	角	分	千	百	十	万	千	百	十	元	角	分		千	百	十	万	千	百	十	元	角	分
1	31	账汇	1	1—31日汇总													5	0	0	0	0	0	0	0	贷			5	0	0	0	0	0	0	0

表 5-42 **总分类账**

账户名称：应交税费　　　　　　　　　　　　　　　　　　第 10 页

2022年		凭证		摘要	借方										贷方										借或贷	余额									
月	日	种类	编号		千	百	十	万	千	百	十	元	角	分	千	百	十	万	千	百	十	元	角	分		千	百	十	万	千	百	十	元	角	分
1	31	账汇	1	1—31日汇总					1	1	0	5	0	0				5	2	0	0	0	0	0	贷				5	0	8	9	5	0	0

表 5-43　　　**总分类账**

账户名称：生产成本　　　　第11页

2022年		凭证		摘要	借方										贷方										借或贷	余额									
月	日	种类	编号		千	百	十	万	千	百	十	元	角	分	千	百	十	万	千	百	十	元	角	分		千	百	十	万	千	百	十	元	角	分
1	1			上年结转																					借				1	8	0	0	0	0	0
1	31	账汇	1	1—31日汇总			3	9	5	0	0	0	0	0											借			4	1	3	0	0	0	0	0

表 5-44　　　**总分类账**

账户名称：制造费用　　　　第12页

2022年		凭证		摘要	借方										贷方										借或贷	余额									
月	日	种类	编号		千	百	十	万	千	百	十	元	角	分	千	百	十	万	千	百	十	元	角	分		千	百	十	万	千	百	十	元	角	分
1	31	账汇	1	1—31日汇总				3	5	0	0	0	0	0				3	5	0	0	0	0	0	平								0		

表 5-45　　　**总分类账**

账户名称：主营业务收入　　　　第13页

2022年		凭证		摘要	借方										贷方										借或贷	余额									
月	日	种类	编号		千	百	十	万	千	百	十	元	角	分	千	百	十	万	千	百	十	元	角	分		千	百	十	万	千	百	十	元	角	分
1	31	账汇	1	1—31日汇总			4	0	0	0	0	0	0	0			4	0	0	0	0	0	0	0	平								0		

表 5-46　　　　**总分类账**

账户名称：主营业务成本　　　　第 14 页

2022年		凭证		摘要	借方										贷方										借或贷	余额									
月	日	种类	编号		千	百	十	万	千	百	十	元	角	分	千	百	十	万	千	百	十	元	角	分		千	百	十	万	千	百	十	元	角	分
1	31	账汇	1	1—31日汇总			2	5	0	0	0	0	0	0			2	5	0	0	0	0	0	0	平								0		

表 5-47　　　　**总分类账**

账户名称：管理费用　　　　第 15 页

2022年		凭证		摘要	借方										贷方										借或贷	余额									
月	日	种类	编号		千	百	十	万	千	百	十	元	角	分	千	百	十	万	千	百	十	元	角	分		千	百	十	万	千	百	十	元	角	分
1	31	账汇	1	1—31日汇总				5	5	1	0	0	0	0				5	5	1	0	0	0	0	平								0		

表 5-48　　　　**总分类账**

账户名称：销售费用　　　　第 16 页

2022年		凭证		摘要	借方										贷方										借或贷	余额									
月	日	种类	编号		千	百	十	万	千	百	十	元	角	分	千	百	十	万	千	百	十	元	角	分		千	百	十	万	千	百	十	元	角	分
1	31	账汇	1	1—31日汇总				7	2	0	0	0	0	0				7	2	0	0	0	0	0	平								0		

表 5-49　　　　总分类账

账户名称：本年利润　　　　第 17 页

2022年		凭证		摘要	借方										贷方										借或贷	余额									
月	日	种类	编号		千	百	十	万	千	百	十	元	角	分	千	百	十	万	千	百	十	元	角	分		千	百	十	万	千	百	十	元	角	分
1	31	账汇	1	1—31日汇总			4	0	0	0	0	0	0	0			4	0	0	0	0	0	0	0	平								0		

表 5-50　　　　总分类账

账户名称：利润分配　　　　第 18 页

2022年		凭证		摘要	借方										贷方										借或贷	余额									
月	日	种类	编号		千	百	十	万	千	百	十	元	角	分	千	百	十	万	千	百	十	元	角	分		千	百	十	万	千	百	十	元	角	分
1	1			上年结转																					贷			7	1	0	6	0	0	0	0
1	31	账汇	1	1—31日汇总														2	2	9	0	0	0	0	贷			7	3	3	5	0	0	0	0

（二）日记账的登记方法

1.库存现金日记账的登记方法

库存现金日记账是由出纳人员根据现金收款凭证、现金付款凭证和银行存款付款凭证，按经济业务发生的先后顺序，逐日逐笔进行登记的账簿。其登记方法如下：

（1）日期栏。日期栏按所依据记账凭证的日期填写，应与实际收付现金的日期一致。

（2）凭证号栏。凭证号栏按所依据记账凭证的种类和编号填写，如“现金收（付）款凭证×号”“银行存款收（付）款凭证×号”，一般简写为“现收（付）×号”或“银收（付）×号”。如果单位使用的是通用记账凭证，则只需填写凭证号。此栏的作用在于方便以后查账与对账。

（3）摘要栏。摘要是对登记入账经济业务事项内容的简要说明，一般与记账凭证的摘要相同，也可以适当调整。

（4）对应账户栏。此栏填写的是对方账户名称，如果库存现金增加，那么，对方账户名称就是贷方账户名称；如果库存现金减少，则对方账户名称就是借方账户名称。

（5）借（收）、贷（付）栏。此栏填写的是现金实际收款或付款的金额。

（6）余额栏。每日终了，要分别计算现金收入和付出的合计数，结出余额，并填在余额栏内。

2. 银行存款日记账的登记方法

银行存款日记账是由出纳人员根据银行存款收款凭证、银行存款付款凭证和现金付款凭证，按经济业务发生的先后顺序，逐日逐笔进行登记的账簿。其登记方法与库存现金日记账类似，这里不再赘述。

典型案例5-2

鸿浩公司至2022年1月末现金累计收入19 500元，累计支出17 500元，结余2 000元。2月份发生如下经济业务：6日，签发现金支票一张，从银行提取现金6 000元备用；6日，以现金购买总经理办公室的办公用品，其中，价款300元，增值税39元。13日，职工刘丽丽计划赴哈尔滨参加会议，借支差旅费1 000元，以现金支付；27日，收到职工张丽莉缴纳的违章罚款100元。（会计凭证略）

要求：根据上述资料登记库存现金日记账。

典型案例5-2解析

根据资料中的业务事项登记的库存现金日记账如表5-51所示。

表5-51 库存现金日记账

2022年		凭证		摘要	对应账户	借方									√	贷方									√	余额								
月	日	种类	编号			百	十	万	千	百	十	元	角	分		百	十	万	千	百	十	元	角	分		百	十	万	千	百	十	元	角	分
1	31			上年结转				1	9	5	0	0	0	0				1	7	5	0	0	0	0					2	0	0	0	0	0
2	6	银付	1	提现	银行存款				6	0	0	0	0	0															8	0	0	0	0	0
2	6	现付	1	购办公用品	管理费用 应交税费															3	3	9	0	0					7	6	6	1	0	0
2	13	现付	2	预付差旅费	其他应收款														1	0	0	0	0	0					6	6	6	1	0	0
2	27	现收	1	收到职工罚款	营业外收入					1	0	0	0	0															6	7	6	1	0	0

（三）明细账的登记方法

1. 三栏式明细账的登记方法

（1）日期栏。日期栏按登记账簿时所依据记账凭证的日期填写。

（2）凭证栏。凭证栏按所依据的记账凭证的种类和编号填写。

（3）摘要栏。摘要是对登记入账的经济业务内容的简要说明，一般与记账凭证的摘要相同，也可以适当调整。

（4）借、贷栏。借、贷栏填写的是某账户实际发生的增、减金额。

（5）余额栏。余额栏填写的数额，须根据期初余额、本期借方发生额、本期贷方发生额和期末余额四者关系计算而得到。

2.数量金额式明细账的登记方法

（1）日期栏。日期栏按登记账簿时所依据记账凭证的日期填写。

（2）凭证栏。凭证栏按登记账簿时所依据记账凭证的种类和编号填写。

（3）摘要栏。摘要是对登记入账的经济业务内容的简要说明，一般与记账凭证的摘要相同，也可以适当调整。

（4）收入、发出、结存栏。收入、发出、结存栏分别填写某存货类账户实际收入、发出、结存存货的数量、单价和金额。

3.多栏式明细账的登记方法

多栏式明细账是根据经济业务特点和经营管理需要，在一张账页内按有关明细账户或明细项目分设若干专栏，用以在同一张账页上集中反映各有关明细账户或明细项目核算资料的账簿。按照明细账记录经济业务不同，多栏式明细账又分为借方多栏、贷方多栏和借方、贷方均为多栏三种格式。

（1）日期栏。日期栏按登记账簿时所依据记账凭证的日期填写。

（2）凭证栏。凭证栏按登记账簿时所依据记账凭证的种类和编号填写。

（3）摘要栏。摘要是对登记入账的经济业务内容的简要说明，一般与记账凭证的摘要相同，也可以适当调整。

（4）借、贷栏。借、贷栏登记的是费用、成本、收入等的发生额。借方多栏式明细账在借方登记平时发生的费用、成本，贷方登记月末转出的借方发生额，如果账页只有借方栏，没有贷方栏，有贷方发生额时，用红字在借方栏中登记。贷方多栏式明细账在贷方登记平时发生的收入、收益，借方登记月末转出的贷方发生额，如果账页只有贷方栏，没有借方栏，有借方发生额时，用红字在贷方栏中登记。借方、贷方均为多栏式明细账，例如，“本年利润”和“应交税费——应交增值税”等账户，发生额该记哪方就记哪方。

典型案例5-3

众鑫公司2022年1月初有关账户余额为：“原材料——乙材料”5 000元（数量为500千克，单价10元）。1月份发生的相关经济业务如下。

（1）6日，签发一张面值为3 000元的现金支票，预付张福利差旅费。

（2）13日，管理部门购买办公用品支付现金113元，其中，价款100元，增值税13元。

（3）20日，张福利报销差旅费2 000元，余款退回。

（4）25日，采购乙材料300千克，单价10元，取得了增值税专用发票，发票注明价款3 000元，增值税390元，价税款已用银行存款支付，材料已经验收入库。

（5）31日，总经理办公室领用乙材料5千克，单价10元。（会计凭证略）

要求：登记“其他应收款——张福利”和“原材料——乙材料”两个明细账。

典型案例5-3解析

“其他应收款”明细账和“原材料——乙材料”明细账的登记结果如表5-52、表5-53所示。

表5-52　**其他应收款明细账**

账户名称：张福利

2022年		凭证		摘要	借方										贷方										借或贷	余额									
月	日	种类	编号		千	百	十	万	千	百	十	元	角	分	千	百	十	万	千	百	十	元	角	分		千	百	十	万	千	百	十	元	角	分
1	6	记	1	预付差旅费					3	0	0	0	0	0											借					3	0	0	0	0	0
	20	记	3	报销差旅费															3	0	0	0	0	0	平								0		

表5-53　**原材料明细账**

材料名称：乙材料　　　　计量单位：千克

2022年		凭证		摘要	收入										发出										结存									
					数量	单价	金额								数量	单价	金额								数量	单价	金额							
月	日	种类	编号				十	万	千	百	十	元	角	分			十	万	千	百	十	元	角	分			十	万	千	百	十	元	角	分
1	1			上年结转																					500	10			5	0	0	0	0	0
	25	记	4	材料入库	300	10			3	0	0	0	0	0											800	10			8	0	0	0	0	0
	31	记	5	管理领料											5	10					5	0	0	0	795	10			7	9	5	0	0	0

（四）备查账簿的登记方法

备查账是对那些在序时账簿和分类账簿等主要账簿中无法登记或记载不全的经济业务进行补充登记的账簿。备查账的登记不需要记账凭证，甚至不需要一般意义上的原始凭证。由于备查记录内容不尽相同，因此，备查账没有固定格式。

备查账登记不以金额为主要内容，在登记方法上，更注重用文字来记录某项经济业务的发生情况。例如，经营租入固定资产。虽然固定资产不属于租入方，但该固定资产存放在租入方，并且由租入方使用，发生损坏、丢失等损失均应由租入方承担，因此，租入方要设置经营租入固定资产备查登记簿，即备查账，登记出租单位、设备名称、规格、编号、设备原值、净值、租用时间、月份或年度租金数额、租金支付方式、租用期间修理或改造的有关规定，以及损坏赔偿规定、期满退租方式及退租时间等重要信息。租入固定资产登记簿的格式如表5-54所示。

表 5-54　　租入固定资产登记簿

名称及规格	租约	租出单位	租入时间	租金	使用单位		归还时间
					时间	部门	

任务案例1解析：登记总账

1. 在采用记账凭证会计工作流程（这里称为逐笔登记）情况下，应收账款总账和主营业务收入总账的登记过程及结果如图5-1至图5-4所示。

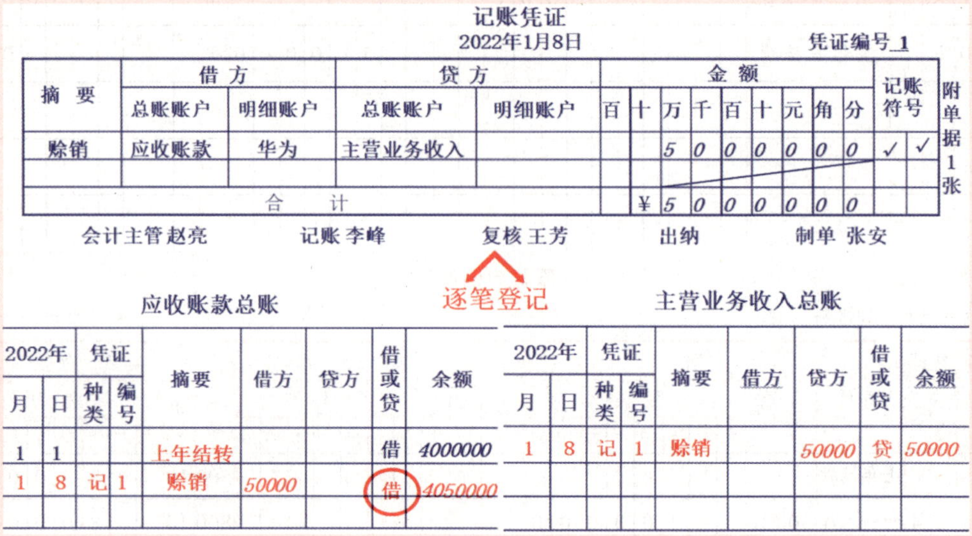

记账凭证

2022年1月8日　　凭证编号 1

摘要	借方总账账户	借方明细账户	贷方总账账户	贷方明细账户	百	十	万	千	百	十	元	角	分	记账符号	
赊销	应收账款	华为	主营业务收入				5	0	0	0	0	0	0	✓	✓
合计						¥	5	0	0	0	0	0	0		

附单据1张

会计主管 赵亮　记账 李峰　复核 王芳　出纳　制单 张安

应收账款总账

2022年 月	日	凭证 种类	编号	摘要	借方	贷方	借或贷	余额
1	1			上年结转			借	4000000
1	8	记	1	赊销	50000		借	4050000

主营业务收入总账

2022年 月	日	凭证 种类	编号	摘要	借方	贷方	借或贷	余额
1	8	记	1	赊销		50000	贷	50000

图 5-1　应收账款总账和主营业务收入总账中第一笔业务登记结果

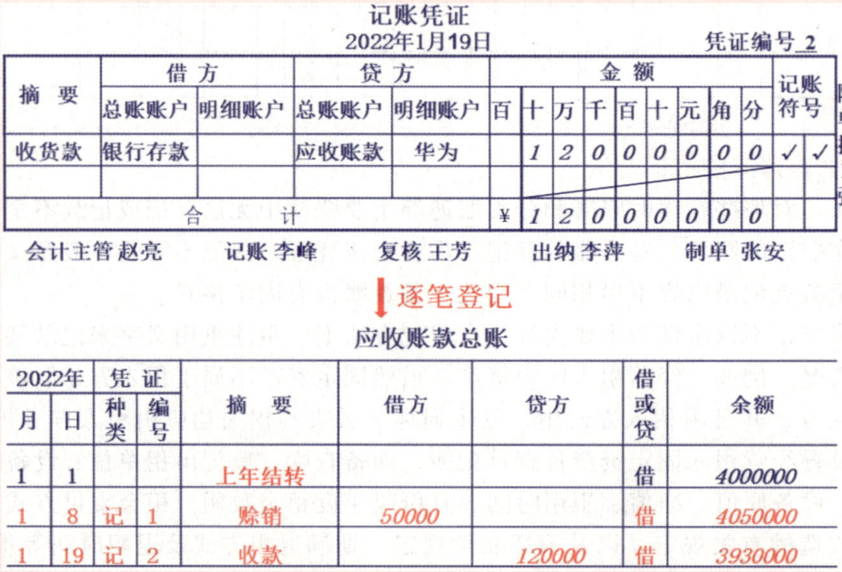

记账凭证

2022年1月19日　　凭证编号 2

摘要	借方总账账户	借方明细账户	贷方总账账户	贷方明细账户	百	十	万	千	百	十	元	角	分	记账符号	
收货款	银行存款		应收账款	华为		1	2	0	0	0	0	0	0	✓	✓
合计					¥	1	2	0	0	0	0	0	0		

附单据1张

会计主管 赵亮　记账 李峰　复核 王芳　出纳 李萍　制单 张安

应收账款总账

2022年 月	日	凭证 种类	编号	摘要	借方	贷方	借或贷	余额
1	1			上年结转			借	4000000
1	8	记	1	赊销	50000		借	4050000
1	19	记	2	收款		120000	借	3930000

图 5-2　应收账款总账中第二笔业务登记结果

应收账款总账

2022年		凭证号	摘　要	借　方	贷　方	借或贷	余　额
月	日						
1	1		上年结转			借	4000000
1	8	1	赊销	50000		借	4050000
1	19	2	收回货款		120000	借	3930000
1	23	3	收回货款		300000	借	3630000

图 5-3　应收账款总账中第三笔业务登记结果

主营业务收入总账

2022年		凭证号	摘要	借方	贷方	借或贷	余额
月	日						
1	8	1	赊销		50000	贷	50000
1	26	4	销售商品		60000	贷	110000

图 5-4　主营业务收入总账中第二笔业务登记结果

2. 在采用账户汇总表会计工作流程（这里称为汇总登记）情况下，应收账款总账和主营业务收入总账的登记过程及结果如下：

（1）编制账户汇总表，如图 5-5 所示。

账户汇总表

2022年1月1日—31日

账户名称	借　方	贷　方
应收账款	50000	420000
主营业务收入		110000
…		

图 5-5　账户汇总表

（2）根据账户汇总表登记应收账款总账，如图 5-6 所示。

（3）根据账户汇总表登记主营业务收入总账，如图 5-7 所示。

（4）逐笔登记总账和汇总登记总账对比，如图 5-8 和图 5-9 所示。

账户汇总表

2022年1月1日-31日

账户名称	借 方	贷 方
应收账款	50000	420000
主营业务收入		110000
…		

应收账款总账

2022年		凭证号	摘 要	借 方	贷 方	借或贷	余 额
月	日						
1	1		上年结转			借	4000000
1	31		1-31日汇总	50000	420000	借	3630000

图 5-6 根据账户汇总表登记应收账款总账

账户汇总表

2022年1月1日-31日

账户名称	借 方	贷 方
应收账款	50000	420000
主营业务收入		110000
…		

主营业务收入总账

2022年		凭证号	摘 要	借 方	贷 方	借或贷	余 额
月	日						
1	31		1-31日汇总		110000	贷	110000

图 5-7 根据账户汇总表登记主营业务收入总账

逐笔登记

应收账款总账

2022年		凭证		摘 要	借方	贷方	借或贷	余额
月	日	种类	编号					
1	1			上年结转			借	4000000
1	8	记	1	赊销	50000		借	4050000
	9	记	2	收款		120000	借	3930000
1	23	记	3	收款		300000	借	3630000

汇总登记

应收账款总账

2022年		凭证		摘 要	借方	贷方	借或贷	余额
月	日	种类	编号					
1	1			上年结转			借	4000000
1	31			1-31日汇总	50000	420000	借	3630000

图 5-8 应收账款总账逐笔登记和汇总登记的对比

逐笔登记							
主营业务收入总账							
2022年 月	日	凭证号	摘要	借方	贷方	借或贷	余额
1	8	1	赊销		50000	贷	50000
1	26	4	销售商品		60000	贷	110000

汇总登记							
主营业务收入总账							
2022年 月	日	凭证号	摘要	借方	贷方	借或贷	余额
1	31		1-31日汇总		110000	贷	110000

图5-9　主营业务收入总账逐笔登记和汇总登记的对比

任务案例2解析：登记银行存款日记账

银行存款日记账登记的过程及结果如图5-10至图5-12所示。

记账凭证

2022年1月5日　　凭证编号 1

摘要	借方 总账账户	借方 明细账户	贷方 总账账户	贷方 明细账户	百	十	万	千	百	十	元	角	分	记账符号	
提取现金	库存现金		银行存款				2	0	0	0	0	0	0	√	√
合计						¥	2	0	0	0	0	0	0		

附单据1张

会计主管 王丽　记账 李娟　复核 杨帆　出纳 张萍　制单 赵亮

银行存款日记账

2022年 月	日	凭证 种类	凭证 编号	摘要	对应账户	借方	贷方	核对号	余额
1	1			上年结转					1000000
1	5	记	1	提现	库存现金		20000		980000

图5-10　银行存款日记账中第一笔业务登记结果

记账凭证

2022年1月5日　　凭证编号 2

摘要	借方 总账账户	借方 明细账户	贷方 总账账户	贷方 明细账户	百	十	万	千	百	十	元	角	分	记账符号
借款	银行存款		短期借款			1	0	0	0	0	0	0	0	√
合计					¥	1	0	0	0	0	0	0	0	

附单据1张

会计主管 王丽　记账 李娟　复核 杨帆　出纳 张萍　制单 赵亮

银行存款日记账

2022年 月	日	凭证 种类	凭证 编号	摘要	对应账户	借方	贷方	核对号	余额
1	1			上年结转					1000000
1	5	记	1	提现	库存现金		−20000		
1	5	记	2	借款	短期借款	+100000			1080000

图5-11　银行存款日记账中第二笔业务登记结果

记账凭证

2022年1月7日　　凭证编号 3

摘要	借方		贷方		金额									记账符号
	总账账户	明细账户	总账账户	明细账户	百	十	万	千	百	十	元	角	分	
销售商品	银行存款		主营业务收入				5	0	0	0	0	0	0	√
合计						¥	5	0	0	0	0	0	0	

附单据1张

会计主管 王丽　记账李娟　复核杨帆　出纳张萍　制单 赵亮

银行存款日记账

2022年		凭证		摘要	对应账户	借方	贷方	核对号	余额
月	日	种类	编号						
1	1			上年结转					1000000
1	5	记	1	提现	库存现金		20000		
1	5	记	2	借款	短期借款	100000			1080000
1	7	记	3	销售商品	主营业务收入	+ 50000			1130000

图5-12　银行存款日记账中第三笔业务登记结果

任务案例3解析：登记明细账

各明细账登记的过程及结果如图5-13至图5-25所示。

记账凭证

2022年1月8日　　凭证编号 1

摘要	借方		贷方		金额									记账符号
	总账账户	明细账户	总账账户	明细账户	百	十	万	千	百	十	元	角	分	
赊销	应收账款	华为	主营业务收入	A商品			5	0	0	0	0	0	0	✓
合计						¥	5	0	0	0	0	0	0	

附单据1张

会计主管王超　记账 李峰　复核 赵颖　出纳　制单 宋婷

应收账款——华为公司明细账

2022年		凭证		摘要	借方	贷方	借或贷	余额
月	日	种类	编号					
1	1			上年结转			借	1000000
1	8	记	1	赊销	50000		借	1050000

图5-13　应收账款——华为公司明细账中第一笔业务登记结果

记账凭证

2022年1月19日　　　　　　　　凭证编号 2

摘要	借方		贷方		金额									记账符号		附单据1张
	总账账户	明细账户	总账账户	明细账户	百	十	万	千	百	十	元	角	分			
收回货款	银行存款		应收账款	华为		1	2	0	0	0	0	0	0	√	√	
合　计					¥	1	2	0	0	0	0	0	0			

会计主管 王超　　记账 李峰　　复核 赵颖　　出纳 肖旭　　制单 宋婷

应收账款——华为公司 明细账

2022年 月	日	凭证 种类	编号	摘要	借方	贷方	借或贷	余额
1	1			上年结转			借	1000000
1	8	记	1	赊销	50000		借	1050000
1	19	记	2	收回货款		120000	借	930000

图 5-14　应收账款——华为公司明细账中第二笔业务登记结果

记账凭证

2022年1月23日　　　　　　　　凭证编号 3

摘要	借方		贷方		金额									记账符号		附单据1张
	总账账户	明细账户	总账账户	明细账户	百	十	万	千	百	十	元	角	分			
收回货款	银行存款		应收账款	小米		3	0	0	0	0	0	0	0	√	√	
合　计					¥	3	0	0	0	0	0	0	0			

会计主管 王超　　记账 李峰　　复核 赵颖　　出纳 肖旭　　制单 宋婷

应收账款——小米公司明细账

2022年 月	日	凭证 种类	编号	摘要	借方	贷方	借或贷	余额
1	1			上年结转			借	3000000
1	23	记	3	收回货款		300000	借	2700000

图 5-15　应收账款——小米公司明细账中第一笔业务登记结果

记账凭证

2022年1月8日　　　　凭证编号 1

摘要	借方		贷方		金额									记账符号		
	总账账户	明细账户	总账账户	明细账户	百	十	万	千	百	十	元	角	分			
赊销	应收账款	华为	主营业务收入	A商品			5	0	0	0	0	0	0	√	√	附单据1张
合计						¥	5	0	0	0	0	0	0			

会计主管 王超　　记账 李峰　　复核 赵颖　　出纳　　制单 宋婷

主营业务收入明细账

2022年		凭证号	摘要	借方	贷方		
月	日				A商品	B商品	C商品
1	8	1	赊销		50000		

图5-16　主营业务收入明细账中第一笔业务登记结果

记账凭证

2022年1月26日　　　　凭证编号 4

摘要	借方		贷方		金额									记账符号		
	总账账户	明细账户	总账账户	明细账户	百	十	万	千	百	十	元	角	分			
销售商品	银行存款		主营业务收入	B商品			6	0	0	0	0	0	0	✓	✓	附单据1张
合计						¥	6	0	0	0	0	0	0			

会计主管 王超　　记账 李峰　　复核 赵颖　　出纳 肖旭　　制单 宋婷

主营业务收入明细账

2022年		凭证号	摘要	借方	贷方		
月	日				A商品	B商品	C商品
1	8	1	赊销		50000		
1	26	4	销售商品			60000	

图5-17　主营业务收入明细账中第二笔业务登记结果

记账凭证

2022年1月31日　　　　凭证编号 $9\frac{1}{2}$

摘要	借方		贷方		金额									记账符号	附单据
	总账账户	明细账户	总账账户	明细账户	百	十	万	千	百	十	元	角	分		
结转损益	主营业务收入		本年利润			1	1	0	0	0	0	0	0	√	
合计					¥	1	1	0	0	0	0	0	0		张

会计主管 王超　记账 李峰　复核 赵颖　出纳　制单 宋婷

主营业务收入明细账

2022年		凭证号	摘要	借方	贷方		
月	日				A商品	B商品	C商品
1	8	1	赊销		50000		
1	26	4	销售商品			60000	
1	31	$9\frac{1}{2}$	结转损益	110000			

图5-18　主营业务收入明细账中第三笔业务登记结果（有借方和贷方栏）

记账凭证

2022年1月31日　　　　凭证编号 $9\frac{1}{2}$

摘要	借方		贷方		金额									记账符号	附单据
	总账账户	明细账户	总账账户	明细账户	百	十	万	千	百	十	元	角	分		
结转损益	主营业务收入		本年利润			1	1	0	0	0	0	0	0	√	
合计					¥	1	1	0	0	0	0	0	0		张

会计主管 王超　记账 李峰　复核 赵颖　出纳　制单 宋婷

只有贷方栏

主营业务收入明细账

2022年		凭证号	摘要	A商品	B商品	C商品
月	日					
1	8	1	赊销	50000		
1	26	4	销售商品		60000	
1	31	$9\frac{1}{2}$	结转损益	50000	60000	

图5-19　主营业务收入明细账中第三笔业务登记结果（只有贷方栏）

记账凭证

2022年1月31日　　　　凭证编号 7

摘要	借方		贷方		金额									记账符号
	总账账户	明细账户	总账账户	明细账户	百	十	万	千	百	十	元	角	分	
计提折旧	管理费用	折旧费	累计折旧				3	0	0	0	0	0	0	√
合计						¥	3	0	0	0	0	0	0	

附单据1张

会计主管 王超　记账 李峰　复核 赵颖　出纳　制单 宋婷

管理费用明细账

2022年		凭证号	摘要	借方					贷方
月	日			人工费	办公费	折旧费	差旅费	其他	
1	31	7	计提折旧			30000			

图5-20　管理费用明细账中第一笔业务登记结果

记账凭证

2022年1月31日　　　　凭证编号 8

摘要	借方		贷方		金额									记账符号
	总账账户	明细账户	总账账户	明细账户	百	十	万	千	百	十	元	角	分	
分配工资	管理费用	人工费	应付职工薪酬				6	0	0	0	0	0	0	√
分配工资	生产成本	A产品	应付职工薪酬				4	0	0	0	0	0	0	
合计					¥	1	0	0	0	0	0	0	0	

附单据1张

会计主管 王超　记账 李峰　复核 赵颖　出纳　制单 宋婷

管理费用明细账

2022年		凭证号	摘要	借方					贷方
月	日			人工费	办公费	折旧费	差旅费	其他	
1	31	7	计提折旧			30000			
1	31	8	分配工资	60000					

图5-21　管理费用明细账中第二笔业务登记结果

记账凭证

2022年1月31日　　　　凭证编号 $9\frac{2}{2}$

摘要	借方 总账账户	借方 明细账户	贷方 总账账户	贷方 明细账户	百	十	万	千	百	十	元	角	分	记账符号	
结转损益	本年利润		管理费用				9	0	0	0	0	0	0	√	√
合　　计						¥	9	0	0	0	0	0	0		

附单据　张

会计主管 王超　　记账 李峰　　复核 赵颖　　出纳　　制单 宋婷

管理费用明细账

2022年 月	日	凭证号	摘要	借方 人工费	借方 办公费	借方 折旧费	借方 差旅费	借方 其他	贷方
1	31	7	计提折旧			30000			
1	31	8	分配工资	60000					
1	31	$9\frac{2}{2}$	结转损益						90000

图5-22　管理费用明细账中第三笔业务登记结果（有借方和贷方栏）

记账凭证

2022年1月31日　　　　凭证编号 $9\frac{2}{2}$

摘要	借方 总账账户	借方 明细账户	贷方 总账账户	贷方 明细账户	百	十	万	千	百	十	元	角	分	记账符号	
结转损益	本年利润		管理费用				9	0	0	0	0	0	0	√	√
合　　计						¥	9	0	0	0	0	0	0		

附单据　张

会计主管 王超　　记账 李峰　　复核 赵颖　　出纳　　制单 宋婷

管理费用明细账

只有借方栏

2022年 月	日	凭证号	摘要	人工费	办公费	折旧费	差旅费	其他
1	31	7	计提折旧			30000		
1	31	8	分配工资	60000				
1	31	$9\frac{2}{2}$	结转损益	60000		30000		

图5-23　管理费用明细账中第三笔业务登记结果（只有借方栏）

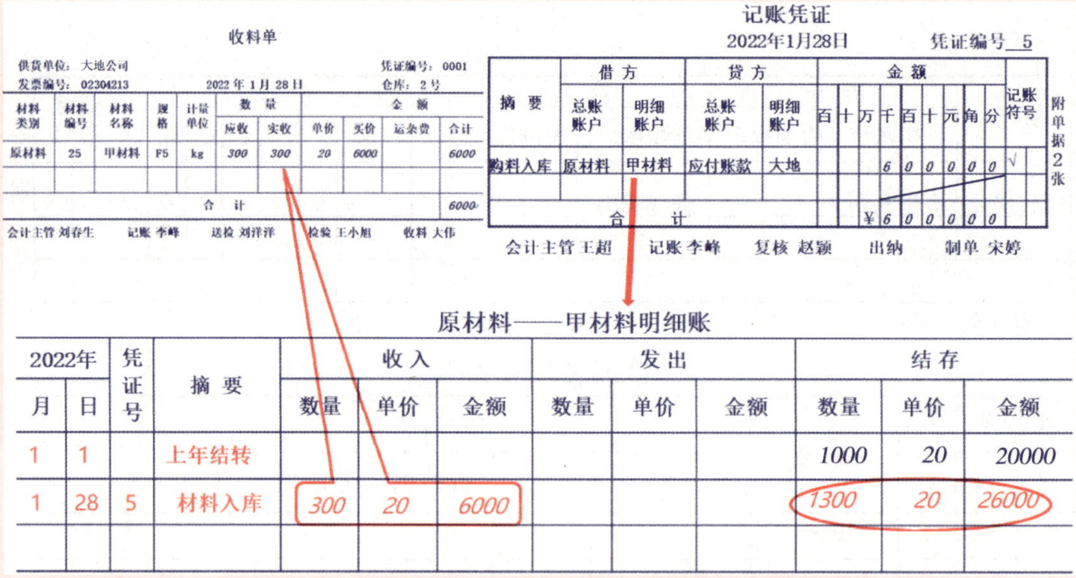

收料单

供货单位：大地公司　　凭证编号：0001

发票编号：02304213　　2022 年 1 月 28 日　　仓库：2 号

材料类别	材料编号	材料名称	规格	计量单位	数量		金额			
					应收	实收	单价	买价	运杂费	合计
原材料	25	甲材料	F5	kg	300	300	20	6000		6000
合计										6000

会计主管 刘春生　记账 李峰　送检 刘洋洋　检验 王小旭　收料 大伟

记账凭证

2022年1月28日　　凭证编号 5

摘要	借方		贷方		金额									记账符号	
	总账账户	明细账户	总账账户	明细账户	百	十	万	千	百	十	元	角	分		
购料入库	原材料	甲材料	应付账款	大地				6	0	0	0	0	0	√	
合计							¥	6	0	0	0	0	0		

附单据 2 张

会计主管 王超　记账 李峰　复核 赵颖　出纳　制单 宋婷

原材料——甲材料明细账

2022年		凭证号	摘要	收入			发出			结存		
月	日			数量	单价	金额	数量	单价	金额	数量	单价	金额
1	1		上年结转							1000	20	20000
1	28	5	材料入库	300	20	6000				1300	20	26000

图 5-24　原材料——甲材料明细账中第一笔业务登记结果

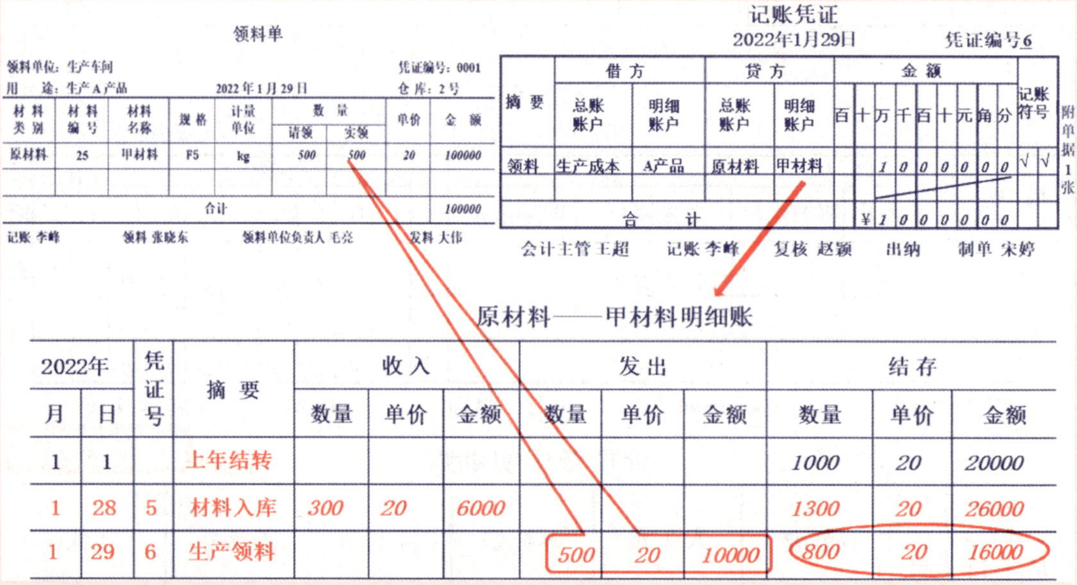

领料单

领料单位：生产车间　　凭证编号：0001

用　途：生产 A 产品　　2022 年 1 月 29 日　　仓 库：2 号

材料类别	材料编号	材料名称	规格	计量单位	数量		单价	金额
					请领	实领		
原材料	25	甲材料	F5	kg	500	500	20	100000
合计								100000

记账 李峰　领料 张晓东　领料单位负责人 毛亮　发料 大伟

记账凭证

2022年1月29日　　凭证编号 6

摘要	借方		贷方		金额									记账符号	
	总账账户	明细账户	总账账户	明细账户	百	十	万	千	百	十	元	角	分		
领料	生产成本	A产品	原材料	甲材料			1	0	0	0	0	0	0	√	√
合计						¥	1	0	0	0	0	0	0		

附单据 1 张

会计主管 王超　记账 李峰　复核 赵颖　出纳　制单 宋婷

原材料——甲材料明细账

2022年		凭证号	摘要	收入			发出			结存		
月	日			数量	单价	金额	数量	单价	金额	数量	单价	金额
1	1		上年结转							1000	20	20000
1	28	5	材料入库	300	20	6000				1300	20	26000
1	29	6	生产领料				500	20	10000	800	20	16000

图 5-25　原材料——甲材料明细账中第二笔业务登记结果

星火小讲堂
5-1

任务二　对账

【任务目标】

- 明晰对账的意义和内容
- 掌握对账的方法
- 能够熟练编制银行存款余额调节表和平衡试算表
- 提高责任意识，做到严肃认真不马虎
- 树立正确的价值观和利益观，做到利益面前不动摇

【任务案例】

案例1：天地公司2022年1月31日进行对账：

（1）1月5日，从银行提取现金20 000元备用。

（2）1月8日，销售给华为公司A商品，售价50 000元，款未收到（不考虑相关税费）。

（3）1月28日，购入甲材料300千克，单价20元，已验收入库，款未付。

要求：对上述业务的会计凭证与所登记的银行存款日记账、主营业务收入总账和原材料明细账进行核对。

案例2：鸿雁公司2022年1月1日银行存款余额为1 000 000元，“应收账款——华为公司”余额为100 000元，“应收账款——小米公司”余额为300 000元。1月份发生如下经济业务：

（1）1月5日，从银行提取现金20 000元备用。

（2）1月5日，从银行借入3个月到期的借款100 000元存入银行。

（3）1月7日，销售给华为公司A商品，售价50 000元，款未收到（不考虑相关税费）。

（4）1月19日，收到华为公司还回的赊销款120 000元，存入银行。

（5）1月23日，收回小米公司所欠的货款300 000元，存入银行。

要求：进行总账与总账、应收账款总账和明细账、银行存款总账和日记账的核对。

案例3：银河公司在2022年1月31日清点银行存款发现，银行存款日记账和银行对账单期末余额不相等，银行存款日记账余额332 920元，银行对账单余额583 000元，具体资料如表5-55和表5-56所示。

表5-55　　银行存款日记账

摘　要	结算凭证		借　方	贷　方	余　额
	种类	号数			
上年结转					280 000
付购料款	银行汇票	011		140 000	140 000
支付运费	转　支	022		1 000	139 000
收销货款	电　汇	230	335 000		474 000
付购料款	电　汇	324		10 500	463 500
收销货款	银行本票	126	150 000		613 500
支付电费	信　汇	190		105 000	508 500
支付料款	电　汇	378		234 000	274 500
收 货 款	汇　票	139	4 500		279 000
收 货 款	转　支	205	11 700		290 700
支付水费	转　支	026		6 780	283 920
收销货款	信　汇	562	49 000		332 920

表 5-56　　银行对账单

摘 要	结算凭证		支 出	收 入	余 额
	种类	号数			
上年结转					280 000
通达公司	银行汇票	011	140 000		140 000
江 山 厂	转 支	022	1 000		139 000
大发公司	电 汇	230		335 000	474 000
电 费	信 汇	190	105 000		369 000
红星公司	汇 票	139		4 500	373 500
明辉公司	信 汇	562		49 000	422 500
华城公司	电 汇	324	10 500		412 000
秋实公司	电 汇	378	234 000		178 000
春晖公司	银行本票	126		150 000	328 000
红星公司	电 汇	379		351 000	679 000
电 费	信 汇	563	96 000		583 000

要求：编制银行存款余额调节表。

案例4：华丰公司2021年12月31日盘点实物资产，清查情况如下：

（1）甲材料账存5 000千克，实存5 100千克，重置成本60元/千克；乙材料账存2 000千克，实存1 980千克，单位成本20元。盈亏是计量工具不准造成的。

（2）盘亏一台电脑，原值4 000元，已提折旧1 000元，经查属保管不善造成，损失由其保管人赔偿600元，净损失由公司承担。

要求：对上述财产清查结果进行账务处理。

【知识准备】

一、对账的概念

对账就是按照一定的程序和方法，对账、证所记录的内容进行核对，对资产进行查验，以保证账证相符、账账相符、账实相符的会计活动。对账的目的是保证凭证、账簿记录的真实性和准确性。

对账不仅是单位管理的需要，也是法规的要求。《会计法》明确规定：“各单位应当定期将会计账簿与实物、款项及有关资料相互核对，保证会计账簿记录与实物及款项的实有数额相符、会计账簿记录与会计凭证的有关内容相符，会计账簿之间相对应的记录相符、会计账簿记录与会计报表的有关内容相符。”《会计基础工作规范》的要求是：各单位应当定期将会计账簿记录的有关数字与库存实物、货币资金、有价证券往来单位或个人等进行相互核对，保证账证相符、账账相符和账实相符，对账工作每年至少进行一次。

对账可以发现会计工作中的问题，有利于提升会计核算质量。对加强单位内部控制，建立健全经济责任制，提高会计人员业务素质等，有着重要作用。

二、对账的内容

对账主要包括账证核对、账账核对、账实核对和账表核对四方面内容。

（一）账证核对

账证核对是指对账簿记录与会计凭证（原始凭证和记账凭证）记录的核对。虽然账簿登记是根据审核无误的会计凭证进行的，但工作中仍然可能发生账证不符的情况。因此，记账后，要将账簿记录与会计凭证进行核对。核对时，要核对账簿记录与原始凭证、记账凭证的时间、凭证字号、内容、金额等是否相符，记账方向是否一致，以便发现问题，及时处理，确保账证记录的准确性。

（二）账账核对

账账核对是指对不同会计账簿之间记录的核对。各会计账簿是一个有机的整体，既有分工，又有联系，各种账簿之间的这种联系就是人们常说的钩稽关系。通过账账核对能够发现这种联系是否存在，以此判定记账工作是否有错误。账账核对可细分为总账与总账核对、总账与明细账核对、总账与日记账核对、明细账与明细账核对四方面内容。

1.总账与总账核对

所有账户期初借方余额合计数与所有账户期初贷方余额合计数应该相等；所有账户本期借方发生额合计数与所有账户本期贷方发生额合计数应该相等；所有账户期末借方余额合计数与所有账户期末贷方余额合计数应该相等。如果核对发现期初余额、本期发生额和期末余额不符合上述平衡关系，账簿记录一定有问题。可见，通过这种等式的平衡关系，可以检查总账记录的正确性与完整性。总账之间的核对通常采用平衡试算法来进行。

平衡试算法是指利用“资产=负债＋所有者权益”的平衡原理，按照借贷记账法的记账规律，通过汇总、计算和比较，检查会计账户处理和账簿记录的正确性和完整性的一种方法。在借贷记账法下，每一经济业务或事项在账户记录时，其借方金额和贷方金额都相等，因此，全部账户的借方发生额和贷方发生额也应该相等，如果不相等，说明账户记录一定有错误。

试算平衡通常是在期末（月末）结出各个账户的本期发生额和期末（月末）余额后，通过编制平衡试算表的方式来进行。平衡试算法可分为发生额平衡试算法、余额平衡试算法、发生额和余额平衡试算法。

（1）发生额平衡试算法。发生额平衡试算法是根据本期所有账户借方发生额合计与贷方发生额合计的恒等关系，检验本期发生额记录是否正确的方法。其公式为：

所有账户本期借方发生额合计=所有账户本期贷方发生额合计

（2）余额平衡试算法。余额平衡试算法是根据本期所有账户借方余额合计与贷方余额合计的恒等关系，检验本期账户记录是否正确的方法。余额平衡试算法又细分为期初余额平衡试算法和期末余额平衡试算法两种方法。其公式为：

所有账户的期初借方余额合计=所有账户的期初贷方余额合计

所有账户的期末借方余额合计=所有账户的期末贷方余额合计

（3）发生额和余额平衡试算法。发生额和余额平衡试算法是将发生额平衡试算法和余额平衡试算法结合起来进行平衡试算的方法。这种方法更全面、完整，可最大限度地检查出账簿记录存在的问题。因此，这种方法已经成为工作中的常用方法。总账账户本期发生额和余额对照表（简称"平衡试算表"）的格式如表5-57所示。

表5-57 总账账户本期发生额和余额对照表

（平衡试算表）

年 月

账户名称	期初余额		本期发生额		期末余额	
	借方	贷方	借方	贷方	借方	贷方
库存现金						
银行存款						
应收账款						
原材料						
库存商品						
固定资产						
应付账款						
长期借款						
实收资本						
生产成本						
本年利润						
⋮						
合计						

典型案例 5-4

迅达公司2022年1月总账账户期初余额如表5-58所示。

表5-58　总账账户期初余额

账户名称	借方余额	账户名称	贷方余额
库存现金	3 300	累计折旧	230 000
银行存款	1 260 200	短期借款	500 000
应收账款	56 500	应付账款	33 900
原 材 料	199 000	实收资本	3 600 000
固定资产	3 500 000	利润分配	655 100
合　计	5 019 000	合　计	5 019 000

公司采用记账凭证会计工作流程进行总账登记。

公司1月份发生的部分经济业务如下：

业务1：6日，接受货币资金投资500 000元，投资款已转到公司账户。

业务2：9日，从大地公司购买甲材料100千克，单价50元，发票注明价款5 000元，增值税650元，材料已验收入库，货款尚未支付。

业务3：12日，从银行提取现金5 000元备用。

业务4：13日，从北方公司购买乙材料50千克，单价100元，发票注明价款5 000元，增值税650元，材料已验收入库，价税款已开出转账支票支付。

业务5：18日，王海燕将赴广东开会，预借5 000元差旅费，出纳员已开出面值为5 000元的现金支票交付给王海燕。

业务6：20日，用现金支付财务部报销的226元办公用品费，其中，价款200元，增值税26元。

业务7：27日，用银行存款归还前欠大地公司货款22 600元。

业务8：30日，管理部门领用甲材料20千克，单位成本50元。

业务9：31日，收回应收华丰公司货款56 500元，款已存入银行。

业务10：31日，生产W产品领用甲材料100千克，单位成本50元。

要求：编制发生额及余额平衡试算表。

典型案例5-4解析

第一步，根据所给经济业务填制记账凭证，10笔业务的记账凭证如表5-59至表5-68所示。

业务1：

表5-59

记账凭证

2022年1月6日　　　　凭证编号__1__号

摘要	借方		贷方		金额									记账符号
	总账账户	明细账户	总账账户	明细账户	百	十	万	千	百	十	元	角	分	
接受货币资金投资	银行存款		实收资本			5	0	0	0	0	0	0	0	
合计					¥	5	0	0	0	0	0	0	0	

附单据1张

会计主管 赵凯　　记账　　复核 张丽　　出纳 王春艳　　制单 于大方

业务2：

表5-60

记账凭证

2022年1月9日　　　　凭证编号__2__号

摘要	借方		贷方		金额									记账符号
	总账账户	明细账户	总账账户	明细账户	百	十	万	千	百	十	元	角	分	
购买材料入库	原材料	甲材料	应付账款					5	0	0	0	0	0	
购买材料入库	应交税费	应交增值税	应付账款						6	5	0	0	0	
合计							¥	5	6	5	0	0	0	

附单据2张

会计主管 赵凯　　记账　　复核 张丽　　出纳 王春艳　　制单 于大方

业务3：

表5-61

记账凭证

2022年1月27日　　　　凭证编号__4__号

摘要	借方		贷方		金额									记账符号
	总账账户	明细账户	总账账户	明细账户	百	十	万	千	百	十	元	角	分	
从银行提取现金	库存现金		银行存款					5	0	0	0	0	0	
合计							¥	5	0	0	0	0	0	

附单据1张

会计主管 赵凯　　记账　　复核 张丽　　出纳 王春艳　　制单 于大方

业务4：

表5-62

记账凭证

2022年1月13日　　　　凭证编号 4 号

摘要	借方		贷方		金额									记账符号
	总账账户	明细账户	总账账户	明细账户	百	十	万	千	百	十	元	角	分	
购买材料入库	原材料	乙材料	银行存款					5	0	0	0	0	0	
购买材料入库	应交税费	应交增值税	银行存款						6	5	0	0	0	
合　计							¥	5	6	5	0	0	0	

附单据3张

会计主管 赵凯　　记账　　复核 张丽　　出纳 王春艳　　制单 于大方

业务5：

表5-63

记账凭证

2022年1月18日　　　　凭证编号 5 号

摘要	借方		贷方		金额									记账符号
	总账账户	明细账户	总账账户	明细账户	百	十	万	千	百	十	元	角	分	
开现金支票付差旅费	其他应收款	王海燕	银行存款					5	0	0	0	0	0	
合　计							¥	5	0	0	0	0	0	

附单据1张

会计主管 赵凯　　记账　　复核 张丽　　出纳 王春艳　　制单 于大方

业务6：

表5-64

记账凭证

2022年1月20日　　　　凭证编号 6 号

摘要	借方		贷方		金额									记账符号
	总账账户	明细账户	总账账户	明细账户	百	十	万	千	百	十	元	角	分	
用现金购办公用品	管理费用	办公费	库存现金						2	0	0	0	0	
用现金购办公用品	应交税费	应交增值税	库存现金							2	6	0	0	
合　计								¥	2	2	6	0	0	

附单据1张

会计主管 赵凯　　记账　　复核 张丽　　出纳 王春艳　　制单 于大方

业务7：

表5-65

记账凭证

2022年1月27日　　　　凭证编号 7 号

摘　要	借　方		贷　方		金　额									记账符号
	总账账户	明细账户	总账账户	明细账户	百	十	万	千	百	十	元	角	分	
偿还欠货款	应付账款	大地公司	银行存款				2	2	6	0	0	0	0	
合　计						¥	2	2	6	0	0	0	0	

附单据1张

会计主管 赵凯　　记账　　复核 张丽　　出纳 王春艳　　制单 于大方

业务8：

表5-66

记账凭证

2022年1月30日　　　　凭证编号 8 号

摘　要	借　方		贷　方		金　额									记账符号
	总账账户	明细账户	总账账户	明细账户	百	十	万	千	百	十	元	角	分	
管理部门领材料	管理费用	材料费	原材料	甲材料				1	0	0	0	0	0	
合　计							¥	1	0	0	0	0	0	

附单据1张

会计主管 赵凯　　记账　　复核 张丽　　出纳 王春艳　　制单 于大方

业务9：

表5-67

记账凭证

2022年1月31日　　　　凭证编号 9 号

摘　要	借　方		贷　方		金　额									记账符号
	总账账户	明细账户	总账账户	明细账户	百	十	万	千	百	十	元	角	分	
收回应收货款	银行存款		应收账款	华丰公司			5	6	5	0	0	0	0	
合　计						¥	5	6	5	0	0	0	0	

附单据1张

会计主管 赵凯　　记账　　复核 张丽　　出纳 王春艳　　制单 于大方

业务10：

表5-68

记账凭证

2022年1月31日　　　　凭证编号 10 号

摘要	借方		贷方		金额									记账符号
	总账账户	明细账户	总账账户	明细账户	百	十	万	千	百	十	元	角	分	
生产W产品领料	生产成本	材料费	原材料	甲材料				5	0	0	0	0	0	
合计							¥	5	0	0	0	0	0	

附单据1张

会计主管 赵凯　　记账　　复核 张丽　　出纳 王春艳　　制单 于大方

第二步，根据记账凭证登记相关账簿（这里账簿记录用“T”字账户表示，如图5-26至图5-39所示）。

库存现金（借方｜贷方）

借方		贷方	
期初余额	3 300		
	③ 5 000		
			⑥226
本期发生额	5 000	本期发生额	226
期末余额	8 074		

图5-26　库存现金总账

银行存款（借方｜贷方）

借方		贷方	
期初余额	1 260 200		③5 000
	①500 000		④5 650
	⑨56 500		⑤5 000
			⑦22 600
本期发生额	556 500	本期发生额	38 250
期末余额	1 778 450		

图5-27　银行存款总账

原材料（借方｜贷方）

借方		贷方	
期初余额	199 000		⑧1 000
	②5 000		⑩5 000
	④5 000		
本期发生额	10 000	本期发生额	6 000
期末余额	203 000		

图5-28　原材料总账

其他应收款（借方｜贷方）

借方		贷方	
	⑤5 000		
本期发生额	5 000	本期发生额	0
期末余额	5 000		

图5-29　其他应收款总账

应收账款（借方｜贷方）

借方		贷方	
期初余额	56 500		⑨56 500
本期发生额	0	本期发生额	56 500
期末余额	0		

图5-30　应收账款总账

固定资产（借方｜贷方）

借方		贷方	
期初余额	3 500 000		
本期发生额	0	本期发生额	0
期末余额	3 500 000		

图5-31　固定资产总账

借方	应付账款		贷方
		期初余额	33 900
	⑦22 600		②5 650
本期发生额	22 600	本期发生额	5 650
		期末余额	16 950

图 5-32　应付账款总账

借方	实收资本		贷方
		期初余额	3 600 000
			①500 000
本期发生额	0	本期发生额	500 000
		期末余额	4 100 000

图 5-33　实收资本总账

借方	累计折旧		贷方
		期初余额	230 000
本期发生额	0	本期发生额	0
		期末余额	230 000

图 5-34　累计折旧总账

借方	短期借款		贷方
		期初余额	500 000
本期发生额	0	本期发生额	0
		期末余额	500 000

图 5-35　短期借款总账

借方	应交税费		贷方
	②650		
	④650		
	⑥26		
本期发生额	1 326	本期发生额	0
期末余额	1 326		

图 5-36　应交税费总账

借方	管理费用		贷方
	⑥200		
	⑧1 000		
本期发生额	1 200		
期末余额	1 200		

图 5-37　管理费用总账

借方	生产成本		贷方
	⑩5 000		
本期发生额	5 000	本期发生额	0
期末余额	5 000		

图 5-38　生产成本总账

借方	利润分配		贷方
		期初余额	655 100
本期发生额	0	本期发生额	0
		期末余额	655 100

图 5-39　利润分配总账

第三步，根据所给账户的期初余额、本期发生额及期末余额编制的平衡试算表如表 5-69 所示。

表 5-69

平衡试算表

2022 年 1 月 31 日

账户名称	期初余额		本期发生额		期末余额	
	借方	贷方	借方	贷方	借方	贷方
库存现金	3 300		5 000	226	8 074	
银行存款	1 260 200		556 500	38 250	1 778 450	
应收账款	56 500			56 500		
其他应收款			5 000		5 000	
原 材 料	199 000		10 000	6 000	203 000	
固定资产	3 500 000				3 500 000	
累计折旧		230 000				230 000
短期借款		500 000				500 000
应付账款		33 900	22 600	5 650		16 950
应交税费			1 326		1 326	
生产成本			5 000		5 000	
实收资本		3 600 000		500 000		4 100 000
管理费用			1 200		1 200	
利润分配		655 100				655 100
合 计	5 019 000	5 019 000	606 626	606 626	5 502 050	5 502 050

2. 总账与明细账核对

总账与明细账核对是指检查总账各账户的余额与其所属各明细账的余额之和是否相等。因为总账与明细账是平行登记的，所以两者应该相等。如果不相等，账簿记录一定有错误，应及时查找并更正。

3. 总账与日记账核对

总账与日记账核对是指检查库存现金日记账和银行存款日记账的余额与其总账余额是否相符。按照我国会计法规的要求，企事业单位必须设置库存现金日记账和银行存款日记账。对账时，必须检查库存现金日记账和银行存款日记账的余额与其相应总账余额是否相符。

4. 明细账与明细账核对

由于同一内容业务在不同部门中都有账簿记录，明细账与明细账核对就是对不同部门所记的明细账进行核对。例如，对会计部门有关实物资产的明细账与财产物资保管部门或使用部门的明细账定期进行核对。

（三）账实核对

账实核对是指各项财产物资、债权债务等账面余额与实有数额或对方账面余额之间的核对。账实核对的内容主要有：库存现金日记账账面余额与库存现金实有数额核对；银行存款日记账账面余额与银行对账单的余额核对；各项财产物资明细账余额与财产物资的实有数额核对；债权债务明细账账面余额与对方单位的账面记录核对等。

1.库存现金账实核对

（1）库存现金账实核对基本知识。

库存现金的账实核对主要有两种：一种是出纳员自行核对，另一种是清查小组清查。

出纳员自行核对是指由出纳人员在每日终了时所进行的现金账款核对，即出纳人员将库存现金日记账余额与库存现金的实有数额进行核对，从而确定账实是否相符的一种方法。自查发现账实不符时，出纳人员应先对账并查找原因，并将长款（即实存数大于账存数）或短款（即实存数小于账存数）情况向会计机构负责人或会计主管人员报告。

清查小组清查是指由专门的清查人员所进行的定期或不定期清查。单位应建立健全现金清查制度，进行定期或不定期清查，防止出纳人员利用职务之便舞弊或犯罪。

（2）库存现金账实核对目的与步骤。

库存现金账实核对，其目的是检查账款是否相符、是否有挪用现金、白条抵库、超限额留存现金等现象。其操作步骤是：首先，对库存现金进行盘点，其次，将盘点数与库存现金日记账账面余额相核对，再次，编制库存现金盘点报告单，最后，履行相关手续。库存现金盘点报告单格式如表5-70所示。

表5-70　　库存现金盘点报告单

单位名称：　　年　月　日

账存金额	实存金额	对比结果		备注
		盘盈	盘亏	

处理意见：

盘点人：　　出纳员：　　清查小组负责人：　　会计机构负责人：

（3）库存现金账实不符的账务处理。

在库存现金清查中，对于发现的挪用现金、白条抵库情况，应及时予以纠正；对于超限额留存的现金要及时送存银行；对于账款不符，要等待查明原因，但要先根据“库存现金盘点报告单”，调整库存现金日记账的账面记录。

对于账款不符的情况，无论是盘盈还是盘亏，在查明原因前，应通过“待处理财产损溢”账户核算。属于现金短缺（短款），即库存现金盘亏的，应按实际盘亏金额，借记“待处理财产损溢——待处理流动资产损溢”账户，贷记“库存现金”账户；属于现金溢余（长款），即库存现金盘盈的，应按实际盘盈的金额，借记“库存现金”账户，贷记“待处理财产损溢——待处理流动资产损溢”账户。查明原因后，应分情况处理：属于记账差错的，应及时予以更正；对于现金盘亏，应由责任人或保险公司赔偿的部分，记入“其他应收款”账户，无法查明原因的，根据管理权限，经批准后记入“管理费用”账户；对于现金盘盈，应支付给有关人员或单位的，应记入“其他应付款”账户，无法查明原因的，经批准后记入“营业外收入”账户。

典型案例 5-5

德阳公司2022年1月份发生如下现金清查业务。

31日，在对库存现金清查后，编制的“库存现金盘点报告单”如表5-71所示。

表5-71 **库存现金盘点报告单**

单位名称：德阳公司　　2022年1月31日

账存金额	实存金额	对比结果		备注
		盘盈	盘亏	
5 600	5 100		500	职工张超报销时交付200元白条（即不合法规要求的票据），出纳员王小欢挪用200元，另100元未查明原因

处理意见：

白条部分向张超收取，挪用部分向王小欢收取，未查明原因部分列入管理费。

总经理：于立波

盘点人：张国立　出纳员：王小欢　清查小组负责人：畅想　会计机构负责人：周向阳

要求：进行未查明原因前和查明原因或经批准后的账务处理。

典型案例 5-5 解析

（1）未查明原因前（这里以会计分录代替）。

借：待处理财产损溢——待处理流动资产损溢　　500

　贷：库存现金　　500

（2）经查，职工张超报销时交付200元白条，出纳员王小欢挪用200元，另100元未查明原因，经领导批准，列入管理费。

借：其他应收款——张超　　200

　　　　　　——王小欢　　200

　　管理费用——现金短款　　100

　贷：待处理财产损溢——待处理流动资产损溢　　500

典型案例5-6

德阳公司2022年1月份发生如下现金清查业务：

31日在对库存现金清查后，发现账实不符，编制了“库存现金盘点报告单”如表5-72所示。

表5-72 库存现金盘点报告单

单位名称：德阳公司　　2022年1月31日

账存金额	实存金额	对比结果		备　注
		盘 盈	盘 亏	
8 300	8 500	200		职工宋平报账时少付款项

处理意见：

盘盈款项为少付职工宋平的款项，请预支付。

总经理：于立波

盘点人：张国立　出纳员：王小欢　清查小组负责人：畅想　会计机构负责人：周向阳

要求：进行查明原因前和查明原因或经批准后的账务处理。

典型案例5-6解析

（1）未查明原因前（批准前）。

借：库存现金　200

　贷：待处理财产损溢——待处理流动资产损溢　200

并据此登记“库存现金”日记账和总账，使账实相符。同时，登记“待处理财产损溢——待处理流动资产损溢”明细账。

（2）经查，盘盈的200元现金是少付职工宋平的报账款，经领导批准后转为其他应付款。

借：待处理财产损溢——待处理流动资产损溢　200

　贷：其他应付款——宋平　200

2.银行存款账实核对

银行对账相关知识。银行存款同现金一样是各单位货币资金的重要组成部分，它是每个单位进行正常经营活动的重要保证。因此，对银行存款的账实核对应予以高度重视，采用适当的方法，科学合理地进行。

银行存款账实核对，也称银行存款清查，一般采取核对法来进行，即将单位的银行存款日记账与其开户银行转来的对账单进行核对，检查银行存款账存数与开户银行转来的对账单所记录的金额是否一致，以查明银行存款实存数。

银行对账单是指单位的开户银行所记录的，反映该单位银行存款存入和使用情况的记录单。一般情况下，银行每个月都应向开户单位提供银行对账单，以便双方核对银行存款账目。由于每一个单位可能在多家银行开户，所以，各单位应该分别与所开户的每家银行进行对账。

每一个单位都应当定期或不定期开展银行存款的清查，每月至少核对一次。

银行存款账实核对后，如果账实不相符，应该查找不相符的原因。银行存款日记账与开户银行转来的对账单不相符的原因有两个方面：一是双方或一方记账有误；二是存在未达账项。

未达账项是指由于单位与银行取得有关凭证的时间不同，一方已经取得凭证登记入账，另一方由于未取得凭证尚未入账的款项。未达账项有以下四种类型。

①单位已收款入账，银行尚未收款入账。例如，单位已将收到的支票送存银行，对账前银行尚未入账的款项。

②单位已付款入账，银行尚未付款入账。例如，单位为支付款项签发支票，且已根据支票存根登记银行存款的减少，而银行尚未接到支票，未登记银行存款的减少。

③银行已收款入账，单位尚未收款入账。例如，银行收到外单位所付的款项，且已登记入账，单位尚未收到银行通知而未入账的款项。

④银行已付款入账，单位尚未付款入账。例如，银行代单位支付某一款项，已登记单位银行存款的减少，而单位因未收到凭证尚未记账的款项。

如果存在未达账项，应通过编制银行存款余额调节表进行调整。如果没有记账错误，调节后双方的余额应当相符，若调节后双方的余额仍不相符，说明记账一定有错误。

典型案例 5-7

2022 年 1 月 31 日，慧丰源公司的银行存款日记账和银行对账单分别如表 5-73 和表 5-74 所示。

表 5-73　银行存款日记账

2022年		凭证		摘要	结算方式		对应账户	借方								√	贷方								√	余额							
月	日	种类	编号		种类	编号		十	万	千	百	十	元	角	分		十	万	千	百	十	元	角	分		十	万	千	百	十	元	角	分
1	1			上年结转																						2	8	0	0	0	0	0	0
1	2	记	2	偿还货款	转支	021	应付账款										1	4	0	0	0	0	0	0	√	1	4	0	0	0	0	0	0
	6	记	12	代付运费	转支	022	应收账款												1	0	0	0	0	0	√	1	3	9	0	0	0	0	0
	12	记	18	收回货款	电汇	037	应收账款	3	3	5	0	0	0	0	0	√										4	7	4	0	0	0	0	0
	15	记	30	付购料款	转支	024	应付账款											1	0	5	0	0	0	0		4	6	3	5	0	0	0	0
	20	记	33	收销货款	本票	038	应收账款	1	5	0	0	0	0	0	0											6	1	3	5	0	0	0	0

表 5-74　银行对账单

账号：00655238　　　　开户单位：慧丰源公司

2022 年		摘　要	结算凭证		借　方	贷　方	余　额
月	日		种类	号数			
1	1	上年结转					280 000
1	2	偿还货款	转支	021	140 000√		140 000
1	6	代付运费	转支	022	1 000√		139 000
1	12	收回货款	电汇	037		335 000√	474 000
1	18	支付电费	委托付款	028	105 000		369 000
1	24	代收货款	电汇	083		4 500	373 500
1	28	代收货款	信汇	001		49 000	422 500

要求：将银行存款日记账与银行对账单进行核对，如果存在未达账项，编制银行存款余额调节表。

典型案例 5-7 解析

第一步，公司与银行对账，作出勾对标记。

核对时的勾对情况见表 5-73 和表 5-74。

第二步，找出未勾对经济事项，即找出未达账项。

经逐笔核对，发现有以下未达账项：

（1）支付购料款 105 00 元，公司日记账已登记存款减少，银行尚未入账。

（2）收到销货款 150 000 元，公司日记账已登记存款增加，银行尚未入账。

（3）银行代公司支付电费 105 000 元，银行已在公司账上登记存款减少，公司尚未入账。

（4）银行代公司收取货款 4 500 元，银行已在公司账上登记存款增加，公司尚未入账。

（5）银行代公司收取货款 49 000 元，银行已在公司账上登记存款增加，公司尚未入账。

第三步，汇总未达账项金额。

银行已收，公司未收金额为 53 500（49 000+4 500）元。

银行已付，公司未付金额为 105 000 元。

公司已收，银行未收金额为 150 000 元。

公司已付，银行未付金额为 10 500 元。

第四步，编制银行存款余额调节表。

由于存在未达账项，因此，需要编制银行存款余额调节表进行调节。根据在核对时公司银行存款日记账显示的存款余额 613 500 元和银行对账单显示的存款余额 422 500 元，以及未达账项金额合计数，编制银行存款余额调节表如表 5-75 所示。

表 5-75 银行存款余额调节表

2022 年 1 月 31 日 单位：元

项　目	金 额	项　目	金 额
银行存款日记账余额	613 500	银行对账单余额	422 500
加：银行已收，公司未收 减：银行已付，公司未付	53 500 105 000	加：公司已收，银行未收 减：公司已付，银行未付	150 000 10 500
调节后的存款余额	562 000	调节后的存款余额	562 000

第五步，账实核对结论。

从表 5-75 可以看出，调节后的银行存款日记账余额和银行对账单余额均为 562 000 元，即两者相符，由此可初步断定，双方账面记录没有错误。

3. 存货账实核对

（1）存货账实核对的相关知识。

存货账实核对，也称存货清查，是指通过对存货的实地盘点、测量或估算，确定存货的实有数，并与账面结存数核对，从而确定存货实存数与账面结存数是否相符的一种方法。

（2）存货清查的主要工作。

①确定存货的账存数。确定存货账存数的方法主要有两种，一种是永续盘存制；另

一种是实地盘存制。

永续盘存制是指在日常会计核算中，每项存货的增减都在相关账簿中进行逐日逐笔登记、反映，并随时结算出账面结存数的一种方法。其计算公式为：

期末结存数=期初结存数+本期增加数-本期减少数

采用永续盘存制可以及时了解财产物资的账面结存数，有利于随时掌握存货的进出及结存情况，便于有计划地控制库存存货的数量，节约储备资金，提高资金周转率。目前大多数单位都采用这种方法。但由于永续盘存制需要对各种存货进行连续不断的经常性记录，工作量较大，因此，对价值低、易损耗、领用频繁、计量困难的存货一般不采用这种方法。

实地盘存制是指通过对各种财产物资的定期清查盘点来确定其期末数量的一种方法。期末存货成本可通过以下公式算得：

期末存货成本=期末存货数量×存货单位成本

在实地盘存制下，要想得到本期发出存货成本数额，可利用账户余额的计算方法推导求出，公式为：

本期发出存货成本=期初存货成本+本期收入存货成本-期末存货成本

采用实地盘存制简化了存货的日常核算，大大减少了存货日常明细核算的工作量，但工作都集中到了期末，增加了期末工作压力，而且不能随时反映存货收、发、存的动态，难以发现存货管理中存在的自然或人为损失，掩盖了仓库管理存在的问题，不利于对存货的控制。因此，实地盘存制的实用性较差，运用受限，一般适用于那些自然损耗大、数量不稳定的鲜活商品等。

②确定存货的实存数。确定存货实存数的方法主要有三种，即实地盘点法、技术推算法和抽样盘点法。

实地盘点法是指在财产物资存放地点，逐一清点或用计量仪器确定其实存数的一种方法。这种方法工作量较大，但能够得到准确、可靠的数据，因此，绝大多数财产物资的清查都采用该方法。

技术推算法是指利用适当的技术方法来推算财产物资实存数的一种方法。对于那些不便于逐一称重、计量，但存放呈一定形状或规则的财产物资，可在抽样盘点的基础上，通过一定的技术方法，推算其实有数量。这种通过计尺、量方等方法取得的财产物资实有数，虽然不如实地盘点法得到的数据准确，但省时、省力、省钱。因此，对大堆、笨重、单位价值较低的大宗物资清查，技术推算法仍是一种切实可行的方法。

抽样盘点法是指通过对部分实物资产数量与质量的检查，来推断总体实物资产数量与质量的方法。这种方法，适用于那些不便于逐一称量或点数、单位价值较低的量大、重量均匀、已包装好的实物资产的数量与质量检查。

对存货进行实地盘点后，应根据存货的盘点结果填写“存货盘存单”。

在存货盘点过程中，财产盘点人员应将存货的情况，填写在存货盘存单中，对所发现的规格、型号、毁损、变质、积压等问题，必须在备注中加以说明。

存货盘点结束后，应由盘点人和存货保管人共同签章。

存货清查品种多、数量大，平时一般为局部的、不定期清查，但年底至少要进行一次全面清查。

③进行存货的全方位核对。在确定了存货的实有数和质量等情况后，要对存货进行全方位核对。

首先，编制实存账存对比表。根据“存货盘存单”和有关账簿记录编制“实存账存对比表”，确定存货的盈亏情况。“实存账存对比表”格式如表5-76所示。

表5-76　实存账存对比表

年　月　日

编号	名称及规格	计量单位	单价	实存		账存		盘盈		盘亏		备注
				数量	金额	数量	金额	数量	金额	数量	金额	

处理意见：

审批负责人：

制表人签章：　　　　审核人签章：

其次，核实存货相关信息。清查结束后，还需要做的重要工作就是核实存货的其他相关信息，具体包括使用单位或部门、存放地点、规格型号、积压变质情况、收发手续等方面信息的核实、核对，帮助单位加强对这些方面的管理，减少或避免存货浪费，提高资金周转率。

④存货清查结果的处理。一方面，对核实存货相关信息时所发现的问题，提出处理意见或建议。另一方面，对账实不符情况进行账务处理。

账实不符有两种情况，一是存货盘盈，即存货的实存数大于其账存数；二是存货盘亏，即存货实存数小于其账存数。无论是存货盘盈，还是存货盘亏，都要核算和监督存货的盘盈、盘亏和毁损情况，需要设置“待处理财产损溢”账户。

“待处理财产损溢”账户属于资产类账户，用于核算财产清查中查明的各种财产物资的盘盈、盘亏和毁损情况及其转销情况。其借方登记已发生但尚未处理的财产物资盘亏和毁损数额，以及经批准转销的盘盈数额；贷方登记已发生但尚未处理的财产物资的盘盈数额，以及经批准转销的盘亏和毁损数额。期末处理后，该账户没有余额。“待处理财产损溢”账户须设“待处理流动资产损溢”和“待处理固定资产损溢”两个明细账户，以进行详细分类反映。存货盘盈、盘亏和毁损在“待处理流动资产损溢”明细下进行核算。

存货盘盈、盘亏的账务处理，一般分为批准前和批准后两个阶段。

第一阶段，调账，使账实相符，也就是通常所说的批准前的账务处理。

查明存货的盘盈、盘亏情况后，根据“存货盘存单”和“实存账存对比表”填制记账凭证，并登记账簿，使存货的账面结存数与实际结存数一致。账实差额登记在“待处理财产损溢”账户上。

存货盘盈，应按同类或类似存货的市场价格作为其入账价值。借记“原材料”“库存商品”等账户，贷记“待处理财产损溢——待处理流动资产损溢”账户。

存货盘亏或毁损，借记“待处理财产损溢——待处理流动资产损溢”账户，贷记“原材料”“库存商品”等账户。

第二阶段，审批处理意见出来后，根据审批后的“实存账存对比表”填制记账凭证，登记账簿，转出盘亏或毁损的数额，结清“待处理财产损溢”账户。

存货盘盈，借记“待处理财产损溢——待处理流动资产损溢”账户，贷记“管理费用”账户。

存货盘亏或毁损，对于入库的残料价值，借记“原材料”等账户；对应由保险公司和过失人支付的赔款，借记“其他应收款”账户；扣除残料价值和应由保险公司、过失人赔款后的净损失，属于一般经营损失的部分，借记“管理费用”账户，属于非常损失的部分，借记“营业外支出——非常损失”账户，同时，贷记“待处理财产损溢——待处理流动资产损溢”账户。

典型案例 5-8

2022年1月30日，盖世公司在财产清查中，发现原材料A盘盈2千克，A材料的市场价格为50元/千克，共计100元。1月31日查明，A材料的盘盈是由于收发计量误差造成的。报请公司审批，批复结果是冲减管理费用。清查所填制的“存货盘存单”和“实存账存对比表”如表5-77和表5-78所示，审批后的“实存账存对比表”如表5-79所示。

表5-77　　存货盘存单

存放地点：原材料库

财产类别：辅助材料　　2022年1月30日

编号	名称	规格型号	计量单位	盘点数量	单价	金额	备注
001	A材料	JD	千克	100	50	5 000	

盘点人签章：肖像　　保管人签章：张立军

表5-78　　实存账存对比表

2022年1月30日

编号	名称及规格	计量单位	单价	实存		账存		盘盈		盘亏		备注
				数量	金额	数量	金额	数量	金额	数量	金额	
001	JD型A材料	千克	50	100	5 000	98	4 900	2	100			

处理意见：

盘盈A材料冲减管理费用。

审批负责人：

制表人签章：赵大鲁　　审核人签章：周刊

表 5-79

实存账存对比表

2022年1月30日

编号	名称及规格	计量单位	单价	实存		账存		盘盈		盘亏		备注
				数量	金额	数量	金额	数量	金额	数量	金额	
001	JD型A材料	千克	50	100	5 000	98	4 900	2	100			

处理意见：

盘盈A材料冲减管理费用。

同意。

审批负责人：乔丹丹

制表人签章：赵大鲁　　　　审核人签章：周刊

要求：作出审批前、后的账务处理（这里以分录代替）。

典型案例5-8解析

（1）审批前，根据表5-77、表5-78所作账务处理如下：

借：原材料——A材料　　100

　贷：待处理财产损溢——待处理流动资产损溢　　100

（2）审批后，根据表5-79所作账务处理如下：

借：待处理财产损溢——待处理流动资产损溢　　100

　贷：管理费用　　100

典型案例5-9

2022年1月30日，盖世公司在财产清查中，发现原材料B毁损5千克，B材料实际单位成本100元，总值500元。1月31日查明，B材料的毁损是保管员张立军的过失所致。报请公司审批，按规定由保管员个人赔偿300元，残料已办理入库手续，价值100元。清查所填制的“存货盘存单”和“实存账存对比表”如表5-80和表5-81所示，审批后的“实存账存对比表”如表5-82所示。

表 5-80

存货盘存单

存放地点：原材料库

财产类别：辅助材料　　　　2022年1月30日

编号	名称	规格型号	计量单位	盘点数量	单价	金额	备注
002	B材料	WF	千克	500	100	50 000	

盘点人签章：肖像　　　　保管人签章：张立军

表 5-81

实存账存对比表

2022年1月30日

编号	名称及规格	计量单位	单价	实存		账存		盘盈		盘亏		备注
				数量	金额	数量	金额	数量	金额	数量	金额	
002	WF型B材料	千克	100	500	50 000	505	50 500			5	500	

处理意见：

盘亏B材料按规定由保管员个人赔偿300元，100元残料应办理入库手续，净损失100元记入“管理费用”账户。

审批负责人：

制表人签章：赵大鲁　　　　审核人签章：周刊

表 5-82

实存账存对比表

2022年1月30日

编号	名称及规格	计量单位	单价	实存		账存		盘盈		盘亏		备注
				数量	金额	数量	金额	数量	金额	数量	金额	
002	WF型B材料	千克	100	500	50 000	505	50 500			5	500	

处理意见：

盘亏B材料按规定由保管员个人赔偿300元，100元残料应办理入库手续，净损失100元记入“管理费用”账户。

同意。

审批负责人：乔丹丹

制表人签章：赵大鲁　　　　审核人签章：周刊

要求：作出审批前、后的账务处理（这里以分录代替）。

典型案例5-9解析

（1）审批前，根据表5-80、表5-81所作账务处理如下：

借：待处理财产损溢——待处理流动资产损溢　　500

　贷：原材料——B材料　　500

（2）审批后，根据表5-82所作账务处理如下：

①由保管员个人赔款部分

借：其他应收款——张立军　　300

贷：待处理财产损溢——待处理流动资产损溢 300

②残料入库

借：原材料——B材料 100

贷：待处理财产损溢——待处理流动资产损溢 100

③材料毁损净损失

借：管理费用 100

贷：待处理财产损溢——待处理流动资产损溢 100

4.固定资产账实核对

固定资产是指单位价值较高，使用期限较长，并且，在长期的使用过程中保持原有实物形态的资产。

固定资产账实核对有两种方法，一种是实地盘点法，另一种是询证法。实地盘点法适用于存放在本单位的固定资产。询证法适用于存放在本单位之外的出租、出借固定资产。询证法详见后面要介绍的往来款项清查，这里暂不作介绍。

实地盘点法的工作内容包括以下四个方面。

（1）财会部门填制固定资产盘点表。

（2）清查人员进行固定资产的盘点。固定资产清查人员根据财会部门提供的“固定资产盘点表”进行逐项盘点，并在已查固定资产上加贴“已清查标志”，如表5-83所示。

表5-83 已清查标志

清查时间： 单位：元

账存数		实存数		设备状态			
数量	原值	数量	原值	好	中	差	其他

（3）根据清查结果填写固定资产盘点表。

（4）提出对固定资产清查结果的处理意见。

与存货清查类似，固定资产清查结果的账务处理也分两个阶段。

第一阶段，调账，使账实相符，即通常所说的批准前的账务处理。

固定资产盘盈，根据“固定资产盘点表”填制记账凭证，并登记账簿，使固定资产的账面结存数与实际结存数一致。如果是本期的，补充登记账簿即可；如果是前期的，应作为前期差错记入“以前年度损益调整”账户，即借记“固定资产”账户，贷记“以前年度损益调整”账户。

固定资产盘亏，应通过“待处理财产损溢——待处理固定资产损溢”账户核算，按其账面价值，借记“待处理财产损溢——待处理固定资产损溢”账户，按“累计折旧”账面余额，借记“累计折旧”账户，按“固定资产”账面余额，贷记“固定资产”账户。

第二阶段，得到审批处理意见后，根据审批后的“固定资产盘点表”填制记账凭证，登记账簿，结清“以前年度损益调整”和“待处理财产损溢”账户。

盘亏固定资产的损失，责任人和保险公司赔偿的部分，借记“其他应收款”账户，扣除责任人和保险公司赔偿部分后的净损失，作营业外支出处理，借记“营业外支出——非常损失”账户，同时，贷记“待处理财产损溢——待处理固定资产损溢”账户。

固定资产盘盈的会计处理较难，本书不作介绍，将在后续课程进行详细讲解。

典型案例 5-10

2022年1月31日，昌盛公司在固定资产清查中，发现正在使用的车床毁损，该项资产账面资料显示：设备于2016年12月15日投入使用，原值120 000元，已提折旧60 000元。对盘亏损失报请领导审批后，同意列入“营业外支出”账户。清查所填写的“固定资产盘点表”如表5-84所示。

表 5-84　**固定资产盘点表**

年　月　日　　　　金额单位：元

固定资产类别		固定资产账面情况					存放地点	实物负责人	盘点结果						
		固定资产名称	数量	单价	金额	已折旧额			计量单位	数量	单价	金额	盘盈	盘亏	备注
生产用	在用	车床	1	120 000	120 000	60 000	车间	小芳	台	1	120 000	120 000			毁损
	未用														
	不需用														
	季节性停用														
非生产用	在用														
	未用														
	不需用														
审批意见：列入营业外支出。									总经理：于平						

清查小组签字：王朝　　　　复核人：李渊　　　　填表人：顾盼

要求：作出审批前、后的账务处理（以会计分录代替即可）。

典型案例5-10解析

审批前：

借：待处理财产损溢——待处理固定资产损溢	60 000	
累计折旧	60 000	
贷：固定资产		120 000

审批后：

借：营业外支出——非常损失	60 000	
贷：待处理财产损溢——待处理固定资产损溢		60 000

5.往来款项账实核对

（1）往来款项账实核对的内容。往来款项主要包括各种应收款项、应付款项，预收款项、预付款项等。往来款项账实核对是指对应收账款、应付账款、预收账款及预付账款等的清查。往来款项账实核对是核实与往来单位债权债务关系的一种财产清查。

（2）往来款项账实核对的方法步骤。往来款项账实核对一般采用询证（包括发对账单询证、电话询证等）核对法。具体分为以下几个步骤：

第一，填写往来款项对账单并寄给各有关往来单位。对账单根据应收账款、应付账款、预收账款以及预付账款等账户记录，按照每一个往来单位填写往来款项对账单，寄往各有关往来单位。对账单一般一式三联，其中，一联为回单联，要求对方单位核对后盖章退回；一联为留存联，由对方单位留存；一联为底联，清查单位留底。

第二，接到对方单位退回的对账单后，进行相应的处理，并分类汇总。接到对方单位退回的对账单，根据对方在“往来单位意见”栏签署的意见进行处理，核对无误的，暂时不用作处理；对核对中发现的错误和没有收到对账单回单的情况，单位应派人到往来单位进行核实，以查清原因，得出结论。

第三，清查结束后，编制“往来款项清查报告表”。清查结束后，要及时编制“往来款项清查报告表”，列明相符和不相符的金额，对不相符的款项按有争议、未达账项、无法收回等情况归类合并，针对具体情况及时采取措施予以解决。同时，对无望收回的款项和无法收回（支付）的款项加以说明，以便及时采取措施，减少双方损失。“往来款项清查报告表”的格式如表5-85所示。

表5-85　往来款项清查报告表

总账名称：　　　　　　　　　　　　年　月　日

明细账户		清查结果		核对不符原因			备注
名称	账面余额	核对相符金额	核对不符金额	未达账项金额	有争议款项金额	其他	

第四，往来款项账实核对结果的处理。对核对不符的往来款项，可根据领导指示与对方协商，进行债权（债务）重组。

确认为坏账的应收款项的账务处理。坏账是指单位无法收回或收回的可能性极小的应收款项，因坏账产生的损失称为坏账损失。按相应会计法规的规定，对坏账损失应采用一定的方法，按期估计提取坏账准备并记入资产减值损失；实际发生坏账损失时，冲销已提取的坏账准备和相应的应收款项。因此，单位在往来款项清查中发现的无法收回的应收款项，经审查批准后，直接记入“坏账准备”账户。具体的会计处理为：提取坏账准备时，借记“信用减值损失”账户，贷记“坏账准备”账户；发生坏账损失时，借记“坏账准备”账户，贷记“应收账款”等账户；收回已确认并转销的坏账时，按收回的金额借记“应收账款”等账户，贷记“坏账准备”账户，同时，借记“银行存款”账户，贷记“应收账款”等账户。

确认无法支付的应付款项的账务处理。确认应付款项无法支付时，借记“应付账款”等账户，贷记“营业外收入”账户。

星火小讲堂 5-2

典型案例 5-11

花侨公司在财产清查中，向大山公司发出往来款项对账单，催收对方长期拖欠的货款468 000元。对账单如表5-86所示。经催促、协商，收回欠货款400 000元，其余68 000元无法收回。

表5-86　往来款项对账单

对方单位：大山公司

本单位与贵单位的业务往来款项如下，请贵单位核对。

往来款项原因	往来款项发生时间	信用截止期	经办人	款项金额	备注
购买材料	2021-9-2	2021-12-2	赵大志	468 000	

往来单位意见：本款项属实，但只能偿还400 000元，其余68 000元无法偿还。

清查单位盖章：　　往来单位盖章：　　2021年12月10日

要求：作出收回货款和确认坏账的账务处理（以会计分录代替即可）。

典型案例 5-11 解析

经批准作为坏账损失处理后，花侨公司作账务处理（以会计分录代替）如下：

收回的部分欠款：

借：银行存款　　400 000

　贷：应收账款——大山公司　　400 000

无法收回的款项：

借：坏账准备　　68 000

　贷：应收账款——大山公司　　68 000

任务案例1解析

本任务是进行账证核对，具体核对过程如下：

（1）会计凭证与银行存款日记账核对的过程如图5-40所示。

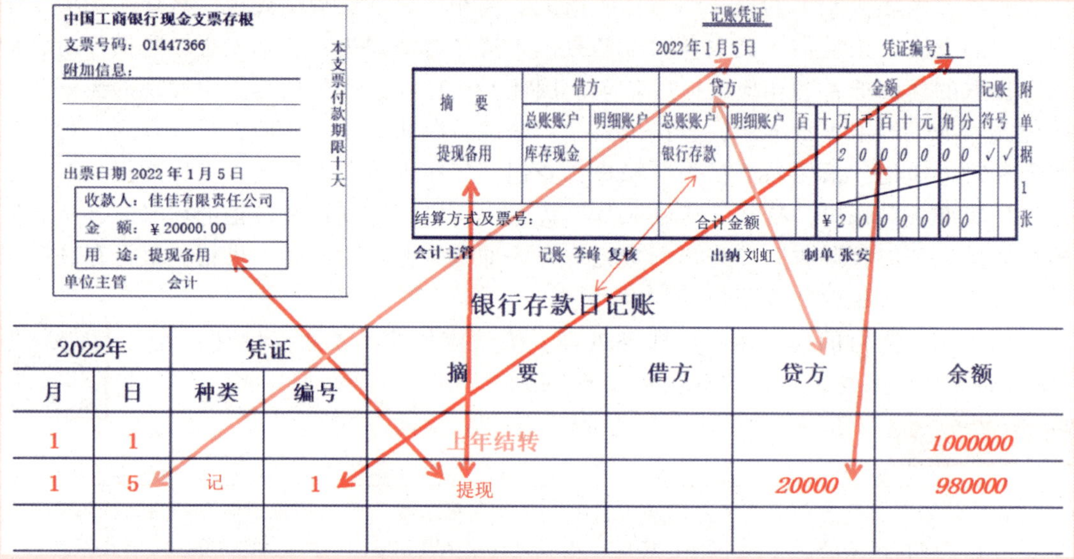

图5-40　会计凭证与银行存款日记账的核对

（2）会计凭证与主营业务收入总账核对的过程如图5-41所示。

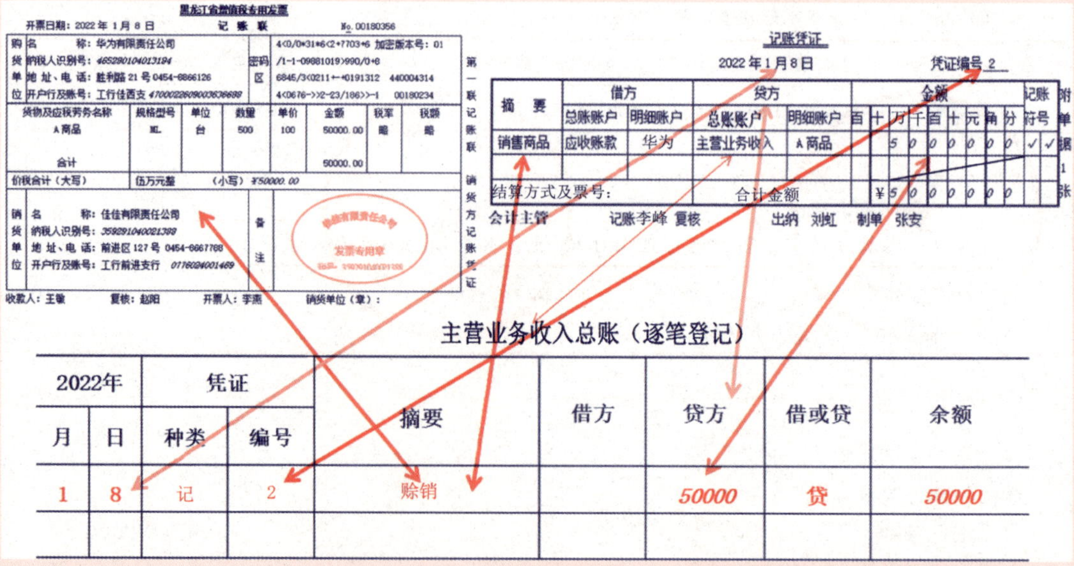

图5-41　会计凭证与主营业务收入总账的核对

（3）会计凭证与原材料明细账核对的过程如图5-42所示。

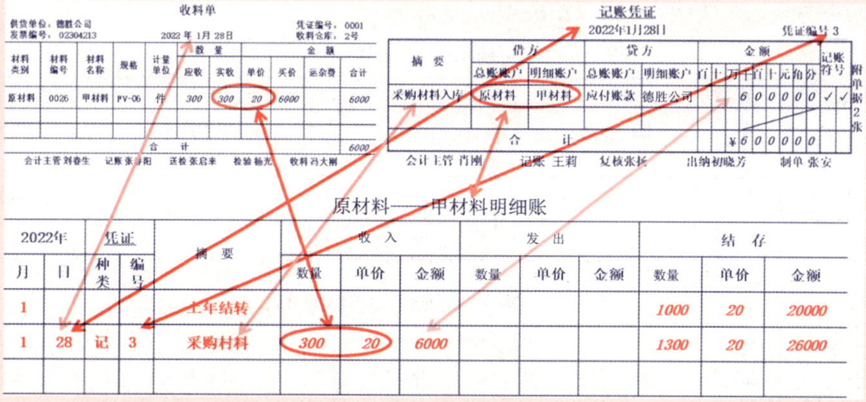
收料单

供货单位：德胜公司　发票编号：02304213　2022年1月28日　凭证编号：0001　收料仓库：2号

材料类别	材料编号	材料名称	规格	计量单位	数量 应收	数量 实收	金额 单价	金额 买价	金额 运杂费	金额 合计
原材料	0026	甲材料	PV-06	件	300	300	20	6000		6000
合计										6000

会计主管 刘春生　记账 张[illegible]阳　送检 张启来　检验 杨光　收料 冯大刚

记账凭证

2022年1月28日　凭证编号 3

摘要	借方 总账账户	借方 明细账户	贷方 总账账户	贷方 明细账户	金额	记账符号
采购材料入库	原材料	甲材料	应付账款	德胜公司	600000	✓ ✓
合计					¥600000	

附单据2张

会计主管 肖刚　记账 王莉　复核 张长　出纳 初晓芳　制单 张安

原材料——甲材料明细账

2022年 月	日	凭证 种类	凭证 编号	摘要	收入 数量	收入 单价	收入 金额	发出 数量	发出 单价	发出 金额	结存 数量	结存 单价	结存 金额
1				上年结转							1000	20	20000
1	28	记	3	采购材料	300	20	6000				1300	20	26000

图 5-42　会计凭证与原材料明细账的核对

任务案例 2 解析

本任务是进行账账核对，具体核对过程及结果如下：

（1）总账与总账核对结果如图 5-43 所示。

平衡试算表

账户名称	期初余额 借方	期初余额 贷方	本期发生额 借方	本期发生额 贷方	期末余额 借方	期末余额 贷方
库存现金	10 000		20 000		30 000	
银行存款	1 000 000		520 000	20 000	1 500 000	
应收账款	400 000		50 000	420 000	30 000	
短期借款		500 000		100 000		600 000
实收资本		910 000				910 000
主营业务收入				50 000		50 000
合计	1 410 000	1 410 000	590 000	590 000	1 560 000	1 560 000

期初余额平衡　　发生额平衡　　期末余额平衡

图 5-43　总账与总账的核对结果

（2）总账与明细账核对的过程如图 5-44 所示。

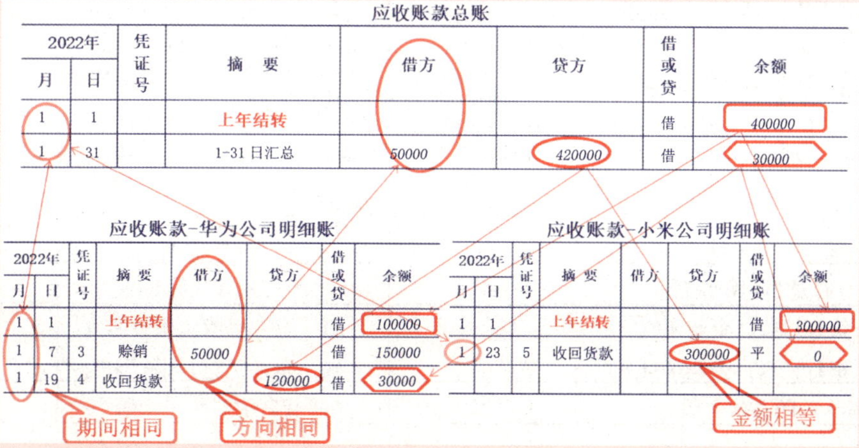
应收账款总账

2022年 月	日	凭证号	摘要	借方	贷方	借或贷	余额
1	1		上年结转			借	400000
1	31		1-31日汇总	50000	420000	借	30000

应收账款-华为公司明细账

2022年 月	日	凭证号	摘要	借方	贷方	借或贷	余额
1	1		上年结转			借	100000
1	7	3	赊销	50000		借	150000
1	19	4	收回货款		120000	借	30000

应收账款-小米公司明细账

2022年 月	日	凭证号	摘要	借方	贷方	借或贷	余额
1	1		上年结转			借	300000
1	23	5	收回货款		300000	平	0

图 5-44　总账与明细账核对

（3）总账与日记账核对的过程如图5-45所示。

银行存款总账

2022年		凭证号	摘　要	借方	贷方	余额
月	日					
1	1		上年结转			1000000
1	31		1—31日汇总	520000	20000	1500000

金额相等

银行存款日记账

2022年		凭证号	摘　要	借方	贷方	余额
月	日					
1	1		上年结转			1000000
1	5	1	提 现		20000	980000
1	5	2	借 款	100000		1080000
1	19	3	收回货款	120000		1200000
1	23	4	收回货款	300000		1500000

期间相同　　方向相同

图5-45　总账与日记账核对

任务案例3解析

银行存款余额调节表的编制过程及结果如图5-46所示。

银行存款日记账

摘　要	结算方式		借　方	贷　方	余　额
	种类	票号			
上年结转					280 000
付购料款	银行汇票	011		140 000	140 000
支付运费	转　支	022		1 000	139 000
收销货款	电　汇	230	335 000		474 000
付购料款	电　汇	324		10 500	463 500
收销货款	银行本票	126	150 000		613 500
支付电费	信　汇	190		105 000	508 500
支付料款	电　汇	378		234 000	274 500
收 货 款	汇　票	139	4 500		279 000
收 货 款	转　支	205	11 700		290 700
支付水费	转　支	026		6 780	283 920
收销货款	信　汇	562	49 000		332 920

银行对账单

摘　要	结算方式		支　出	收　入	余　额
	种类	票号			
上年结转					280 000
通达公司	银行汇票	011	140 000		140 000
江 山 厂	转　支	022	1 000		139 000
大发公司	电　汇	230		335 000	474 000
电　费	信　汇	190	105 000		369 000
红星公司	汇　票	139		4 500	373 500
明辉公司	信　汇	562		49 000	422 500
华城公司	电　汇	324	10 500		412 000
秋实公司	电　汇	378	234 000		178 000
春晖公司	银行本票	126		150 000	328 000
红星公司	电　汇	379		351 000	679 000
电　费	信　汇	563	96 000		583 000

银行存款余额调节表

项　　目	金　额	项　　目	金　额
银行存款日记账余额	332920	银行对账单余额	583000
加：银行已收，企业未收	+ 351000	加：企业已收，银行未收	+ 11700
减：银行已付，企业未付	- 96000	减：企业已付，银行未付	- 6780
调节后的存款余额	= 587920	调节后的对账单余额	= 587920

图5-46　银行存款余额调节表编制过程及结果

任务案例4解析

华丰公司2021年12月31日资产盘点结果是：甲材料盘盈，乙材料盘亏，固定资产盘亏。具体盘盈盘亏情况及账务处理结果如表5-87所示。

表5-87　　资产盘点结果及账务处理

甲材料盘盈（实际5 100＞账面5 000），盘盈材料成本为：（5 100－5 000）×60=6 000（元）	
批准前	批准后（或期末）
借：原材料——甲材料　6 000 　贷：待处理财产损溢——待处理流动资产损溢　6 000	借：待处理财产损溢——待处理流动资产损溢　6 000 　贷：管理费用　6 000
乙材料盘亏（实际1 980＜账面2 000），盘亏材料成本为：（2 000－1 980）×20=400（元）	
批准前	批准后（或期末）
借：待处理财产损溢——待处理流动资产损溢　400 　贷：原材料——乙材料　400	借：管理费用　400 　贷：待处理财产损溢——待处理流动资产损溢　400
固定资产盘亏价值3 000（元）	
批准前	批准后（或期末）
借：待处理财产损溢——待处理固定资产损溢　3 000 　　累计折旧　1 000 　贷：固定资产　4 000	借：其他应收款　600 　　营业外支出　2 400 　贷：待处理财产损溢——待处理固定资产损溢　3 000

任务三　更正错账

【任务目标】

- 错账更正的总体要求
- 熟悉错账更正的方法
- 学会选用错账更正方法
- 能够熟练进行错账更正
- 培养认真的态度，提高规矩意识和精准意识

【任务案例】

案例1：2022年1月，新会计小花在登记银行存款日记账时，错将摘要“提现金”写成“存现金”，将余额1 080 000元错写成1 060 000元。

要求：用正确的方法更正错账。

案例2：2022年3月31日对账时发现2笔错账：

（1）2022年3月3日从银行提取现金20 000元，1号记账凭证错记为：借记“银行存款”20 000元，贷记“库存现金”20 000元，并据以登记入账。

（2）2022年4月9日，收到10 000元投资款存入银行，9号记账凭证进行的记录为：借记“银行存款”100 000元，贷记“实收资本”100 000元，并据以登记入账。

要求：用正确方法更正错账。

案例3：2022年1月31日对账时发现1笔错账：

2022年1月9日收回销货款10 000元，记账凭证进行的记录为：借记“银行存款”1 000元，贷记“应收账款（大发公司）”1 000元，并已登记在相关账簿中。

要求：用正确的方法更正错账。

【知识准备】

一、错账更正的总体要求

受多种因素的影响，在会计数据的分类和记录过程中，可能会出现这样或那样的错误。为了防止非法改账，在发现账簿错误时，会计人员不得用刮擦、挖补、涂抹或用化学药水更改错误记录，必须根据错误的性质和具体情况，按照规定，采用适当的方法进行更正。

二、错账更正方法

错账更正方法主要有划线更正法、红字更正法和补充登记法三种。

（一）划线更正法

划线更正法，也称红线更正法，是采用划线方式注销原有记录，从而更正账簿记录错误的方法。

划线更正法适用于记账后发现记账凭证正确，而账簿记录出现文字或数字错误的情况。

划线更正法的具体操作方法是：用红色墨水笔在错误的文字或数据中间水平划一条红线，再用蓝字或黑字在被注销文字或数据上方的空白处填写正确的文字或数据，并由记账人员在更正处盖章，以明确责任。例如，误将摘要中的“偿还应付货款”写成“偿还应付贷款”，只需将“贷”字用红线划去，然后在红线上面空白处用蓝字或黑字写上“货”，并在更正处加盖记账人员名章；如果是误将“2 500”写成“5 200”，应将“5 200”整个数字全部用红线划去，而不应该只划去“52”，然后在红线上面空白处用蓝字或黑字写上“2 500”，并在更正处加盖记账人员名章。

（二）红字更正法

红字更正法是采用红字方式冲销或冲减账簿原有记录，从而更正账簿记录错误的方法。

红字更正法适用于以下两种错误情况：一种是记账后发现记账凭证所记金额大于应记金额的错误，从而导致账簿记录出现同样错误的情况。另一种是记账后发现记账凭证中账户名称错误，并导致账簿记录产生同样错误的情况。

红字更正法的具体操作方法是：

第一种情况的操作方法是：

将正确金额与错误金额之间的差额，用红字填制一张记账凭证，并在摘要栏内注明

"冲销某月某日第×号记账凭证多记金额"，据以登记入账，以冲销多记金额。

典型案例 5-12

2022年1月30日，信合公司为销售部报销业务招待费500元（这里不考虑增值税），以现金支付，填制的记账凭证如表5-88所示，登记入账情况如表5-89、表5-90所示。当日查账时，发现记账凭证和相关账簿记录出现了同样错误。

表 5-88

记账凭证

2022年1月30日　　　　凭证编号 23 号

摘要	借方		贷方		金额									记账符号
	总账账户	明细账户	总账账户	明细账户	百	十	万	千	百	十	元	角	分	
支付业务招待费	销售费用	招待费	库存现金					5	0	0	0	0	0	√√
合计							¥	5	0	0	0	0	0	

附单据1张

会计主管 周到　　记账 王丽　　复核 孙胜　　出纳 赵奎额　　制单 岳庆君

表 5-89

总分类账

账户名称：销售费用　　　　第18页

2022年		凭证		摘要	借方										贷方										借或贷	余额									
月	日	种类	编号		千	百	十	万	千	百	十	元	角	分	千	百	十	万	千	百	十	元	角	分		千	百	十	万	千	百	十	元	角	分
1	3	记	3	办公用品费						1	0	0	0	0											借						1	0	0	0	0
	9	记	12	报销差旅费					1	0	0	0	0	0											借					1	1	0	0	0	0
	30	记	23	报销招待费					5	0	0	0	0	0											借					6	1	0	0	0	0

表 5-90

总分类账

账户名称：库存现金　　　　第1页

2022年		凭证		摘要	借方										贷方										借或贷	余额									
月	日	种类	编号		千	百	十	万	千	百	十	元	角	分	千	百	十	万	千	百	十	元	角	分		千	百	十	万	千	百	十	元	角	分
1	1			期初余额																					借					7	0	0	0	0	0
	3	记	3	办公用品费																1	0	0	0	0	借					6	9	0	0	0	0
	9	记	12	报销差旅费															1	0	0	0	0	0	借					5	9	0	0	0	0
	30	记	23	报销招待费															5	0	0	0	0	0	借						9	0	0	0	0

要求：用正确的方法更正错账。

典型案例5-12解析

本例的记账凭证中账户名称没有错误，只是实际记录数大于应记录数，更正此类错账应采用红字更正法，具体做法如下：

首先，将多记的4 500元用红字填制一张与原错误记账凭证内容相同的记账凭证如表5-91所示。

表5-91

记账凭证

2022年1月30日　　　　凭证编号 26 号

摘要	借方		贷方		金额									记账符号	
	总账账户	明细账户	总账账户	明细账户	百	十	万	千	百	十	元	角	分		
冲销本月23号凭证多记金额	销售费用	招待费	库存现金					4	5	0	0	0	0	√	√
合计							¥	4	5	0	0	0	0		

附单据　张

会计主管 周到　记账 王丽　复核 孙胜　出纳 赵奎额　制单 岳庆君

然后，根据红字凭证登记账簿，见表5-92和表5-93。

表5-92

总分类账

账户名称：销售费用　　　　第18页

2022年		凭证		摘要	借方										贷方										借或贷	余额									
月	日	种类	编号		千	百	十	万	千	百	十	元	角	分	千	百	十	万	千	百	十	元	角	分		千	百	十	万	千	百	十	元	角	分
1	3	记	3	办公用品费						1	0	0	0	0											借						1	0	0	0	0
	9	记	12	报销差旅费					1	0	0	0	0	0											借					1	1	0	0	0	0
	30	记	23	报销招待费					5	0	0	0	0	0											借					6	1	0	0	0	0
	30	记	26	冲本月23号凭证多记金额					4	5	0	0	0	0											借					1	6	0	0	0	0

表5-93

总分类账

账户名称：库存现金　　　　第1页

2022年		凭证		摘要	借方										贷方										借或贷	余额									
月	日	种类	编号		千	百	十	万	千	百	十	元	角	分	千	百	十	万	千	百	十	元	角	分		千	百	十	万	千	百	十	元	角	分
1	1			期初余额																					借					7	0	0	0	0	0
	3	记	3	办公用品费																1	0	0	0	0	借					6	9	0	0	0	0
	9	记	12	报销差旅费															1	0	0	0	0	0	借					5	9	0	0	0	0
	30	记	23	报销招待费															5	0	0	0	0	0	借						9	0	0	0	0
	30	记	26	冲本月23号凭证多记金额															4	5	0	0	0	0	借					5	4	0	0	0	0

第二种情况的操作方法是：先用红字填写一张内容与原错误凭证完全相同的记账凭证，并用红字登记入账，冲销原有错误记录，再用蓝或黑字填制一张正确的记账凭证，据以用蓝字或黑字登记入账。

典型案例5-13

2022年1月27日，尚方公司生产甲产品领用5 000元B材料，填制的记账凭证如表5-94所示，登记入账的情况如表5-95、表5-96所示。31日查账时发现记账凭证和账簿记录出现了连锁性错误，即记账凭证错误导致了账簿记录的错误。

表5-94

记账凭证

2022年1月27日　　凭证编号 23 号

摘要	借方		贷方		金额									记账符号	
	总账账户	明细账户	总账账户	明细账户	百	十	万	千	百	十	元	角	分		
甲产品领料	管理费用	材料费	原材料	B材料				5	0	0	0	0	0	√	√
合计							¥	5	0	0	0	0	0		

附单据1张

会计主管 马莉莉　记账 尹丽　复核 张中胜　出纳 王占奎　制单 赵凤

表5-95

总分类账

账户名称：管理费用　　第15页

2022年		凭证		摘要	借方										贷方										借或贷	余额									
月	日	种类	编号		千	百	十	万	千	百	十	元	角	分	千	百	十	万	千	百	十	元	角	分		千	百	十	万	千	百	十	元	角	分
1	2	记	2	办公用品费						2	0	0	0	0											借						2	0	0	0	0
	8	记	10	报销差旅费						8	0	0	0	0											借					1	0	0	0	0	0
	27	记	23	甲产品领料					5	0	0	0	0	0											借					6	0	0	0	0	0

表5-96

总分类账

账户名称：原材料　　第5页

2022年		凭证		摘要	借方										贷方										借或贷	余额									
月	日	种类	编号		千	百	十	万	千	百	十	元	角	分	千	百	十	万	千	百	十	元	角	分		千	百	十	万	千	百	十	元	角	分
1	1			期初余额																					借				2	5	0	0	0	0	0
	5	记	1	B材料入库					3	0	0	0	0	0											借				2	8	0	0	0	0	0
	10	记	12	管理部门领料															1	0	0	0	0	0	借				2	7	0	0	0	0	0
	27	记	23	甲产品领料															5	0	0	0	0	0	借				2	2	0	0	0	0	0

要求：用正确的方法更正错账。

典型案例5-13解析

本例的记账凭证中账户名称错误，应该记入“生产成本”账户，却记入“管理费用”账户，更正此类错账应采用红字更正法，具体做法如下：

首先，用红字金额填制一张与原错误记账凭证内容相同的记账凭证，如表5-97所示，并据以用红字登记入账如表5-98、表5-99所示。

表5-97 **记账凭证**

2022年1月31日　　凭证编号 25 号

摘要	借方		贷方		金额									记账符号	
	总账账户	明细账户	总账账户	明细账户	百	十	万	千	百	十	元	角	分		
冲销本月23号凭证	管理费用	材料费	原材料	B材料				5	0	0	0	0	0	√	√
合　计							¥	5	0	0	0	0	0		

附单据　张

会计主管 马莉莉　记账 尹丽　复核 张中胜　出纳 王占奎　制单 赵凤

表5-98 **总分类账**

账户名称：管理费用　　第15页

2022年		凭证		摘要	借方										贷方										借或贷	余额									
月	日	种类	编号		千	百	十	万	千	百	十	元	角	分	千	百	十	万	千	百	十	元	角	分		千	百	十	万	千	百	十	元	角	分
1	2	记	2	办公用品费						2	0	0	0	0											借						2	0	0	0	0
	8	记	10	报销差旅费						8	0	0	0	0											借					1	0	0	0	0	0
	27	记	23	甲产品领料					5	0	0	0	0	0											借					6	0	0	0	0	0
	31	记	25	冲本月23号凭证错误					5	0	0	0	0	0											借					1	0	0	0	0	0

表5-99 **总分类账**

账户名称：原材料　　第5页

2022年		凭证		摘要	借方										贷方										借或贷	余额									
月	日	种类	编号		千	百	十	万	千	百	十	元	角	分	千	百	十	万	千	百	十	元	角	分		千	百	十	万	千	百	十	元	角	分
1	1			期初余额																					借				2	5	0	0	0	0	0
	5	记	1	B材料入库					3	0	0	0	0	0											借				2	8	0	0	0	0	0
	10	记	12	管理部门领料															1	0	0	0	0	0	借				2	7	0	0	0	0	0
	27	记	23	甲产品领料															5	0	0	0	0	0	借				2	2	0	0	0	0	0
	31	记	25	冲本月23号凭证错误															5	0	0	0	0	0	借				2	7	0	0	0	0	0
	31	记	26	补记27日领料账															5	0	0	0	0	0	借				2	2	0	0	0	0	0

然后，用蓝（或黑）字填制一张正确记账凭证如表5-100所示，并据以登记入账如表5-101和表5-99所示。

表5-100　　记账凭证

2022年1月31日　　凭证编号 26 号

摘要	借方		贷方		金额									记账符号	
	总账账户	明细账户	总账账户	明细账户	百	十	万	千	百	十	元	角	分		
补记27日账	生产成本	甲产品	原材料	B材料				5	0	0	0	0	0	√	√
合　计							¥	5	0	0	0	0	0		

附单据　张

会计主管 马莉莉　记账 尹丽　复核 张中胜　出纳 王占奎　制单 赵凤

表5-101　　总分类账

账户名称：生产成本　　第11页

2022年		凭证		摘要	借方										贷方										借或贷	余额									
月	日	种类	编号		千	百	十	万	千	百	十	元	角	分	千	百	十	万	千	百	十	元	角	分		千	百	十	万	千	百	十	元	角	分
1	1			期初余额																					借				1	5	5	0	0	0	0
	31	记	26	补记27日领料账					5	0	0	0	0	0											借				2	0	5	0	0	0	0

红字更正法的优点在于能够保持账户间的对应关系，而且还能使账户中的发生额正确，不至于因更正错账使发生额虚增或虚减。

（三）补充登记法

补充登记法是采用增记金额方式补充原有记录，从而更正账簿记录错误的方法。

补充登记法适用于记账后发现记账凭证上应借、应贷的会计账户名称没有错误，只是实记金额小于应记金额的错误。

其操作方法是：将应记金额与实记金额之间的差额，用蓝字填制一张记账凭证，并据以登记入账，以补充少记金额。

典型案例5-14

2022年1月27日，大众公司收回领航公司所欠货款10 000元，款项已经入户，填制的记账凭证如表5-102所示，登记记录如表5-103、表5-104所示。当日查账时发现记账凭证和账簿记录出现了连锁错误。

表5-102

记账凭证

2022年1月27日　　　　凭证编号 25 号

摘要	借方		贷方		金额									记账符号	
	总账账户	明细账户	总账账户	明细账户	百	十	万	千	百	十	元	角	分		
收回应收货款	银行存款		应收账款	领航公司				1	0	0	0	0	0	√	√
合　计							¥	1	0	0	0	0	0		

附单据1张

会计主管 周到　记账 王丽　复核 孙胜　出纳 赵奎额　制单 岳庆君

表5-103

总分类账

账户名称：银行存款　　　　第3页

2022年		凭证		摘要	借方										贷方										借或贷	余额									
月	日	种类	编号		千	百	十	万	千	百	十	元	角	分	千	百	十	万	千	百	十	元	角	分		千	百	十	万	千	百	十	元	角	分
1	1			期初余额																					借			1	9	5	0	0	0	0	0
	4	记	4	现销商品				3	5	1	0	0	0	0											借			2	3	0	1	0	0	0	0
	10	记	15	报销办公费														1	0	1	0	0	0	0	借			2	2	0	0	0	0	0	0
	27	记	25	收回货款					1	0	0	0	0	0											借			2	2	1	0	0	0	0	0

表5-104

总分类账

账户名称：应收账款　　　　第10页

2022年		凭证		摘要	借方										贷方										借或贷	余额									
月	日	种类	编号		千	百	十	万	千	百	十	元	角	分	千	百	十	万	千	百	十	元	角	分		千	百	十	万	千	百	十	元	角	分
1	1			期初余额																					借				5	8	5	0	0	0	0
	27	记	25	收回货款															1	0	0	0	0	0	借				5	7	5	0	0	0	0

要求：采用正确的方法更正错账。

典型案例5-14解析

本例记账凭证中，账户名称没有错误，只是实记数小于应记数，更正这种错账，应采用补充登记法，具体做法如下：

首先，将少记的9 000元用蓝（或黑）字填制一张与原错误记账凭证内容相同的记账凭证如表5-105所示。

表5-105　　记账凭证

2022年1月27日　　凭证编号 27 号

摘要	借方		贷方		金额									记账符号	
	总账账户	明细账户	总账账户	明细账户	百	十	万	千	百	十	元	角	分		
补充本月25号凭证少记金额	银行存款		应收账款	领航公司				9	0	0	0	0	0	√	√
合　计							¥	9	0	0	0	0	0		

附单据　张

会计主管 周到　记账 王丽　复核 孙胜　出纳 赵奎额　制单 岳庆君

其次，根据蓝（或黑）字记账凭证登记账簿如表5-106、表5-107所示。

表5-106　　总分类账

账户名称：银行存款　　第3页

2022年		凭证		摘要	借方										贷方										借或贷	余额									
月	日	种类	编号		千	百	十	万	千	百	十	元	角	分	千	百	十	万	千	百	十	元	角	分		千	百	十	万	千	百	十	元	角	分
1	1			期初余额																					借			1	9	5	0	0	0	0	0
	4	记	4	现销商品				3	5	1	0	0	0	0											借			2	3	0	1	0	0	0	0
	10	记	15	报销办公费														1	0	1	0	0	0	0	借			2	2	0	0	0	0	0	0
	27	记	25	收回货款					1	0	0	0	0	0											借			2	2	1	0	0	0	0	0
	27	记	27	补充本月25号凭证少记金额					9	0	0	0	0	0											借			2	3	0	0	0	0	0	0

表 5-107 **总分类账**

账户名称：应收账款 第 10 页

2022年		凭证		摘要	借方										贷方										借或贷	余额									
月	日	种类	编号		千	百	十	万	千	百	十	元	角	分	千	百	十	万	千	百	十	元	角	分		千	百	十	万	千	百	十	元	角	分
1	1			期初余额																					借				5	8	5	0	0	0	0
	27	记	25	收回货款															1	0	0	0	0	0	借				5	7	5	0	0	0	0
	27	记	27	补充本月25号凭证少记金额															9	0	0	0	0	0	借				4	8	5	0	0	0	0

任务案例1解析

本任务案例中的错误属于记账凭证没有错误，只是账簿记录出现文字或数字错误的情况，可用画线更正法进行更正。其中，任务案例业务1的错误是：在登记银行存款日记账时，错将摘要“提现金”写成“存现金”。对此，要用单红线在错字“存”的中间划销，将正确的文字“提”用蓝字或黑字写在被注销的文字上方，并由记账人员在更正处盖章。任务案例业务2的错误是：在登记银行存款日记账时，将余额“1 080 000”错写成了“1 060 000”。对此，不可只划掉错误的“6”，应将“1 060 000”全部用红笔划掉，然后，将正确的数字“1 080 000”用蓝字或黑字写在被注销的数字上方，并由记账人员在更正处盖章。具体更正结果如图5-47所示。

星火小讲堂 5-3

银行存款日记账

2022年		凭证		摘要	对应账户	借方	贷方	核对号	余额
月	日	种类	编号						
1	1			上年结转					1000000
1	5	记	1	提 ~~存~~现金 赵萌	库存现金		20000		赵萌
1	5	记	2	借 款	短期借款	100000			1080000 ~~1060000~~

图 5-47 银行存款日记账中错误更正结果

任务案例2解析

本任务案例中业务1的错误是记账凭证中账户名称书写错误，并依据此错误凭证登记了账簿，业务2的错误是记账凭证所记金额大于应记金额，并依据此错误凭证登记了账簿，这两种错误均适合使用红字更正法进行更正。

（1）更正业务1的错误需要两步：第一步，填制两张记账凭证，其中一张日期写发现并改正的日期2022年3月31日，凭证号按顺序填写，在摘要栏内注明“更正1号凭证”，账户名称及方向和原错误凭证完全相同，但数字用红笔书写，表明冲销错误凭证，右侧附单据张数可以不写。另一张是用蓝或黑字填制的正确记账凭证。具体更正过程及结果如图5-48所示。

错误

记账凭证

2022年3月3日　　凭证编号 1

摘要	借方 总账账户	借方 明细账户	贷方 总账账户	贷方 明细账户	百	十	万	千	百	十	元	角	分	记账符号		附单据1张
提取现金	银行存款		库存现金				2	0	0	0	0	0	0	√	√	
合计						¥	2	0	0	0	0	0	0			

会计主管吴昊　记账 李峰　复核张阳　出纳 李萍　制单 张安

2000000

冲销

记账凭证

2022年3月31日　　凭证编号 $21\frac{1}{2}$

摘要	借方 总账账户	借方 明细账户	贷方 总账账户	贷方 明细账户	金额	记账符号	附单据 张
更正1号凭证	银行存款		库存现金		2000000		
合计					¥2000000		

会计主管　记账　复核　出纳　制单 张安

更正

记账凭证

2022年3月31日　　凭证编号 $21\frac{2}{2}$

摘要	借方 总账账户	借方 明细账户	贷方 总账账户	贷方 明细账户	金额	记账符号	附单据 张
更正1号凭证	库存现金		银行存款		2000000		
合计					¥2000000		

会计主管　记账　复核　出纳　制单 张安

图5-48　冲销和更正原有错误记账凭证

第二步，将这两张记账凭证分别登记入账。登记时，日期、摘要、借贷方向、金额以及字体颜色与记账凭证一致，登记红字凭证时用红笔，表明冲销原有错误记录。在计算余额时应将借方红字金额作为负数处理，即将红字金额作为减项处理。银行存款日记账具体更正过程及结果如图5-49所示，库存现金日记账具体更正过程及结果如图5-50所示。

记账凭证

2022年3月31日　　凭证编号 $21\frac{1}{2}$

摘要	借方 总账账户	借方 明细账户	贷方 总账账户	贷方 明细账户	金额	记账符号		附单据 张
更正1号凭证	银行存款		库存现金		2000000	√	√	
合计					¥2000000			

会计主管吴昊　记账李峰　复核张阳　出纳 李萍　制单张安

记账凭证

2022年3月31日　　凭证编号 $21\frac{2}{2}$

摘要	借方 总账账户	借方 明细账户	贷方 总账账户	贷方 明细账户	金额	记账符号		附单据 张
更正1号凭证	库存现金		银行存款		2000000	√	√	
合计					¥2000000			

会计主管吴昊　记账李峰　复核张阳　出纳 李萍　制单张安

银行存款日记账

2022年 月	日	凭证 种类	编号	摘要	对应账户	借方	贷方	余额
3	1			期初余额				30000
3	3	记	1	提现	库存现金	20000		50000
3	31	记	$21\frac{1}{2}$	更正1号凭证	库存现金	20000		30000
3	31	记	$21\frac{2}{2}$	更正1号凭证	库存现金		20000	10000

图5-49　银行存款日记账更正过程及结果

记账凭证

2022年3月31日 凭证编号 $21\frac{1}{2}$

摘要	借方		贷方		金额	记账符号	附单据
	总账账户	明细账户	总账账户	明细账户	百十万千百十元角分		
更正1号凭证	银行存款		库存现金		2000000	√√	
							张
合计					¥2000000		

会计主管吴昊 记账李峰 复核张阳 出纳 李萍 制单张安

记账凭证

2022年3月31日 凭证编号 $21\frac{2}{2}$

摘要	借方		贷方		金额	记账符号	附单据
	总账账户	明细账户	总账账户	明细账户	百十万千百十元角分		
更正1号凭证	库存现金		银行存款		2000000	√√	
							张
合计					¥2000000		

会计主管吴昊 记账李峰 复核张阳 出纳 李萍 制单张安

库存现金日记账

2022年		凭证		摘要	对应账户	借方	贷方	余额
月	日	种类	编号					
3	1			期初余额				30000
3	3	记	1	提现	银行存款		20000	10000
3	31	记	$21\frac{1}{2}$	更正1号凭证	银行存款		20000	30000
3	31	记	$21\frac{2}{2}$	更正1号凭证	银行存款	20000		50000

图 5-50 库存现金日记账更正过程及结果

（2）更正业务2的错误需要两步：第一步，填一张账户名称、借贷方向均和错误记账凭证一致，但金额用红字书写且金额为90 000的记账凭证，不必附原始凭证。记账凭证更正过程及结果如图5-51所示。

错误

记账凭证

2022年3月9日 凭证编号 9

摘要	借方		贷方		金额	记账符号	附单据
	总账账户	明细账户	总账账户	明细账户	百十万千百十元角分		
收到投资	银行存款		实收资本	南方公司	10000000	√√	
							张
合计					¥10000000		

会计主管吴昊 记账 李峰 复核张阳 出纳 李萍 制单 张安

↓更正

记账凭证

2022年3月31日 凭证编号28

摘要	借方		贷方		金额	记账符号	附单据
	总账账户	明细账户	总账账户	明细账户	百十万千百十元角分		
更正9号凭证	银行存款		实收资本	南方公司	9000000		
							张
合计					¥9000000		

会计主管 记账 复核 出纳 制单 张安

图 5-51 记账凭证更正过程及结果

第二步，登记入账。将更正后的记账凭证内容分别登记在银行存款和实收资本账簿中，这里以银行存款日记账和实收资本总账为例列示更正过程，银行存款日记账更正过程及结果如图5-52所示，实收资本总账更正过程及结果如图5-53所示。

记账凭证

2022年3月9日　　　　凭证编号28

摘要	借方		贷方		金额									记账符号
	总账账户	明细账户	总账账户	明细账户	百	十	万	千	百	十	元	角	分	
更正9号凭证	银行存款		实收资本	南方公司			9	0	0	0	0	0	0	√ √
合计						¥	9	0	0	0	0	0	0	

附单据　张

会计主管吴昊　　记账 李峰　　复核张阳　　出纳 李萍　　制单 张安

银行存款日记账

2022年		凭证		摘要	对应账户	借方	贷方	余额
月	日	种类	编号					
3	1			期初余额				30000
3	3	记	1	提现	库存现金	20000		50000
3	31	记	$21\frac{1}{2}$	更正1号凭证	库存现金	20000		30000
3	31	记	$21\frac{2}{2}$	更正1号凭证	库存现金		20000	10000
3	9	记	9	收到投资	实收资本	100000		110000
3	31	记	28	更正9号凭证	实收资本	90000		20000

图5-52　银行存款日记账更正过程及结果

记账凭证

2022年3月9日　　　　凭证编号28

摘要	借方		贷方		金额									记账符号
	总账账户	明细账户	总账账户	明细账户	百	十	万	千	百	十	元	角	分	
更正9号凭证	银行存款		实收资本	南方公司			9	0	0	0	0	0	0	√ √
合计						¥	9	0	0	0	0	0	0	

附单据　张

会计主管吴昊　　记账 李峰　　复核张阳　　出纳 李萍　　制单 张安

实收资本总账

2022年		凭证		摘要	借方	贷方	借或贷	余额
月	日	种类	编号					
3	1			期初余额			借	400000
3	9	记	9	收到投资		100000	借	500000
3	31	记	28	更正9号凭证		90000	借	410000

图5-53　实收资本总账更正过程及结果

任务案例3解析

该案例中会计科目及借贷方向是正确的，只是金额错记为1 000，比应记金额10 000少记了9 000，可以采用补充更正法进行更正。

具体操作分两步进行：

第一步，用蓝或黑字填写一张记账凭证，摘要为“更正4号凭证”，借贷方及会计账户名称和错误的记账凭证一致，即借方是银行存款，贷方是应收账款，明细账是大发公司，金额是9 000，附单据张数可以不填。更正记账凭证的过程与结果如图5-54所示。

记账凭证

2022年1月9日　　凭证编号 4

摘要	借方		贷方		金额									记账符号	
	总账账户	明细账户	总账账户	明细账户	百	十	万	千	百	十	元	角	分		
收回货款	银行存款		应收账款	大发公司				1	0	0	0	0	0	√	√
合计							¥	1	0	0	0	0	0		

附单据1张

会计主管宋义　记账王立　复核肖安　出纳赵娜　制单 张爽

↓ 更正

记账凭证

2022年1月31日　　凭证编号22

摘要	借方		贷方		金额									记账符号
	总账账户	明细账户	总账账户	明细账户	百	十	万	千	百	十	元	角	分	
更正4号凭证	银行存款		应收账款	大发公司				9	0	0	0	0	0	
合计							¥	9	0	0	0	0	0	

附单据（ ）张

会计主管　记账　复核　出纳　制单 张爽

图5-54　更正记账凭证的过程与结果

第二步，根据所填制的这张记账凭证登记相应的账簿，这里仅列示银行存款日记账和应收账款明细账的更正过程及结果。银行存款日记账的更正过程及结果图5-55所示，应收账款——大发公司明细账的更正过程及结果图5-56所示。

记账凭证

2022年1月9日　　凭证编号22

摘要	借方		贷方		金额									记账符号
	总账账户	明细账户	总账账户	明细账户	百	十	万	千	百	十	元	角	分	
更正4号凭证	银行存款		应收账款	大发公司				9	0	0	0	0	0	√
合计							¥	9	0	0	0	0	0	

附单据 张

会计主管宋义　记账王立　复核肖安　出纳赵娜　制单 张爽

银行存款日记账

2022年		凭证		摘要	对应账户	借方	贷方	余额
月	日	种类	编号					
1	1			上年结转				30000
1	9	记	4	收回货款	应收账款	1000		31000
1	31	记	22	更正4号凭证	应收账款	9000		40000

图5-55　银行存款日记账的更正过程及结果

记账凭证

2022年1月9日　　　　凭证编号22

摘要	借方		贷方		金额									记账符号		附单据
	总账账户	明细账户	总账账户	明细账户	百	十	万	千	百	十	元	角	分			
更正4号凭证	银行存款		应收账款	大发公司				9	0	0	0	0	0	√	√	
合　计							¥	9	0	0	0	0	0			张

会计主管宋义　记账王立　复核肖安　出纳赵娜　制单 张爽

应收账款—大发公司明细账

2022年		凭证		摘要	借方	贷方	借或贷	余额
月	日	种类	编号					
1	1			上年结转			借	30000
1	9	记	4	收回货款		1000	借	29000
1	31	记	22	更正4号凭证		9000	借	20000

图5-56　应收账款——大发公司明细账的更正过程及结果

任务四　结账

【任务目标】

- 明确结账的含义
- 了解结账的工作程序
- 掌握结账的方法
- 能正确进行结账
- 认识到有始有终的重要意义

【任务案例】

大地公司2021年所有账簿记录登记和对账工作均已完成，且没有任何错误。

要求：进行应收账款总账、银行存款日记账、银行存款总账、管理费用明细账、原材料总账的结账工作。

【知识准备】

一、结账的工作内容

结账是把账簿记录定期结算清楚的一项工作。结账工作主要包括两方面内容：一是结清每一个损益类账户，并据以计算确定本期利润；二是结清每一个资产、负债和所有者权益类账户，分别结算出本期发生额和期末余额。

二、结账的工作程序

（1）检查本期发生的经济业务是否全部入账。结账工作须在本期内发生的经济业务全部记入有关账簿之后进行，所以，结账前要检查账簿记录的全面性和完整性。如果有漏记或错账，应及时补记或更正之后再进行结账。

（2）结转损益类账户，即将损益类账户转入“本年利润”账户，结平所有损益类账户。

（3）结出资产、负债、所有者权益类账户的本期发生额和期末余额，并结转下期。

三、结账的方法

（1）对不需要按月结计本期发生额的账户，每次记账后都结出余额，每月最后一笔余额即为月末余额。在月末结账时，只需要在最后一笔经济业务事项记录之下通栏画单红线，不需要再结计一次余额。

（2）库存现金日记账、银行存款日记账和需要按月结出发生额的明细账，月末结账时，要结出本月发生额和余额，在摘要栏内注明“本月合计”字样，并在“本月合计”下通栏画单红线。

（3）需要结计本年累计发生额的明细账户，每月结账时，在“本月合计”下一行结出自年初起至本月末止的累计发生额，在摘要栏填写“本年累计”字样，并在“本年累计”下通栏画单红线。但12月末的“本年累计”是全年累计发生额，全年累计发生额下要通栏画双红线。

（4）总账账户平时只需结出月末余额。年终结账时，将所有总账账户结出全年发生额和年末余额，在摘要栏内注明“本年合计”字样，并在合计数下通栏划双红线。

（5）年度终了结账时，有余额的账户，要将其余额结转下年，在年末账户余额的下一行摘要栏内，注明“结转下年”字样，将本页剩余的空行从右上角至左下角画斜单红线注销，下年度账户名称变化的，应在摘要栏中注明“结转下年（××账户）”，最后由记账人员盖章。

本年各账户余额结转记入下年账簿相应账户时，直接将本年账户余额同方向记入下年账簿相应账户的第一行余额栏内，并标明方向（借或贷）；在日期栏填写1月1日；在摘要栏注明“上年结转”字样，下年度账户名称有变化的，应在摘要栏注明“从上年（××账户）转来”。

星火小讲堂
5-4

典型案例5-15

假设企业的对账已经完成，且没有任何错误。

要求：结账（注：以“原材料”总账为例进行结账方法的说明）。

典型案例5-15解析

结账的具体方法示例如表5-108所示。

表5-108　　　　总分类账

账户名称：原材料　　　　　　　　　　　　　　　　　　　　第3页

2022年		凭证		摘要	借方										贷方										借或贷	余额									
月	日	种类	编号		千	百	十	万	千	百	十	元	角	分	千	百	十	万	千	百	十	元	角	分		千	百	十	万	千	百	十	元	角	分
1	1			上年结转																					借			1	6	9	0	0	0	0	0
	3	记	5	材料入库				1	0	0	0	0	0	0											借			1	7	9	0	0	0	0	0
	6	记	10	领用材料														4	5	0	0	0	0	0	借			1	3	4	0	0	0	0	0
	28	记	20	材料入库				1	7	0	0	0	0	0											借			1	5	1	0	0	0	0	0
	31			本月合计				2	7	0	0	0	0	0				4	5	0	0	0	0	0	借			1	5	1	0	0	0	0	0
2	6	记	12	材料入库					6	0	0	0	0	0											借			1	5	7	0	0	0	0	0
	28			本月合计					6	0	0	0	0	0										0	借			1	5	7	0	0	0	0	0
12	31			本月合计				6	6	0	0	0	0	0				5	5	0	0	0	0	0	借			6	4	3	0	0	0	0	0
	31			本年累计			7	3	2	0	0	0	0	0			2	5	8	0	0	0	0	0	借			6	4	3	0	0	0	0	0
				结转下年																															

任务案例解析

结账的具体方法示例如图5-57至图5-61所示。

应收账款总账

2021年		凭证		摘要	借方	贷方	借或贷	余额
月	日	种类	编号					
1	1			上年结转			借	4000000
1	8	记	5	赊销	50000		借	4050000
1	6	记	10	收回货款		120000	借	3930000
1	28	记	20	收回货款		300000	借	3630000
2	6	记	12	销售商品	50000		借	3680000

图5-57　应收账款总账结账情况

银行存款日记账

2021年		凭证		摘要	对应账户	借方	贷方	借或贷	余额
月	日	种类	编号						
1	1			上年结转				借	1000000
1	6	记	4	提现	库存现金		20000	借	980000
1	15	记	9	借款	短期借款	100000		借	1080000
1	26	记	12	销售商品	主营业务收入	50000		借	1130000
1	31			本月合计		150000	20000	借	1130000

图 5-58　银行存款日记账结账情况

管理费用明细账

2021年		凭证号		摘要	借方					贷方
月	日				工资	办公费	折旧费	差旅费	其他	
3	3	记	5	报销差旅费				3000		
3	4	记	6	买办公用品		100				
3	31	记	29	计提折旧				8000		
3	31	记	30	分配工资	60000					
3	31	记	31	结转损益						71100
3	31			本月合计	60000	100		11000		71100
3	31			本年累计	180000	600		51000		231600
				……						
12	31			本月合计		500		12000		72500
12	31			本年累计		7600		91000		818600

图 5-59　管理费用明细账结账情况

银行存款总账

2021年		凭证		摘要	借方	贷方	借或贷	余额
月	日	种类	编号					
1	1			上年结转			借	1000000
1	6	记	4	提现		20000	借	980000
1	15	记	9	借款	100000		借	1080000
1	26	记	12	销售商品	50000		借	1130000
1	31			本月合计	150000	20000	借	1130000
				……				
12	31			本月合计	120000	30000	借	6000000
12	31			本年累计	8120000	3120000	借	6000000
12	31			结转下年				

银行存款总账

2022年		凭证		摘要	借方	贷方	借或贷	余额
月	日	种类	编号					
1	1			上年结转			借	6000000

图 5-60　银行存款总账结账情况

原材料总账

2021年		凭证		摘要	借方	贷方	借或贷	余额
月	日	种类	编号					
1	1			上年结转			借	169000
1	3	记	5	材料入库	10000		借	179000
1	6	记	10	领用材料		45000	借	134000
1	28	记	20	材料入库	17000		借	151000
1	31			本月合计	27000	45000	借	151000
2	6	记	12	材料入库	6000		借	157000
2	28			本月合计	6000		借	157000
				……			借	
12	31			本月合计	66000	55000	借	643000
12	31			本年累计	732000	258000	借	643000
12	31			结转下年				

图5-61　原材料总账结账情况

项目加油站

想一想

1. 不对账会产生哪些风险？对账中发现问题区别对待是否违法？
2. 存货盘存单是否可以作为记账的依据？
3. 应如何处理对账所发现的问题？
4. 总账与其所属明细账存在怎样的关系？
5. 在对账时如果发生额和余额都平衡，能不能说账簿记录一定没有问题？

练一练

资料：庆原公司2022年1月初有关账户余额为：银行存款900 000元，库存现金12 500元，原材料100 000元，应付账款（欠绍润公司的购料款）56 500元，其他应收款800元，应收账款（是通润公司购货款）11 300元，生产成本150 000元。1月份发生经济业务如下：

（1）5日，购买甲材料500千克，单价100元，取得增值税专用发票，注明价款为50 000元，增值税6 500元，开出一张面值为56 500元的转账支票支付了价税款，材料已验收入库。

（2）9日，职工刘洪涛报销差旅费650元，原来预借差旅费800元，剩余现金退回财务部。

（3）17日，收回应收通润公司货款11 300元。

（4）19日，从光明公司购买甲材料300千克，单价100元，取得增值税专用发票，注明价款为30 000元，增值税3 900元，材料已验收入库，但货款尚未支付。

（5）25日，生产部门领用甲材料100千克，管理部门领用甲材料10千克，材料单位成本60元。

（6）27日，管理部门购买办公用品，直接投入使用，其中，货款300元，增值税39元，款项以现金支付。

（7）30日，用银行存款支付本月商品广告费530元，其中含增值税30元。

（8）30日，销售产品一批，开具增值税专用发票，注明价款为900 000元，增值税117 000元，该批产品成本500 000元，货款已收存银行。

（9）31日，分配本月工资费用500 000元，其中，生产人员300 000元，管理人员80 000元，销售人员120 000元。

（10）31日，本月验收入库产品成本为50 000元。

要求：编制会计分录，并登记所涉及账户的T字账。

项目测一测

△ 单项选择题

项目测试5-1 单项选择题

1.（　　）账户期末一般无余额。

A.资产类　B.负债类　C.成本类　D.损益类

2.收到投资者投入的货币资金，会引起单位（　　）。

A.资产增加　B.收入增加　C.负债增加　D.成本增加

3.发生了从银行提取现金的业务，应根据（　　）登记银行存款日记账。

A.现金收款凭证　B.银行存款收款凭证

C.现金付款凭证　D.银行存款付款凭证

4.（　　）在登记时必须逐日逐笔登记。

A.日记账　B.明细账　C.总账　D.备查账

5.关于明细账簿登记，以下说法不正确的是（　　）。

A.登记时间不可少　B.账户名称必须填

C.账户方向要标明　D.每笔业务金额都与总账一致

6.会计人员在结账前发现，记账凭证和账簿均误将5 000元写成500元，应采用（　　）进行更正。

A.补充登记法　B.划线更正法

C.红字冲销法　D.余额调整法

7.结账前对账时发现记账凭证中的账户名称有错误，并据以入账，这种错误应采用（　　）进行更正。

A.划线更正法　B.横线登记法

C.红字冲销法　D.补充登记法

8.下列各项中，更正账簿记录错误的方法正确的是（　　）。

A.抹掉错误记录再写　B.刮擦后重写

C.用涂改液遮盖后改正　D.红字冲销法

9.以下各项中，（　　）属于对账中账证核对的内容。

A.库存现金日记账与相关记账凭证核对　B.银行存款日记账与银行对账单核对

C.总账与所属明细账之间核对　D.库存现金日记账与总账核对

10.下列说法中，正确的是（　　）。

A.资产类账户期末一般都有余额　B.负债类账户期末一般都没有余额

C.所有者权益类账户期末一般无余额　D.损益类各账户期末都应该有余额

11.企业对外投资货币资金时，会引起企业（　　）。

A.货币资金减少　B.收入减少　C.负债减少　D.成本减少

12.发生了将现金存入银行的业务，应根据（　　）登记银行存款日记账。

A.现金付款凭证　B.银行存款付款凭证

C.现金收款凭证　D.银行存款收款凭证

13.下列各项中，（　　）适合采用划线更正法。

A.记账凭证上账户名称或记账方向错误导致的账簿记录错误

B.记账凭证没有错误，但账簿登记有误

C.记账凭证上账户名称或记账方向没有错误，但账簿记录金额大于应记金额

D.记账凭证上账户名称或记账方向没有错误，但账簿记录金额小于应记金额

14.下列应该使用多栏式账簿的是（　　）。

A.应收账款明细账　B.管理费用明细账

C.库存商品明细账　D.原材料明细账

15.下列各项不可以作为总账登记依据的是（　　）。

A.汇总记账凭证　B.账户汇总表　C.记账凭证　D.明细账

16.下列各项中，属于账证核对内容的是（　　）。

A.银行存款日记账与相关记账凭证核对　B.银行存款日记账与银行对账单核对

C.总账与所属明细账核对　D.总账与日记账核对

17.下列各项中，不属于账账核对的是（　　）。

A.总账与总账核对　B.固定资产总账与实物核对

C.总账与所属明细账核对　D.总账与日记账核对

18.结账前发现账簿记录错误，而记账凭证等其他方面没有错误，应采用（　　）进行更正。

A.划线更正法　B.补充登记法　C.红字更正法　D.以上三种都可以

△ 多项选择题

项目测试 5-2

多项选择题

1.关于原材料明细账登记，下列说法中正确的有（　　）。

A.期初结存材料可不写数量和单价，直接登记金额

B.库存材料增加时必须写明数量、单价和金额

C.库存材料减少时可只写数量，不写单价和金额

D.期末结存材料必须写明数量、单价和金额

2.下列各项中，期末余额在借方的账户有（　　）。

A.库存现金　B.库存商品　C.应付账款　D.实收资本

3.下列各类账户中，借方登记增加额的有（　　）。

A.成本类账户　B.负债类账户

C.资产类账户　D.所有者权益类账户

4.库存现金日记账除了根据现金收款凭证登记外，还可能根据（　　）登记。

A.转账凭证　B.银行存款付款凭证

C.现金付款凭证　D.银行存款收款凭证

5.关于库存现金日记账登记，以下说法正确的有（　　）。

A.按时间顺序登记　B.要写清摘要内容

C.要每日结出余额　D.每笔业务登记完毕都必须结出余额

6.下列各项中，不适合采用多栏式账页格式进行登记的账簿有（　　）。

A.预收账款明细账　　B.生产成本明细账
C.应收账款明细账　　D.其他应收款明细账
7.关于库存商品明细账登记，以下说法正确的有（　　）。
A.期初结存商品可不写数量和单价，直接登记金额
B.库存商品增加时必须写明数量、单价和金额
C.库存商品减少时可只写数量，不写单价和金额
D.期末结存商品必须写明数量、单价和金额
8.关于总账和明细账平行登记，下列说法正确的有（　　）。
A.登记内容相同
B.登记的方向相同
C.记账期间相同
D.总账与其所属的每一个明细账的登记金额相同
9.明细账可以直接根据（　　）登记。
A.原始凭证　　B.汇总原始凭证　　C.账户汇总表　　D.汇总记账凭证
10.关于总账登记，下列说法正确的有（　　）。
A.可以根据原始凭证登记　　B.可以根据记账凭证登记
C.可以根据账户汇总表登记　　D.可以根据汇总记账凭证登记
11.关于总账和明细账的关系，下列说法正确的有（　　）。
A.总账账户期初余额与其所属明细账户期初余额合计相等
B.总账账户本期发生额与其所属明细账户本期发生额合计相等
C.总账账户期末余额与其所属明细账户期末余额合计相等
D.总账和明细账提供的会计信息所起的作用相同
12.更正错账的方法有（　　）。
A.划线更正法　　B.余额调整法　　C.补充登记法　　D.红字更正法
13.下列情况中，可以使用红字更正法进行更正的有（　　）。
A.记账凭证和账簿记录中，所记金额大于应记金额
B.记账凭证和账簿记录中，所记金额小于应记金额
C.记账前发现，记账凭证上的文字或数字错误
D.记账凭证和账簿记录中，账户名称错误
14.账簿记录中不允许出现（　　）现象。
A.涂抹　　B.刮擦　　C.修改　　D.红字记录
15.登记账簿时，（　　）情况适用于红笔书写。
A.冲销账簿中的错误记录
B.在不设借或贷栏的多栏式账页中，登记减少数
C.在未印明余额方向的三栏式账中登记负数余额
D.任何一笔经济业务
16.下列各项中，（　　）属于账实核对的内容。
A.库存现金日记账与其总账核对
B.银行存款日记账与银行对账单核对
C.各项财产物资明细账与财产物资实有数核对

D.债权债务明细账与对方单位的债务债权明细账核对

17.下列说法中，正确的有（　　）。

A.银行存款日记账和银行对账单记录核对是账账核对

B.对账是会计工作的必备程序之一

C.对账可以找出账簿记录的问题

D.对账可以发现财产保管中的漏洞

18.会计分录的要素包括（　　）。

A.账户名称　　B.应记金额　　C.记账方法　　D.记账方向

19.账实不符的原因可能有（　　）。

A.本单位账簿记录错误　　B.财产物资保管过程中发生短缺

C.对方账簿记录错误　　D.存在未达账项

20.下列关于账簿登记规则的表述，正确的有（　　）。

A.文字和数字上方要留有适当空间　　B.用笔符合要求，按规定使用红色墨水笔

C.按页次顺序连续登记，不得跳行、隔页　　D.应采用正确的方法进行错账更正

21.下列账簿记录中，可以使用红色墨水笔的有（　　）。

A.冲销错误记录　　B.改错　　C.结账　　D.登记账簿增加额

22.下列各项中，期末余额在贷方的账户有（　　）。

A.短期借款　　B.库存商品　　C.应付账款　　D.长期借款

23.下列各类账户中，贷方登记增加额的有（　　）。

A.资产类账户　　B.负债类账户　　C.成本类账户　　D.所有者权益类账户

24.银行存款日记账除了根据银行存款收款凭证登记外，还可以根据（　　）登记。

A.转账凭证　　B.银行存款付款凭证

C.现金付款凭证　　D.现金收款凭证

25.关于错账更正，以下说法正确的有（　　）。

A.结账前单纯的账簿记录错误，可用划线更正法进行更正

B.记账后发现记账凭证金额多记而导致账簿记录错误的，可用红字更正法进行更正

C.记账后发现记账凭证上所记金额小于应记金额，从而导致账簿记录中金额少记的，可采用补充登记法进行更正。

D.账簿中出现的所有错误都可以用划线更正法进行更正

26.下列关于未达账项的表述中，说法正确的有（　　）。

A.单位已记收款，银行未记收款　　B.单位已记付款，银行未记付款

C.银行已记收款，单位未记收款　　D.银行已记付款，单位未记付款

27.总账可以根据（　　）来登记。

A.记账凭证　　B.原始凭证　　C.账户汇总表　　D.汇总记账凭证

28.关于总账和明细账的关系，下列说法正确的有（　　）。

A.总账账户期初余额与其所属明细账户期初余额合计相等

B.总账账户期末余额与其所属明细账户期末余额合计相等

C.总账账户本期发生额与其所属明细账户本期发生额合计相等

D.总账和明细账所提供会计信息的作用不同

29.关于更正错账的方法，下列说法正确有（　　）。

A. 补充登记法是将应记金额与已记金额之间的差额，用蓝字填制一张记账凭证，并据以登记入账的一种方法

B. 只要账簿有错误，就可以采用划线更正法进行更正

C. 划线更正法是在记账凭证没有错误的前提下才可以使用的错账更正方法

D. 记账后，发现记账凭证和账簿中所记金额大于应记金额，但会计账户名称等均无错误，即可采用红字更正法进行更正

30. 下列情况中，不可以使用红字更正法进行更正的有（　　）。

A. 记账凭证和账簿记录中，所记金额大于应记金额

B. 记账后发现账簿记录出现了数字错误

C. 记账后发现记账凭证上所记金额小于应记金额

D. 记账凭证和账簿记录中，账户名称错误

△ 判断题

项目测试 5-3

判断题

1. 除了损益类账户，所有的账户都有期末余额。（　　）

2. 如果长期借款期初贷方余额100 000元，本月偿还40 000元，期末贷方余额150 000元，则本月新增长期借款10 000元。（　　）

3. 一般情况下，账户记增加额的方向与账户余额的方向相同。（　　）

4. 账户贷方登记资产类账户的减少和费用类账户的增加。（　　）

5. 采用专用记账凭证的单位，库存现金日记账和银行存款日记账登记的依据是收、付款凭证。（　　）

6. 出纳人员每天必须结出库存现金日记账的余额，但不必结出银行存款日记账的余额。（　　）

7. 单位的库存现金日记账和银行存款日记账都由出纳人员进行登记。（　　）

8. 无论是什么性质的账户，其明细账登记都适合用三栏式账页格式。（　　）

9. 材料、费用类明细账适合采用多栏式账页格式进行登记。（　　）

10. 登记账簿时，所记录的文字和数字上方都要留有适当的空间，其主要目的是便于更正错误记录。（　　）

11. 总账和明细账是平行登记的，其登记都以记账凭证为依据。（　　）

12. 登记账簿必须用蓝色或黑色墨水笔，不得使用圆珠笔或铅笔。（　　）

13. 发现账簿记录错误时可以重新抄写，但不得涂改和挖补。（　　）

14. 月终结账前发现记账凭证和账簿记录都将8 500元记为5 800元，应采用划线更正法进行更正。（　　）

15. 除结账、更正错账和冲账外，账簿记录不得用红色墨水笔填写。（　　）

16. 在采用划线更正法更正错误数据时，要划去整个错误数字后再进行更正。（　　）

17. 某总分类账户的余额等于其所属各明细账户余额之和。（　　）

18. 银行存款也属于货币资金，因此，银行存款账实核对也应采用实地盘点法。（　　）

19. 单位的会计账簿是否每年都换新账簿是法规决定的。（　　）

20. 在对账时，发现银行存款日记账和银行对账单的余额不一致，也不能断定账簿记录有问题。（　　）

21. 除了损益类账户，其他类别的账户都一定有期末余额。（　　）

22. 一般情况下，账户记减少额的方向与账户余额的方向相反。（　　）

23. 如果银行存款期初借方余额1 000 000元，本月增加500 000元，本月减少300 000元，则期

末借方余额120 000元。（　　）

24. 一般情况下，资产类账户借方登记增加额，贷方登记的减少额。（　　）

25. 登记账簿时，所记录数字上方都要留有适当的空间，文字则不用。（　　）

26. 总账的登记都以记账凭证为依据，而各种明细账的登记都以原始凭证为依据。（　　）

27. 登记账簿必须用蓝色或黑色墨水笔，不得使用红色墨水笔。（　　）

28. 出纳人员的工作就是管理单位的现金，所以，只负责登记库存现金日记账。（　　）

29. 更正错账时不可以刮擦、挖补、涂抹，但可以用涂改液遮盖后重写。（　　）

30. 三栏式账户中，未印明余额方向的，应在余额栏内登记负数余额。（　　）

31. 备查账簿也是账簿，所以，备查账簿也应该统一格式。（　　）

32. 对账的目的是要保证凭证、账簿记录的真实性和准确性。（　　）

33. 对账时所编制的平衡试算表中，发生额试算平衡说明账簿记录一定没问题。（　　）

34. 总账与明细账对账时，如果总账各账户的期末余额与其所属各明细账的余额之和不相等，账簿记录一定有问题。（　　）

35. 运用划线更正法更正错账时，如果是数字错误，一定要划销全部数字后再填写正确的数字。（　　）

项目小实训

实训项目一：登记日记账

［实训目的］

熟练掌握日记账的登记方法。

［实训资料］

仲宏公司2022年1月末库存现金日记账余额为9 650元。该公司2月上旬发生现金业务的有关凭证（公司采用通用记账凭证）如表5-109至表5-112所示。

（1）6日，从银行提取现金5 000元备用。

表5-109

记账凭证

2022年2月6日　　　　凭证编号 1 号

摘要	借方		贷方		金额									记账符号
	总账账户	明细账户	总账账户	明细账户	百	十	万	千	百	十	元	角	分	
提取现金	库存现金		银行存款					5	0	0	0	0	0	
合计							¥	5	0	0	0	0	0	

附单据1张

会计主管　　记账　　复核　　出纳　　制单 王丹

（2）9日，职工刘义伟将赴哈尔滨参加会议，借支差旅费1 000元，已用现金支付。

表 5-110

记账凭证

2022年2月9日　　　　凭证编号 2 号

摘要	借方		贷方		金额									记账符号
	总账账户	明细账户	总账账户	明细账户	百	十	万	千	百	十	元	角	分	
预付差旅费	其他应收款	刘义伟	库存现金					1	0	0	0	0	0	
合计							¥	1	0	0	0	0	0	

附单据1张

会计主管　　记账　　复核　　出纳　　制单 王丹

(3) 13日，用现金付职工补助费500元。

表 5-111

记账凭证

2022年2月13日　　　　凭证编号 3 号

摘要	借方		贷方		金额									记账符号
	总账账户	明细账户	总账账户	明细账户	百	十	万	千	百	十	元	角	分	
付职工补助费	应付职工薪酬	职工福利	库存现金						5	0	0	0	0	
合计								¥	5	0	0	0	0	

附单据1张

会计主管　　记账　　复核　　出纳　　制单 王丹

(4) 22日，收到力神公司交付的押金500元。

表 5-112

记账凭证

2022年2月22日　　　　凭证编号 4 号

摘要	借方		贷方		金额									记账符号
	总账账户	明细账户	总账账户	明细账户	百	十	万	千	百	十	元	角	分	
收取押金	库存现金		其他应付款	力神公司					5	0	0	0	0	
合计								¥	5	0	0	0	0	

附单据1张

会计主管　　记账　　复核　　出纳　　制单 王丹

［实训要求］

登记库存现金日记账。

实训项目二：登记明细账

［实训目的］

熟练掌握明细账的登记方法。

[实训资料]

高格公司2022年1月初有关账户余额为：银行存款借方余额5 280 000元，库存现金借方余额9 500元，“应付账款——格鲁公司”贷方余额45 200元，甲材料2 000千克，单价20元。1月份发生的经济业务如下：

（1）6日，在现金清查盘点过程中，发现现金短缺500元，经核实，是出纳员失职所致，应由出纳员负责。

（2）9日，开出一张面值为565元的转账支票，为销售部门购办公用品。其中，价款500元，增值税65元。

（3）13日，财务部预付办公室主任马立刚差旅费2 000元，以现金支付。

（4）18日，向长风公司购买甲材料500千克，单价20元，取得了增值税专用发票，发票标明价款10 000元，增值税1 300元，款项尚未支付，材料已验收入库。

（5）26日，销售部领用甲材料60千克，单位成本10元。

（6）30日，开出一张面值为2 000元的转账支票，用以支付销售部产品展销费。

说明：相关凭证均已审核完毕，没有任何错误，限于篇幅，这里不展示凭证。

[实训要求]

登记应付账款、原材料、销售费用明细账。

实训项目三：编制银行存款余额调节表

[实训目的]

熟练掌握银行存款余额调节表的编制方法。

[实训资料]

2021年12月31日，庆原公司的银行存款日记账和银行对账单情况如表5-113、表5-114所示。

表5-113　　银行存款日记账

2021年		凭证		摘要	结算方式		对应账户	借方								√	贷方								√	余额							
月	日	种类	编号		种类	编号		十	万	千	百	十	元	角	分		十	万	千	百	十	元	角	分		十	万	千	百	十	元	角	分
11	30			本月合计				8	7	0	0	0	0	0	0		5	4	0	0	0	0	0	0		3	3	0	0	0	0	0	0
12	5	记	2	付展销费	转支	012	销售费用											5	0	0	0	0	0	0		2	8	0	0	0	0	0	0
	8	记	11	支付货款	转支	013	应付账款											3	0	0	0	0	0	0		2	5	0	0	0	0	0	0
	12	记	16	收回货款	电汇	037	应收账款	4	0	0	0	0	0	0	0											6	5	0	0	0	0	0	0
	16	记	26	付维修费	转支	014	管理费用												3	0	0	0	0	0		6	4	7	0	0	0	0	0
	19	记	38	提取现金	现支	001	银行存款											2	0	0	0	0	0	0		6	2	7	0	0	0	0	0
	31	记	36	接受投资	转支	038	实收资本	2	0	0	0	0	0	0	0											8	2	7	0	0	0	0	0

表 5-114

银行对账单

账号：00322359

开户单位：庆原公司

2021		摘 要	结算凭证		借 方	贷 方	余 额
月	日		种 类	号 数			
11	30				540 000	870 000	330 000
12	5	付展销费	转支	012	50 000		280 000
	6	支付水费	委托付款	001	6 000		274 000
	12	收回货款	电汇	037		400 000	674 000
	13	预收货款	转支	023		180 000	854 000
	19	提取现金	现支	001	20 000		834 000
	21	利息收入				1 800	835 800
	29	付购料款	电汇	086	90 000		745 800

[实训要求]

进行银行存款日记账与银行对账单的核对，如果存在未达账项，编制银行存款余额调节表。

实训项目四：存货清查结果的账务处理

[实训目的]

熟练掌握存货清查结果的会计处理。

[实训资料]

2022年1月31日，公司在财产清查中，盘盈C材料2千克，C材料单位成本50元，盘亏D材料50千克，D材料单位成本10元。经查，盘盈的2千克C材料是由于计量误差所致；盘亏的50千克D材料中，有30千克是由于水灾所造成的，有20千克属于管理不善造成的。盘亏损失中，应由保险公司承担20千克赔偿，仓库保管员承担10千克赔偿，另外20千克损失由公司负担。盘点结果已填列盘点表，并报请上级领导审批。清查所填制的“存货盘存单”和“实存账存对比表”分别如表5-115、表5-116所示，审批后的“实存账存对比表”如表5-117所示。

表 5-115

存货盘存单

存放地点：原材料库

财产类别：辅助材料　　2022年1月31日

编 号	名 称	规格型号	计量单位	盘点数量	单 价	金 额	备 注
005	C材料		千克	300	50	15 000	
006	D材料		千克	400	10	4 000	

盘点人签章：朱晓凤　　保管人签章：邵力

表 5-116

实存账存对比表

2022年1月31日

编号	名称及规格	计量单位	单价	实存		账存		盘盈		盘亏		备注
				数量	金额	数量	金额	数量	金额	数量	金额	
005	C材料	千克	50	300	15 000	298	14 900	2	100			
006	D材料	千克	10	400	4 000	450	4 500			50	500	

处理意见：

盘亏的D材料，水灾所致的损失记入营业外支出，管理不善造成的损失，应由保险公司和仓库保管员赔偿的记入“其他应收款”，由公司负担的部分记入管理费用。计量误差产生的盘盈，冲减管理费用。

审批负责人：

制表人签章：李春平　　　　审核人签章：马立

表 5-117

实存账存对比表

2022年1月31日

编号	名称及规格	计量单位	单价	实存		账存		盘盈		盘亏		备注
				数量	金额	数量	金额	数量	金额	数量	金额	
005	C材料	千克	50	300	15 000	298	14 900	2	100			
006	D材料	千克	10	400	4 000	450	4 500			50	500	

处理意见：

盘亏的D材料，水灾所致的损失记入营业外支出，管理不善造成的损失，应由保险公司和仓库保管员赔偿的记入“其他应收款”，由公司负担的部分记入管理费用。计量误差产生的盘盈，冲减管理费用。

同意

审批负责人：葛丹丹

制表人签章：李春平　　　　审核人签章：马立

［实训要求］

作出审批前、后的账务处理（这里以分录代替）。

实训项目五：固定资产清查结果的账务处理

［实训目的］

熟练掌握固定资产清查结果的会计处理。

［实训资料］

2022年1月31日，大渡公司在固定资产清查中，发现办公室在用的一台电脑不见了，该项资产账面资料显示：原值5 000元，已提折旧3 000元。清查所填写的“固定资产盘点表”如表5-118所示。报请领导审批后，该损失定由责任人周游赔偿。

表5-118 **固定资产盘点表**

2022年1月31日 单位：元

固定资产类别		固定资产账面情况					存放地点	实物负责人	盘点结果						
		固定资产名称	数量	单价	金额	已折旧额			计量单位	数量	单价	金额	盘盈	盘亏	备注
生产用	在用														
	未用														
	不需用														
	季节性停用														
非生产用	在用	电脑	1	5 000	5 000	3 000	办公室	周游	台	1	5 000	5 000		√	
	未用														
	不需用														
审批意见：由责任人周游赔偿。									总经理：赵平						

清查小组签字：孙膑　　复核人：高大志　　填表人：李瑶

［实训要求］

作出审批前、后的账务处理（这里以分录代替）。

实训项目六：编制发生额及余额平衡试算表

［实训目的］

熟练进行经济业务的账务处理，熟练平衡试算表的编制方法。

［实训资料］

方圆公司2022年1月总账账户期初余额如表5-119所示。

表5-119 **总账账户期初余额**

账户名称	借方余额	账户名称	贷方余额
库存现金	9 000	累计折旧	210 000
银行存款	1 140 500	长期借款	600 000
应收账款	56 500	应付账款	45 200
原材料	198 000	实收资本	2 543 600
库存商品	500 000	盈余公积	500 000
固定资产	2 615 000	利润分配	620 200
合计	4 519 000	合计	4 519 000

公司1月份发生的部分经济业务如下：

（1）3日，接受货币资金投资1 000 000元，投资款已到公司账户。

（2）6日，购买乙材料200千克，单价50元，发票注明价款10 000元，增值税1 300元，材料已验收入库，货款已用银行存款支付。

（3）9日，从银行提取现金3 000元备用。

（4）12日，购买甲材料200千克，单价100元，发票注明价款20 000元，增值税3 400元，材料已验收入库，货款尚未支付。

（5）18日，财务部职员宋艳莉将赴北京开会，借支差旅费5 000元，公司财务部以现金支付。

（6）27日，宋艳莉报销差旅费4 500元，剩余借款返给财务部。

（7）30日，开出一张面值45 200元转账支票，用以偿还前欠尚都公司的货款。

（8）31日，分配本月工资费用600 000元，其中，生产人员440 000元，管理人员60 000元，销售人员100 000元。

［实训要求］

（1）编制会计分录。

（2）登记“T”字账户。

（3）编制发生额及余额平衡试算表。

实训项目七：更正错账

［实训目的］

熟练运用错账更正的方法。

［实训资料］

金都公司2022年1月份部分业务的会计处理如下。

（1）2022年1月6日，预付天地公司20 000元货款，会计处理如表5-120、表5-121、表5-122所示。

表5-120

记账凭证

2022年1月6日　　　　凭证编号 10 号

摘要	借方		贷方		金额									记账符号	
	总账账户	明细账户	总账账户	明细账户	百	十	万	千	百	十	元	角	分		
预付货款	预付账款	天地公司	银行存款				2	0	0	0	0	0	0	√	√
合　计						¥	2	0	0	0	0	0	0		

附单据1张

会计主管 王泽正　　记账 肖丽丽　　复核 孙小乐　　出纳 方正道　　制单 华玉周

表 5-121 **总分类账**

账户名称：银行存款 第 5 页

2022年		凭证		摘要	借方										贷方										借或贷	余额									
月	日	种类	编号		千	百	十	万	千	百	十	元	角	分	千	百	十	万	千	百	十	元	角	分		千	百	十	万	千	百	十	元	角	分
1	1			期初余额																					借			8	9	3	0	0	0	0	0
	3	记	8	现销商品				2	3	4	0	0	0	0											借			9	1	6	4	0	0	0	0
	6	记	10	预付货款															2	0	0	0	0	0	借			9	1	4	4	0	0	0	0

表 5-122 **总分类账**

账户名称：预付账款 第 15 页

2022年		凭证		摘要	借方										贷方										借或贷	余额									
月	日	种类	编号		千	百	十	万	千	百	十	元	角	分	千	百	十	万	千	百	十	元	角	分		千	百	十	万	千	百	十	元	角	分
1	6	记	10	预付货款					2	0	0	0	0	0											贷					2	0	0	0	0	0

（2）2022年1月12日，销售部门人员报销差旅费900元，原借款900元，会计处理如表5-123、表5-124、表5-125所示。

表 5-123 **记账凭证**

2022年1月12日 凭证编号 15 号

摘要	借方		贷方		金额									记账符号
	总账账户	明细账户	总账账户	明细账户	百	十	万	千	百	十	元	角	分	
销售部报差旅费	销售费用	差旅费	库存现金						9	0	0	0	0	√√
合计								¥	9	0	0	0	0	

附单据1张

会计主管 王泽正　记账 肖丽丽　复核 孙小乐　出纳 方正道　制单 华玉周

表 5-124　　**总分类账**

账户名称：销售费用　　第 30 页

2022年		凭证		摘要	借方										贷方										借或贷	余额									
月	日	种类	编号		千	百	十	万	千	百	十	元	角	分	千	百	十	万	千	百	十	元	角	分		千	百	十	万	千	百	十	元	角	分
1	12	记	15	销售部报差旅费						9	0	0	0	0											借						9	0	0	0	0

表 5-125　　**总分类账**

账户名称：库存现金　　第 1 页

2022年		凭证		摘要	借方										贷方										借或贷	余额									
月	日	种类	编号		千	百	十	万	千	百	十	元	角	分	千	百	十	万	千	百	十	元	角	分		千	百	十	万	千	百	十	元	角	分
1	1			期初余额																					借					8	5	0	0	0	0
1	6	记	10	收到罚款						2	0	0	0	0											借					8	7	0	0	0	0
1	12	记	15	销售部报差旅费																9	0	0	0	0	借					7	8	0	0	0	0

（3）2022 年 1 月 18 日，以现金预付职工王立贺差旅费借款 1 000 元，会计处理如表 5-126、表 5-127、表 5-128 所示。

表 5-126　　**记账凭证**

2022 年 1 月 18 日　　凭证编号 20 号

摘要	借方		贷方		金额									记账符号	
	总账账户	明细账户	总账账户	明细账户	百	十	万	千	百	十	元	角	分		
预付差旅费	其他应收款	王立贺	库存现金						1	0	0	0	0	√	√
合计								¥	1	0	0	0	0		

附单据 1 张

会计主管　王泽正　　记账　肖丽丽　　复核　孙小乐　　出纳　方正道　　制单　华玉周

表 5-127

总分类账

账户名称：其他应收款　　　　　　　　　　　　　　　　　　　　　　　　　　　第 8 页

2022年		凭证		摘要	借方										贷方										借或贷	余额									
月	日	种类	编号		千	百	十	万	千	百	十	元	角	分	千	百	十	万	千	百	十	元	角	分		千	百	十	万	千	百	十	元	角	分
1	1			期初余额																					借						8	0	0	0	0
	18	记	20	预付差旅费						1	0	0	0	0											借						9	0	0	0	0

表 5-128

总分类账

账户名称：库存现金　　　　　　　　　　　　　　　　　　　　　　　　　　　第 1 页

2022年		凭证		摘要	借方										贷方										借或贷	余额									
月	日	种类	编号		千	百	十	万	千	百	十	元	角	分	千	百	十	万	千	百	十	元	角	分		千	百	十	万	千	百	十	元	角	分
1	1			期初余额																					借					8	5	0	0	0	0
	6	记	10	收到罚款						2	0	0	0	0											借					8	7	0	0	0	0
	12	记	15	销售部报差旅费																8	0	0	0	0	借					7	9	0	0	0	0
	18	记	20	预付差旅费																1	0	0	0	0	借					7	8	0	0	0	0

（4）2022 年 1 月 31 日，计提短期借款利息 436 元，会计处理如表 5-129、表 5-130、表 5-131 所示。

表 5-129

记账凭证

2022 年 1 月 31 日　　　　　　　　　　　　凭证编号 30 号

摘要	借方		贷方		金额									记账符号	
	总账账户	明细账户	总账账户	明细账户	百	十	万	千	百	十	元	角	分		
计提短期借款利息	财务费用		应付利息						4	6	3	0	0	√	√
合计								¥	4	6	3	0	0		

附单据 1 张

会计主管 王泽正　　记账 肖丽丽　　复核 孙小乐　　出纳 方正道　　制单 华玉周

表 5-130

总分类账

账户名称：财务费用　　　　第35页

2022年		凭证		摘要	借方										贷方										借或贷	余额									
月	日	种类	编号		千	百	十	万	千	百	十	元	角	分	千	百	十	万	千	百	十	元	角	分		千	百	十	万	千	百	十	元	角	分
1	31	记	30	计提短期借款利息						4	6	3	0	0											借						4	6	3	0	0

表 5-131

总分类账

账户名称：应付利息　　　　第25页

2022年		凭证		摘要	借方										贷方										借或贷	余额									
月	日	种类	编号		千	百	十	万	千	百	十	元	角	分	千	百	十	万	千	百	十	元	角	分		千	百	十	万	千	百	十	元	角	分
1	31	记	30	计提短期借款利息																4	6	3	0	0	借						4	6	3	0	0

（5）2022年1月31日，结转销售成本28 000元，会计处理如表5-132、表5-133、表5-134所示。

表 5-132

记账凭证

2022年1月31日　　　　凭证编号 31 号

摘要	借方		贷方		金额									记账符号
	总账账户	明细账户	总账账户	明细账户	百	十	万	千	百	十	元	角	分	
结转销售成本	主营业务成本		库存商品				2	8	0	0	0	0	0	√ √
合　计						¥	2	8	0	0	0	0	0	

附单据1张

会计主管 王泽正　　记账 肖丽丽　　复核 孙小乐　　出纳 方正道　　制单 华玉周

表 5-133 **总分类账**

账户名称：主营业务成本 第 28 页

2022年		凭证		摘要	借方										贷方										借或贷	余额									
月	日	种类	编号		千	百	十	万	千	百	十	元	角	分	千	百	十	万	千	百	十	元	角	分		千	百	十	万	千	百	十	元	角	分
1	31	记	31	结转销售成本				2	8	0	0	0	0	0											借				2	8	0	0	0	0	0

表 5-134 **总分类账**

账户名称：库存商品 第 6 页

2022年		凭证		摘要	借方										贷方										借或贷	余额									
月	日	种类	编号		千	百	十	万	千	百	十	元	角	分	千	百	十	万	千	百	十	元	角	分		千	百	十	万	千	百	十	元	角	分
1	1			期初余额																					借			2	6	8	0	0	0	0	0
1	31	记	31	结转销售成本														2	8	0	0	0	0	0	借			2	4	0	0	0	0	0	0

［实训要求］

对上述业务处理的正确性作出判断，并对错账进行更正。

项目六　财务报表编报

知识导图

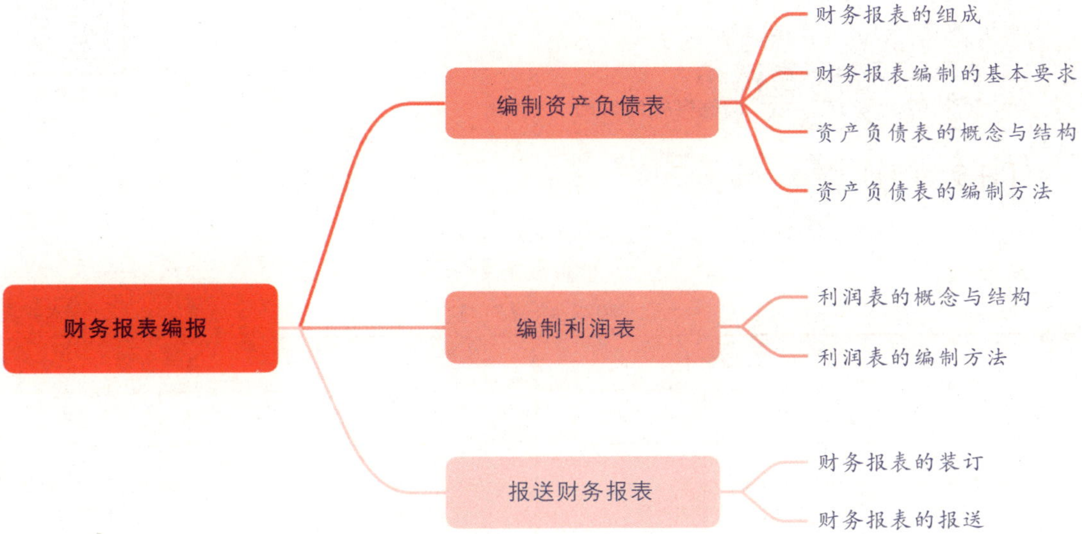

导入案例

王洋是大数据与会计专业一年级新生，刚开始学习“财务会计基础”课程，他问老师，如果领导要了解本公司的财务状况，应该给领导提供什么会计资料最合适。你能帮王洋解答这个问题吗？

任务一　编制资产负债表

【任务目标】

- 明确资产负债表的概念
- 了解资产负债表的结构格式
- 明晰资产负债表反映的内容
- 掌握资产负债表的编制方法
- 培养知难而进的精神，增强逻辑思维能力

微课 9

编制资产负债表

【任务案例】

华瑞公司2022年1月31日各账户余额情况如表6-1所示。

表6-1　**账户余额表**

2022年1月31日　　单位：元

资　产	期末余额		负债和所有者权益	期末余额	
	借方	贷方		借方	贷方
库存现金	8 000		累计折旧		20 000
银行存款	300 000		短期借款		180 000
原 材 料	4 000		实收资本		200 000
库存商品	8 000		利润分配		11 000
固定资产	100 000		本年利润		9 000
合　计	420 000		合　计		420 000

要求：填写表6-2资产负债表（简易表）中的相关数据。

表6-2　**资产负债表（简易表）**

2022年1月31日　　单位：元

资　产	期末余额	负债和所有者权益	期末余额
货币资金		短期借款	
存　货		实收资本	
固定资产		未利润分配	
合　计		合　计	

【知识准备】

一、财务报表的组成

《企业会计准则第30号——财务报表列报》中明确规定，除小企业可不编报现金流

量表外，财务报表至少应当包括下列组成部分：资产负债表、利润表、所有者权益（或股东权益）变动表、现金流量表和附注。可见，企业的财务报表由会计报表和报表附注两部分构成。现行企业会计报表构成如表6-3所示。

表6-3 企业会计报表构成

编号	会计报表名称	报表类型
会企01表	资产负债表	中期报表、年度报表
会企02表	利润表	中期报表、年度报表
会企03表	现金流量表	中期报表、年度报表
会企04表	所有者权益（或股东权益）变动表	年度报表

其中，中期报表是以短于一个完整会计年度的报告期间为基础编制的财务报表，如月报、季报、半年报等。

二、财务报表编制的基本要求

财务报表编制的基本要求包括：

（1）各单位必须按照国家统一会计制度的规定，定期编制财务报表，要在每个会计期末编制财务报表。

（2）各单位对外报送的财务报表应当根据国家统一会计制度规定的格式和要求编制。单位内部使用的财务报表，其格式和要求由各单位自行规定。

（3）财务报表应当做到数据真实、计算准确、内容完整、文字清晰。

（4）财务报表中各项目的内容和核算方法发生变更时，应在报送财务报表时加以说明。

（5）负数金额，以“-”号表示。

（6）“编制单位”应填写编制单位的全称，并加盖公章。

（7）“编制日期”填写报告期结账日或报表批准报出日。

（8）制表人、会计机构负责人、单位负责人、总会计师应加盖规定的名章，表底如有应填报项目须据实填报。

三、资产负债表的概念与结构

（一）资产负债表的概念

资产负债表是反映一个单位在某一特定日期财务状况的财务报表。资产负债表中列示的是资产、负债和所有者权益项目，它表明一个单位在某一特定日期所拥有或控制的经济资源、所承担的义务和所有者对单位净资产的要求权。

资产负债表反映的是编报单位财务状况的静态情况，是单位的主要报表。资产负债表以“资产=负债+所有者权益”为理论基础，表中的数据满足“资产=负债+所有者权益”的平衡关系，即资产合计等于负债和所有者权益的合计。

（二）资产负债表的结构格式

资产负债表的结构格式有两种：一种是账户式结构格式，另一种是报告式结构格式。我国要求资产负债表采用“账户式”结构格式。“账户式”资产负债表由表首和表体两部分组成。

1. 表首部分

表首部分由财务报表的名称、编制日期、编制单位、报表编号、计量单位等构成。

2. 表体部分

资产负债表的表体划分为左右两部分，左半部分为资产项目，右半部分为负债和所有者权益项目。

资产项目按其流动性大小顺序排列，流动资产排在前面，非流动资产排在后面，并且，每类资产也是按流动性大小顺序排列，流动性强的排在前面，流动性弱的排在后面。

负债项目按偿还期长短顺序排列，流动负债排在前面，非流动负债排在后面。

所有者权益项目按实收资本、资本公积、盈余公积和未分配利润顺序排列。

不同类型的行业，其资产负债表的格式有所不同，本教材以一般企业为例进行财务报表说明（以下同）。我国一般企业的资产负债表简表（即将较难理解且在本课程中不涉及的一些项目略去后的资产负债表）格式如表6-4所示。

表6-4　　资产负债表　　会企01表

编制单位：　　年　月　日　　单位：元

资　产	期末余额	上年年末余额	负债和所有者权益（或股东权益）	期末余额	上年年末余额
流动资产：			流动负债：		
货币资金			短期借款		
交易性金融资产			交易性金融负债		
应收票据			应付票据		
应收账款			应付账款		
预付款项			预收款项		
其他应收款			应付职工薪酬		
存 货			应交税费		
合同资产			应付利息		
持有待售资产			应付股利		
一年内到期的非流动资产			其他应付款		
其他流动资产			一年内到期的非流动负债		

续表

资　产	期末余额	上年年末余额	负债和所有者权益（或股东权益）	期末余额	上年年末余额
流动资产合计			其他流动负债		
非流动资产：			流动负债合计		
债权投资			非流动负债：		
其他债权投资			长期借款		
长期应收款			应付债券		
长期股权投资			长期应付款		
投资性房地产			专项应付款		
固定资产			预计负债		
在建工程			递延所得税负债		
生产性生物资产			其他非流动负债		
油气资产			非流动负债合计		
使用权资产			负债合计		
无形资产			所有者权益（或股东权益）：		
开发支出			实收资本		
商誉			资本公积		
长期待摊费用			减：库存股		
递延所得税资产			盈余公积		
其他非流动资产			未分配利润		
非流动资产合计			所有者权益（或股东权益）合计		
资产总计			负债和所有者权益（或股东权益）总计		

四、资产负债表的编制方法

资产负债表每一项目都需要填写“期末余额”和“上年年末余额”两栏数据。

1.上年年末余额的填列方法

资产负债表中“上年年末余额”栏应根据上年末资产负债表中“期末余额”栏所列数字填列。如果上年度资产负债表各项目的名称和内容与本年度资产负债表不一致，须对上年度资产负债表各项目或内容按照本年度的规定进行调整，填入本年度资产负债表“上年年末余额”栏内。

2.期末余额的填列方法

资产负债表的期末余额栏以总账账户的期末余额、明细账户的期末余额和相关资料为依据，或直接填列，或计算后填列，或考虑其他因素后填列。

（1）根据总账账户的期末余额直接填列。

在资产负债表中，根据相应总账账户期末余额直接填列的项目有“短期借款”“资本公积”等。

（2）根据明细账户的期末余额计算填列。

在资产负债表中，根据明细账户期末余额计算填列的项目有“应收账款”、“预收账款”、“预付账款”和“应付账款”。其中，“应收账款”项目根据“应收账款”和“预收账款”两账户所属明细账户的期末借方余额合计数填列；“预收款项”项目根据“预收账款”和“应收账款”两账户所属明细账户的期末贷方余额合计数填列。“预付款项”项目根据“预付账款”和“应付账款”两账户所属明细账户的期末借方余额合计数填列；“应付账款”项目根据“应付账款”和“预付账款”两账户所属明细账户的期末贷方余额合计数填列。

（3）根据总账账户的期末余额合计数填列。

在资产负债表中，根据总账账户期末余额合计数直接填列的项目是“货币资金”，其根据“库存现金”、“银行存款”和“其他货币资金”账户的期末余额合计数填列。

（4）根据资产的期末价值填列。

在资产负债表中，根据资产的期末价值填列的项目有“应收账款”“固定资产”“无形资产”“长期股权投资”“在建工程”等，如“应收账款”项目根据“应收账款”期末余额减去“坏账准备”期末余额填列；“固定资产”项目根据“固定资产”账户的期末余额扣除“累计折旧”和“固定资产减值准备”账户期末余额填列；“无形资产”项目根据“无形资产”账户期末余额扣除“累计摊销”和“无形资产减值准备”账户的期末余额填列。

（5）根据总账账户和明细账户余额分析计算填列。

在资产负债表中，有些项目要根据总账账户和明细账户余额分析计算填列。如“长期借款”项目，应根据“长期借款”总账账户的期末余额扣除“长期借款”账户中将在1年内到期的长期借款后的金额填列；“其他非流动资产”项目，应根据有关账户的期末余额减去将于1年内（含1年）收回数后的金额计算填列；“其他非流动负债”项目，应根据有关账户的期末余额减去将于1年内（含1年）到期偿还数后的金额计算填列。

（6）根据总账账户余额分析填列。

在资产负债表中，有些项目要根据总账账户余额分析填列，如“固定资产清理”项目根据“固定资产清理”账户期末借方余额填列，贷方余额填负值；“应交税费”项目根据其总账账户期末贷方余额填列，借方余额填负值。

（7）根据明细账户余额分析填列。

在资产负债表中，有些项目要根据明细账户余额分析填列，如“一年内到期的非流动负债”项目，根据“长期借款”“长期应付款”等账户的期末余额分析填列。

（8）根据上述综合方法分析计算填列。

在资产负债表中，有些项目要根据综合方法分析计算填列，如“存货”和“未分配利润”项目。“存货”项目根据“原材料”“在途物资”“材料采购”“库存商品”“周转材料”“生产成本”“材料成本差异”等账户期末余额合计数，减去“存货跌价准备”账户期末余额后的净额填列；“未分配利润”项目，根据“本年利润”账户和“利润分配”账户余额计算填列，亏损时填入负值。

典型案例 6-1

新拓公司2020年12月31日的资产负债表如表6-5所示。2021年12月31日的账户余额如表6-6所示。

表 6-5　　资产负债表　　会企01表

编制单位：新拓公司　　2020年12月31日　　单位：元

资　产	期末余额	上年年末余额	负债和所有者（或股东）权益	期末余额	上年年末余额
流动资产：			流动负债：		
货币资金	667 400	77 130	短期借款	361 100	0
交易性金融资产	0	0	交易性金融负债	0	0
应收票据	295 000	0	应付票据	60 000	0
应收账款	250 000	7 870	应付账款	52 000	0
预付款项	0	0	预收款项	0	0
其他应收款	3 000	0	应付职工薪酬	29 100	0
存　货	0	0	应交税费	30 600	0
合同资产	0	0	应付利息	0	0
持有待售资产	267 700	53 200	应付股利	0	0
一年内到期的非流动资产	0	0	其他应付款	0	0
其他流动资产	0	0	一年内到期的非流动负债	0	0
流动资产合计	1 483 100	138 200	其他流动负债	0	0
非流动资产：			流动负债合计	532 800	0
债权投资	0	0	非流动负债：		
其他债权投资	0	0	长期借款	300 000	0
长期应收款	0	0	应付债券	0	0
长期股权投资	200 000	0	长期应付款	0	0

续表

资　产	期末余额	上年年末余额	负债和所有者（或股东）权益	期末余额	上年年末余额
投资性房地产	0	0	专项应付款	0	0
固定资产	1 250 000	1 100 000	预计负债	0	0
在建工程	0	0	递延所得税负债	0	0
生产性生物资产	0	0	其他非流动负债	0	0
油气资产	0	0	非流动负债合计	300 000	0
使用权资产	0	0	负债合计	832 800	0
无形资产	0	0	所有者权益（或股东权益）:		0
开发支出	0	0	实收资本	2 000 000	1 200 000
商誉	0	0	资本公积	0	0
长期待摊费用	0	0	减：库存股	0	0
递延所得税资产	0	0	盈余公积	27 220	18 200
其他非流动资产	0	0	未分配利润	73 080	20 000
非流动资产合计	1 450 000	1 100 000	所有者（或股东）权益合计	2 100 300	1 238 200
资产总计	2 933 100	1 238 200	负债和所有者（或股东）权益合计	2 933 100	1 238 200

表 6-6　　**账户余额表**

2021年12月31日　　单位：元

总账账户	明细账户	借方余额	总账账户	明细账户	贷方余额
库存现金		7 452	短期借款		200 000
银行存款		706 500	应付账款	华宇公司	40 000
应收账款		300 000	应付票据	凯明公司	23 000
坏账准备		-30 000	应付职工薪酬		44 000
应收票据	东信公司	313 550	应交税费		53 190
其他应收款	保险公司	16 000	长期借款		700 000
原 材 料		105 800	实收资本		2 000 000
生产成本		132 400	盈余公积		41 500
库存商品		212 750	利润分配	未分配利润	612 762
固定资产		1 500 000			
累计折旧		-50 000			
无形资产		300 000			
长期股权投资		200 000			
合　计		3 714 452	合　计		3 714 452

要求：根据表6-5、表6-6的资料编制新拓公司2021年12月31日资产负债表。

典型案例6-1解析

新拓公司2021年12月31日资产负债表如表6-7所示，表中“上年年末余额”栏中的数字根据该企业2020年12月31日资产负债表“期末余额”栏中的数字直接填列。

表6-7　　资产负债表　　会企01表

编制单位：新拓公司　　2021年12月31日　　单位：元

资　产	期末余额	上年年末余额	负债和所有者权益（或股东权益）	期末余额	上年年末余额
流动资产：			流动负债：		
货币资金	713 952	667 400	短期借款	200 000	361 100
交易性金融资产	0	0	交易性金融负债	0	0
应收票据	313 550	295 000	应付票据	23 000	60 000
应收账款	270 000	250 000	应付账款	40 000	52 000
预付款项	0	0	预收款项	0	0
其他应收款	16 000	3 000	应付职工薪酬	44 000	29 100
存　货	450 950	0	应交税费	53 190	30 600
合同资产	0	0	应付利息	0	0
持有待售资产	0	267 700	应付股利	0	0
一年内到期的非流动资产	0	0	其他应付款	0	0
其他流动资产	0	0	一年内到期的非流动负债	0	0
流动资产合计	1 764 452	1 483 100	其他流动负债	0	0
非流动资产：			流动负债合计	360 190	532 800
债权投资	0	0	非流动负债：		
其他债权投资	0	0	长期借款	700 000	300 000
长期应收款	0	0	应付债券	0	0
长期股权投资	200 000	200 000	长期应付款	0	0
投资性房地产	0	0	专项应付款	0	0
固定资产	1 450 000	1 250 000	预计负债	0	0
在建工程	0	0	递延所得税负债	0	0
生产性生物资产	0	0	其他非流动负债	0	0
油气资产	0	0	非流动负债合计	700 000	300 000

续表

资　产	期末余额	上年年末余额	负债和所有者权益（或股东权益）	期末余额	上年年末余额
使用权资产	0	0	负债合计	1 060 190	832 800
无形资产	300 000	0	所有者权益（或股东权益）：		
开发支出	0	0	实收资本	2 000 000	2 000 000
商誉	0	0	资本公积	0	0
长期待摊费用	0	0	减：库存股	0	0
递延所得税资产	0	0	盈余公积	41 500	27 220
其他非流动资产	0	0	未分配利润	612 762	73 080
非流动资产合计	1 950 000	1 450 000	所有者权益（或股东权益）合计	2 654 262	2 100 300
资产总计	3 714 452	2 933 100	负债和所有者权益总计	3 714 452	2 933 100

任务案例解析

根据账户余额表填制资产负债表（简表）的过程及结果如图6-1所示。

账户余额表

资产	期末余额		负债和所有者权益	期末余额	
	借方	贷方		借方	贷方
库存现金	8 000		短期借款		180 000
银行存款	300 000		实收资本		200 000
原材料	4 000		利润分配		11 000
库存商品	8 000		本年利润		9 000
固定资产	100 000				
累计折旧		20 000	合计	420 000	420 000

资产负债表（简表）

资产	期末余额	负债和所有者权益	期末余额
货币资金	308 000	短期借款	180 000
存货	12 000	实收资本	200 000
固定资产	80 000	未分配利润	20 000
合计	400 000	合计	400 000

图6-1　填制资产负债表

星火小讲堂
6-1

任务二　编制利润表

【任务目标】

- 理解利润表的概念
- 明确利润表的结构和编制基础
- 熟悉利润表反映的内容
- 掌握利润表的编制方法
- 培养严谨的态度，引导学生学会类比分析方法

【任务案例】

丰润公司2021年度损益类账户累计发生额如表6-8所示。

表6-8　2021年度损益类账户累计发生额

账户名称	借方	贷方
主营业务收入		500 000
其他业务收入		50 000
投资收益		40 000
营业外收入		10 000
其他业务成本	20 000	
主营业务成本	200 000	
税金及附加	12 000	
销售费用	30 000	
管理费用	60 000	
财务费用	1 000	
营业外支出	7 000	
所得税费用	66 500	

要求：根据表6-8中的数据资料填写表6-9。

表 6-9　　利润表（部分）　　会企 02 表

编表单位：　　年度　　单位：元

项　目	本期金额
一、营业收入	
减：营业成本	
税金及附加	
销售费用	
管理费用	
财务费用	
加：投资收益（损失以“－”号填列）	
二、营业利润（亏损以“－”号填列）	
加：营业外收入	
减：营业外支出	
三、利润总额（亏损以“－”号填列）	
减：所得税费用	
四、净利润（净亏损以“－”号填列）	

【知识准备】

一、利润表的概念与结构

利润表是反映编报单位一定会计期间（年度、半年度、季度、月度）经营成果的报表。表中所反映的内容是收入、费用和利润的相关项目。利润表的结构有单步式和多步式两种，我国采用的是多步式利润表结构，其格式如表 6-10 所示（格式略有简化，本课程不涉及的一些项目略去）。

表 6-10　　利润表　　会企 02 表

编表单位：　　年度　　单位：元

项　目	本期金额	上期金额
一、营业收入		
减：营业成本		
税金及附加		
销售费用		

续表

项　目	本期金额	上期金额
管理费用		
研发费用		
财务费用		
其中：利息费用		
利息收入		
加：其他收益		
投资收益（损失以“-”号填列）		
其中：对联营企业和合营企业的投资收益		
公允价值变动收益（损失以“-”号填列）		
资产减值损失（损失以“-”号填列）		
信用减值损失（损失以“-”号填列）		
资产处置收益（损失以“-”号填列）		
……		
二、营业利润（亏损以“-”号填列）		
加：营业外收入		
减：营业外支出		
三、利润总额（亏损以“-”号填列）		
减：所得税费用		
四、净利润（净亏损以“-”号填列）		
五、其他综合收益的税后净额		
……		
六、综合收益总额		
七、每股收益		
（一）基本每股收益		
（二）稀释每股收益		

从利润表中各项目的关系可见，利润的计算要经过多个计算步骤，因此，称利润表的结构为多步式结构。利润的计算过程如下：

（1）计算营业利润

营业利润 = 营业收入 - 营业成本 - 税金及附加 - 销售费用 - 管理费用 - 研发费用 - 财务费用 + 其他收益 + 投资收益（减损失） + 公允价值变动收益（减损失） - 资产减值损失 - 信用减值损失 + 资产处置收益（减损失）

（2）计算利润总额

利润总额=营业利润+营业外收入-营业外支出

（3）计算净利润

净利润=利润总额-所得税费用

二、利润表的编制方法

利润表中每个项目都要填写本期金额和上期金额两栏数字，各项目的本期金额以损益类账户的本期发生额为依据填列，上期金额以上年该期利润表中的本期金额为依据填列。

1.“上期金额”栏的填列方法

“上期金额”栏反映的是上期实际发生数，填写时，将上期利润表中的“本期金额”栏各项目对应的数字抄录到“上期金额”栏即可。上期利润表与本期利润表的项目名称和内容不一致时，须对上期利润表项目的名称和数字按本期的规定进行调整，将调整后的数字，填入本期利润表的“上期金额”栏。

2.“本期金额”栏的填列方法

各损益类项目“本期金额”栏的金额，根据对应账户的本期发生额分析填列。其中，“营业收入”项目根据“主营业务收入”和“其他业务收入”账户的发生额分析计算填列；“营业成本”项目根据“主营业务成本”和“其他业务成本”账户的发生额分析计算填列；其他项目均按各账户的发生额分析填列。例如，“投资收益”项目，如果投资发生损失，则以负值填列。“研发费用”“信用减值损失”“基本每股收益”和“稀释每股收益”等项目的填列难度较大，本教材不作介绍。

典型案例6-2

新拓公司2021年度有关损益类账户累计发生额如表6-11所示，2020年度利润表如表6-12所示。

表6-11 2021年度有关损益类账户累计发生额

账户名称	借方	贷方
主营业务收入		1 905 000
其他业务收入		60 000
投资收益		45 000
营业外收入		185 000
主营业务成本	1 111 040	
税金及附加	18 150	
其他业务成本	45 000	
销售费用	150 000	
管理费用	280 000	
财务费用	17 000	
营业外支出	95 000	
所得税费用	143 000	

表6-12 **利润表** 会企02表

编制单位：新拓公司 2020年度 单位：元

项 目	本期金额	上期金额
一、营业收入	1 975 000	3 420 000
减：营业成本	1 142 040	1 452 000
税金及附加	18 160	326 000
销售费用	152 500	138 000
管理费用	283 700	264 000
研发费用		
财务费用	17 500	97 000
其中：利息费用		
利息收入		
加：其他收益		
投资收益（损失以“-”号填列）	46 000	36 000
其中：对联营企业和合营企业的投资收益		
公允价值变动收益（损失以“-”号填列）		
资产减值损失（损失以“-”号填列）		
信用减值损失（损失以“-”号填列）		
资产处置收益（损失以“-”号填列）		
……		
二、营业利润（亏损以“-”号填列）	407 100	1 179 000
加：营业外收入	187 100	6 000
减：营业外支出	93 000	1 000
三、利润总额（亏损以“-”号填列）	501 200	1 184 000
减：所得税费用	152 200	55 720
四、净利润（净亏损以“-”号填列）	349 000	1 128 280
五、其他综合收益的税后净额		
……		
六、综合收益总额		
七、每股收益		
（一）基本每股收益		
（二）稀释每股收益		

要求：根据表6-11、表6-12的资料编制新拓公司2021年度利润表。

典型案例6-2解析

根据表6-11和表6-12所给资料，编制新拓公司2021年度利润表如表6-13所示。

表6-13　　利润表　　会企02表

编制单位：新拓公司　　2021年度　　单位：元

项　目	本期金额	上期金额
一、营业收入	1 965 000	1 975 000
减：营业成本	1 156 040	1 142 040
税金及附加	18 150	18 160
销售费用	150 000	152 500
管理费用	280 000	283 700
研发费用		
财务费用	17 000	17 500
其中：利息费用		
利息收入		
资产减值损失		
信用减值损失		
加：其他收益		
投资收益（损失以“-”号填列）	45 000	46 000
其中：对联营企业和合营企业的投资收益		
公允价值变动收益（损失以“-”号填列）		
资产处置收益（损失以“-”号填列）		
……		
二、营业利润（亏损以“-”号填列）	388 810	407 100
加：营业外收入	185 000	187 100
减：营业外支出	95 000	93 000
三、利润总额（亏损以“-”号填列）	478 810	501 200
减：所得税费用	143 000	152 200
四、净利润（净亏损以“-”号填列）	335 810	349 000
五、其他综合收益的税后净额		
……		
六、综合收益总额		
七、每股收益		
（一）基本每股收益		
（二）稀释每股收益		

任务案例解析

根据损益类账户本期发生额填制利润表（部分）的过程及结果如图6-2所示。

损益类账户本期发生额

账户名称	借方	借方
主营业务收入		500 000
其他业务收入		50 000
投资收益		40 000
营业外收入		10 000
主营业务成本	200 000	
其他业务成本	20 000	
税金及附加	12 000	
销售费用	30 000	
管理费用	60 000	
财务费用	1 000	
营业外支出	7 000	
所得税费用	66 500	

损益类账户本期发生额

	项目	本期余额
	一、营业收入	550 000
−	减：营业成本	220 000
−	税金及附加	12 000
−	销售费用	30 000
−	管理费用	60 000
−	财务费用	1 000
+	加：投资收益	40 000
=	二、营业利润	267 000
+	加：营业外收入	10 000
−	减：营业外支出	7 000
=	三、利润总额	270 000
−	减：所得税费用	66 500
=	四、净利润	203 500

星火小讲堂
6-2

图6-2 利润表（部分）

任务三 报送财务报表

【任务目标】

- 明晰财务报表报送的手续
- 掌握财务报表装订的方法
- 明确财务报表报送的时间要求
- 能对报出的错误财务报表进行正确处理
- 明确财务报表装订的重要作用

【任务案例】

小明是大数据与会计专业的一年级学生，刚刚学习过“财务会计基础”课程，他就利用寒假时间到一家代理记账公司实习，会计张华让他把这个月的会计报表报送给税务局，小明对此不太理解：“税务局不是股东，也不是主管部门，为什么要报给税务局呢？”

要求：请帮张华向小明对报送给税务局进行解释。

【知识准备】

一、财务报表的装订

财务报表装订是将各类财务报表整理后装订成册的工作，其目的是方便以后查阅和长久保存。财务报表装订没有统一的规定和要求，可以将年度决算报表和月度、季度财务报表分别装订，也可以将所有的财务报表全部装订在一起，还可以将财务报表和银行对账单以及统计报表混合装订。工作中，一般都将年度决算报表和月度、季度财务报表分别装订。

财务报表装订与会计凭证装订类似，先对财务报表进行整理、排序，然后添加装封皮按一定方法装订，最后填写封面内容，包括编报单位、编报时间、会计期间、报表人等，并加盖单位公章。

二、财务报表的报送

（一）财务报表报送的对象

财务报表是反映会计主体财务状况、经营成果和现金流量的书面文件。为了充分发挥财务报表的作用，应当依照法律、行政法规和国家统一的会计制度有关财务报表提供期限的规定，及时对外提供财务报表。各个报送单位应向哪些部门或单位报送财务报表，与各单位的隶属关系、经济管理和经济监督的需要有关。

财务报表按报送对象的不同，可以分为内部报表和外部报表。内部报表是指为满足企业内部经营管理需要而编制的会计报表，由于无须对外公开，所以没有规定统一的格式和编制要求；外部报表是指企业对外提供的会计报表，供投资者、债权人、政府部门和社会公众等有关方面使用。

公开发行股票的股份有限公司须向股东大会、监事会、证券交易机构、证监会等提供有关的会计报表。

国有企业要向同级国有资产管理部门、上级主管、财政和税务机关及审计等单位报送会计报表，同时还应向投资者、债权人、监事会、职工代表大会以及其他与企业有关的会计信息使用者提供会计报表。

（二）财务报表报送的时间要求

相关会计法规对报送财务报表的时间有明确规定，各单位必须按照时间规定对外报送报表，否则，被认定为不及时。相关规定中明确的报送时间是：月度报表要在月度终了后6日内（节假日顺延，下同）报送；季度报表要在季度终了后15日内报送；半年度报表要在年度中期结束后60日内报送；年度报表要在年度终了后4个月内报送。

（三）财务报表报送的格式和手续

对外报送的财务报表，应当依次编定页码，加具封面，装订成册，加盖公章。封面要写明单位名称、单位地址、财务报表所属时期（年度、季度、月度）、报送日期，并由报表单位的负责人、总会计师、会计机构负责人、会计主管人员签名或者盖章。

对需要进行审计的财务报表，财务报表编制单位应先委托注册会计师进行审计，并将注册会计师出具的审计报告随同财务报表按照规定的期限报送有关部门。

（四）报出错误财务报表的处理

报送财务报表就是要使信息使用者了解填报单位的真实财务状况、经营成果和所有者权益变动情况。如果信息有误，可能会造成信息使用者决策失误，所以，发现已报出财务报表有误时，要及时办理更正手续。正确的做法是：对本单位留存的财务报表进行更正，同时将修正的错误告知接受财务报表的单位。如果错误较多，须重新编报。

星火小讲堂
6-3

任务案例解析

任务案例中税务局是征收企业税费的政府部门，税务局需要通过企业的会计报表分析企业交税是否合理、合法，所以张华要求小明将会计报表报送给税务局是正确的。

项目加油站

想一想

1. 财务报表编制有哪些要求?
2. 资产负债表各项目填列的依据有哪些?
3. 利润表中各栏目数字的填列依据是什么?
4. 利润表各栏目填列的依据与资产负债表各栏目填列的依据有什么区别?
5. 对财务报表报送时间提出要求有何重要意义?

练一练

1. 秋水公司2022年1月31日有关账户余额资料如下：“原材料”借方余额617 750元，“库存商品”借方余额53 640元，“生产成本”借方余额76 000元，“应付账款”贷方余额50 000元（其中，“应付账款——丰盛公司”贷方余额90 000元，“应付账款——华光公司”借方余额40 000元），“应收账款”借方余额65 000元（其中，“应收账款——丰盛公司”借方余额95 000元，“应收账款——华光公司”贷方余额30 000元）。

要求：根据所给资料，计算秋水公司2022年1月31日资产负债表中“存货”“应收账款”“预收款项”“应付账款”“预付款项”的项目金额。

2. 红胜公司2021年12月损益类账户结账前余额如表6-14所示。

表6-14　　损益类账户余额表　　金额单位：元

账户名称	借方余额	账户名称	贷方余额
主营业务成本	6 000 000	主营业务收入	8 000 000
税金及附加	300 000	其他业务收入	300 000
其他业务成本	200 000	投资收益	500 000
营业外支出	40 000	营业外收入	60 000
管理费用	80 000		
销售费用	60 000		
财务费用	30 000		
所得税费用	120 000		

要求：根据表6-14，计算红胜公司2021年12月利润表中“营业利润”“利润总额”“净利润”的项目金额。

3.华丰公司在会计信息管理和财务报表报送方面总出问题，为了减少或避免错误和问题的出现，新任财务科长决定：给予会计人员足够的时间进行报表编报，每个月的报表都在下月的10日报送，每个季度的报表都在季度结束后20天内报送，为了减少程序，不再经过单位领导签批。

要求：判断分析该财务科长的做法是否正确并说明理由。

项目测一测

项目测试 6-1 单项选择题

△ 单项选择题

1.关于资产负债表填列，下列说法正确的是（　　）。

A.必须对账户发生额进行分析才能填列

B.各项目都可以按账户的余额直接填列

C.多数项目可以直接根据账户余额填列，少数项目需要根据账户余额分析填列

D.多数项目可以直接根据账户余额填列，少数项目需要根据账户发生额分析填列

2.累计折旧账户余额在资产负债表中应该列在（　　）项目内反映。

A.资产　　B.负债　　C.所有者权益　　D.费用

3.资产负债表中，（　　）项目需要根据几个总账账户合计数填列。

A.货币资金　　B.固定资产　　C.累计折旧　　D.应交税费

4.财务报表编制的主要依据是（　　）。

A.原始凭证　　B.记账凭证　　C.账簿记录　　D.汇总记账凭证

5. 我国的资产负债表采用（　　）结构格式。

A. 账户式　　B. 报告式　　C. 单步式　　D. 多步式

6.按照经济业务内容分类，利润表属于（　　）。

A.财务状况报表　　B.经营成果报表　　C.对内报表　　D.对外报表

7.我国的利润表采用（　　）结构格式。

A.单步式　　B.多步式　　C.账户式　　D.报告式

8.反映企业在某一特定日期资产、负债和所有者权益状况的报表是（　　）。

A.资产负债表　　B.利润表

C.所有者权益变动表　　D.现金流量表

9.资产负债表中“上年年末余额”栏是根据（　　）填写的。

A.总账余额　　B.明细账余额

C.上期期末余额　　D.上年年末的期末余额

10.下列各项可以通过资产负债表反映的有（　　）。

A.某一时点的财务状况　　B.某一时点的经营成果

C.某一时点的现金流量　　D.某一时点的获利能力

项目测试 6-2 多项选择题

△ 多项选择题

1.通过资产负债表可以了解到企业（　　）等信息。

A.经济资源及其构成情况　　B.资金的来源渠道及构成

C.短期偿债能力的大小　　D.财务成果及其形成过程

2. 下列报表属于内部报表的有（　　）。

A. 资产负债表　　B. 利润表　　C. 制造费用表　　D. 产品成本计算表

3. 在资产负债表中体现的会计要素有（　　）。

A. 资产　　B. 负债　　C. 费用　　D. 所有者权益

4. 关于资产负债表，下列说法正确的有（　　）。

A. 反映企业财务状况的动态报表　　B. 反映企业报告期间财务状况的报表

C. 反映企业财务状况的静态报表　　D. 反映企业报告期末财务状况的报表

5. 下列报表中，不属于年度报表的有（　　）。

A. 产品成本计算表　　B. 利润表

C. 制造费用计算表　　D. 材料发出汇总表

6. 利润表采用多步式结构，主要是基于下列哪些原因（　　）。

A. 有利于企业之间进行比较　　B. 有利于预测企业未来盈利能力

C. 揭示了利润各要素之间的内在联系　　D. 便于使用者对企业经营情况进行分析

7. 关于利润表，下列说法正确的有（　　）。

A. 利润表是动态会计报表

B. 利润表是反映财务成果的报表

C. 利润表是静态会计报表

D. 利润表是根据有关账户发生额编制的报表

8. 下列各项中，可以通过资产负债表反映的有（　　）。

A. 某一时点的财务状况　　B. 某一时期的经营成果

C. 某一时点的偿债能力　　D. 某一时期的获利能力

9. 资产负债表中"货币资金"项目是根据（　　）账户的期末余额汇总填列的。

A. 应收账款　　B. 库存现金　　C. 银行存款　　D. 其他货币资金

10. 下列各项中，与营业利润计算有关的有（　　）。

A. 主营业务收入　　B. 其他业务收入　　C. 主营业务成本　　D. 管理费用

△ 判断题

项目测试 6-3 判断题

1. 在资产负债表中，资产和负债项目都是按其流动性从小到大排序。（　　）

2. 在资产负债表中，资产合计数与负债及所有者权益合计数应该相等。（　　）

3. 资产负债表中的"应付账款"项目应根据"应付账款"账户所属的明细账户的贷方余额和"预付账款"账户所属明细账户贷方余额合计数填列。（　　）

4. 资产负债表中，"上年年末余额"栏根据上年本表的"期末余额"栏填列，"期末余额"栏根据本期相应账户期末余额填列。（　　）

5. 利润表中各项目是按照净利润计算的步骤进行排序的。（　　）

6. 利润表的编制依据是损益类账户的本期发生额，资产负债表则不是。（　　）

7. 反映企业某一特定日期财务状况的会计报表是利润表。（　　）

8. 资产负债表编制的理论基础是"资产=负债+所有者权益"。（　　）

9. 利润表编制的理论基础是"收入-费用=利润"。（　　）

10. 资产负债表和利润表中各栏项目都是根据相应账户期末余额填列的。（　　）

项目小实训

实训项目一：编制资产负债表

[实训目的]

熟悉资产负债表主要项目的填列方法。

[实训资料]

新胜公司长期借款均到期一次还本付息，长期借款的详细情况如下：

1. 中国工商银行借款30 000元（本利和），期限为2020年6月1日至2022年6月1日。

2. 中国建设银行借款60 000元（本利和），期限为2020年8月1日至2022年8月1日。2021年12月31日，总账账户余额如表6-15所示，明细账户余额如表6-16所示。

表6-15 **总账账户余额表** 单位：元

账户名称	借方余额	账户名称	贷方余额
库存现金	10 000	坏账准备	5 000
银行存款	194 000	累计折旧	355 000
应收票据	50 000	短期借款	10 000
应收账款	80 000	预收账款	10 000
原材料	80 000	应交税费	10 000
库存商品	80 000	长期借款	90 000
固定资产	890 000	实收资本	490 000
无形资产	80 000	盈余公积	100 000
应付职工薪酬	6 000	未分配利润	400 000
合　计	1 470 000		1 470 000

表6-16 **明细账户余额表** 单位：元

总账账户	明细账户	方向	余额
应收账款 预收账款	A公司	借	100 000
	B公司	贷	20 000
	G公司	贷	40 000
	H公司	借	30 000

[实训要求]

根据所给资料编制新胜公司2021年12月31日的资产负债表，相关项目数据填入表6-17中。

表6-17 **资产负债表** 会企01表

编制单位： 年 月 日 单位：元

资 产	期末余额	上年年末余额	负债和所有者权益（或股东权益）	期末余额	上年年末余额
流动资产：			流动负债：		
货币资金			短期借款		
交易性金融资产			交易性金融负债		
应收票据			应付票据		
应收账款			应付账款		
预付款项			预收款项		
其他应收款			应付职工薪酬		
存 货			应交税费		
合同资产			应付利息		
持有待售资产			应付股利		
一年内到期的非流动资产			其他应付款		
其他流动资产			一年内到期的非流动负债		
流动资产合计			其他流动负债		
非流动资产：			流动负债合计		
债权投资			非流动负债：		
其他债权投资			长期借款		
长期应收款			应付债券		
长期股权投资			长期应付款		
投资性房地产			专项应付款		
固定资产			预计负债		
在建工程			递延所得税负债		
生产性生物资产			其他非流动负债		
油气资产			非流动负债合计		
使用权资产			负债合计		
无形资产			所有者权益（或股东权益）：		
开发支出			实收资本		
商誉			资本公积		
长期待摊费用			减：库存股		
递延所得税资产			盈余公积		
其他非流动资产			未分配利润		
非流动资产合计			所有者权益（或股东权益）合计		
资产总计			负债和所有者权益（或股东权益）总计		

实训项目二：编制利润表

[实训目的]

熟悉利润表编制的操作方法。

[实训资料]

钟楼公司2021年度损益类账户累计发生额如表6-18所示。

表6-18　　损益类账户累计发生额　　单位：元

账户名称	借方余额	账户名称	贷方余额
主营业务成本	6 000 000	主营业务收入	8 000 000
税金及附加	350 000	其他业务收入	400 000
其他业务成本	200 000	投资收益	500 000
营业外支出	60 000	营业外收入	80 000
管理费用	70 000		
销售费用	60 000		
财务费用	30 000		
所得税费用	120 000		

[实训要求]

根据表6-18损益类账户余额表所给资料计算钟楼公司2021年度利润表的本期金额，填入表6-19中。

表6-19　　利润表　　会企02表

编制单位：钟楼公司　　2021年度　　单位：元

项　目	本期金额	上期金额
一、营业收入		
减：营业成本		
税金及附加		
销售费用		
管理费用		
研发费用		
财务费用		
其中：利息费用		
利息收入		
加：其他收益		
投资收益（损失以“-”号填列）		
其中：对联营企业和合营企业的投资收益		
公允价值变动收益（损失以“-”号填列）		

续表

项　目	本期金额	上期金额
资产减值损失（损失以"-"号填列）		
信用减值损失（损失以"-"号填列）		
资产处置收益（损失以"-"号填列）		
……		
二、营业利润（亏损以"-"号填列）		
加：营业外收入		
减：营业外支出		
三、利润总额（亏损以"-"号填列）		
减：所得税费用		
四、净利润（净亏损以"-"号填列）		
五、其他综合收益的税后净额		
……		
六、综合收益总额		
七、每股收益		
（一）基本每股收益		
（二）稀释每股收益		

项目七　会计档案管理

知识导图

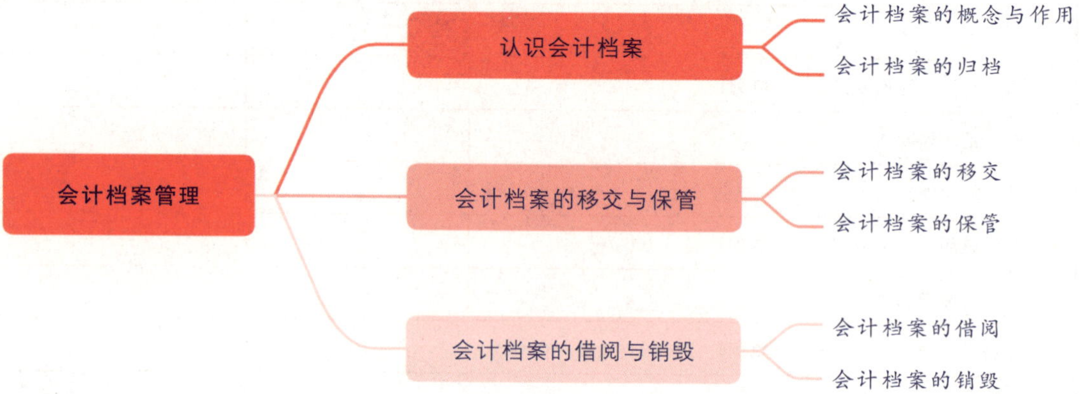

导入案例

曾经有两则新闻：

第一则新闻：定远县一家企业会计骑电瓶车外出报账途中，粗心大意地将账本放在路边，哪知回头寻找时已不知去向。接到报警后，定远县公安局刑侦大队民警火速介入，终于在8小时后将账本找到。原来，这些账本被路过老人当废品卖到废品收购站，险些被压缩成废纸。

第二则新闻：广东中山某公司老板先授意出纳代其签名提取现金、转账共计65万元，随后状告出纳冒用自己签名。法院依据会计凭证等相关证据裁决，支持出纳“老板授意，钱也是老板拿走”的说法。

你知道这两则新闻有什么联系吗？

任务一　认识会计档案

【任务目标】

- 明确会计档案的概念
- 认识会计档案的作用
- 明晰会计档案的内容
- 提高依法治档的意识，做到知法守法

微课 10

认识会计档案

【任务案例】

某企业由于档案库房存储空间已满等原因，其档案部门连续两年没有从财务部门接收会计档案。对此，企业会计人员向财务部主任李某请示如何处理。财务部主任李某指出，这些会计资料没有归档到档案管理部门，严格意义上还不属于会计档案，而仍属于会计资料，可以不执行会计档案管理的相关规定。

要求：请辨析财务部主任李某的说法是否正确。

【知识准备】

一、会计档案的概念与作用

（一）会计档案的概念

会计档案是指单位在会计核算等过程中接收或形成的，记录和反映单位经济业务事项的，具有保存价值的文字、图表等各种形式的会计资料，包括通过计算机等电子设备形成、传输和存储的电子会计档案。会计档案是国家经济档案的重要组成部分，也是各单位的重要档案。各单位必须加强对会计档案管理工作的领导，建立会计档案的立卷、归档、保管、查阅和销毁等管理制度，保证会计档案妥善保管、有序存放、方便查阅、验后销毁、防止散失和泄密。

（二）会计档案的作用

会计档案作为会计活动的产物，具有史料和查证的基本作用。其具体作用表现在以下 5 个方面：

（1）会计档案既是国家档案的重要组成部分，也是各单位的重要档案，是记录和反映国家机关、社会团体、企业、事业单位开展经济活动的重要历史资料和证据。

（2）充分利用会计档案资料，对于单位总结经济工作经验、吸取教训、堵塞漏洞、探求经济工作规律、加强和提高经济管理水平、研究经济发展方针，具有重要的借鉴和参考意义。

（3）会计档案可以比较详细地反映单位会计基础工作中的一些情况，单位如果存在弄虚作假、违法乱纪等情况，也可以从会计档案中反映和体现出来。

（4）会计档案可以为国家完善会计制度提供借鉴，为国家有关部门制定经济发展方针和计划、进行经济预测和决策提供重要信息。

（5）会计档案可以起到查证财务问题的作用。

二、会计档案的归档

会计档案归档是指财会部门将办理完毕且具有保存价值的会计核算材料经系统整理后移交档案室或档案馆保存的过程。

《会计档案管理办法》[①]规定，单位会计管理机构负责定期将应当归档的会计资料整理立卷，编制会计档案保管清册。

为保证会计档案收集的齐全、完整与准确，必须建立严格的会计档案归档制度，明确归档范围、归档时间和归档要求等。

（一）会计档案的归档范围

按照《会计档案管理办法》的规定，以下会计资料应当进行归档：

（1）会计凭证，包括原始凭证、记账凭证；

（2）会计账簿，包括总账、明细账、日记账、固定资产卡片及其他辅助性账簿；

（3）财务会计报告，包括月度、季度、半年度、年度财务会计报告；

（4）其他会计资料，包括银行存款余额调节表、银行对账单、纳税申报表、会计档案移交清册、会计档案保管清册、会计档案销毁清册、会计档案鉴定意见书及其他具有保存价值的会计资料。

实行会计电算化的单位，存储在磁性介质上的会计数据、程序文件及其他会计核算资料均应视同会计档案一并管理。电算化会计档案包括以下几种：

（1）机制会计档案。其包括从会计电算化系统打印输出的会计凭证、会计账簿、会计报表等纸介质档案，也包括应当依法保存的会计档案移交、保管、销毁清册等其他档案。

（2）机读会计档案。其包括以计算机硬盘、软盘等磁性介质或光盘等其他介质存储的、只能以电子数据状态保存的会计数据，如会计凭证、会计账簿、会计报表等数据和会计数据库。

（3）计算机系统档案。其包括计算机硬件系统型号、存储空间和外部设备类型及其增减变化，计算机操作系统及网络操作系统型号，会计电算化软件系统名称、版本号、与之配套的安装光盘、磁盘、用户服务卡以及用户手册等全套文档资料。

（二）会计档案的归档时间

会计档案的归档时间是指会计机构将会计核算材料整理后，向本单位档案机构移交的时间。根据《会计档案管理办法》的规定，当年形成的会计档案，在会计年度终了后，可由单位会计管理机构临时保管1年，再移交单位档案管理机构保管。因工作需要

① 2015年12月11日中华人民共和国财政部、国家档案局令第79号对《会计档案管理办法》进行修订，自2016年1月1日起施行。

确需推迟移交的，应当经单位档案管理机构同意。单位会计管理机构临时保管会计档案最长不超过3年。临时保管期间，会计档案的保管应当符合国家档案管理的有关规定，且出纳人员不得兼管会计档案。

（三）会计档案的归档要求

会计档案的归档要求包括：

（1）收集、整理应符合规范。应归档的会计核算材料要齐全、完整、准确，且分类清楚、组卷合理、排序科学、编目清晰。

（2）保持原封装。移交归档的会计档案，原则上应保持原卷册的封装，特殊情况需要拆封重新整理的，应由档案机构和会计机构经办人员共同拆封整理，以分清责任。

（3）签章要完整。会计凭证封面、账簿封面及启用页、报表封面等须由经手人员、会计主管人员、单位负责人签字盖章的，签章应当完整、齐全。

（4）严格办理交接手续。移交会计档案时，会计机构和档案机构有关人员必须逐卷认真清点核实，并由交接双方按规定在会计档案移交清册上注明交接人、时间、数量等，签名盖章后双方各执一份。

（四）会计电算化核算材料的归档要求

会计电算化核算材料的归档要求包括：

（1）归档的会计软件应符合《会计核算软件基本功能规范》的要求。

（2）归档的会计核算数据应按电子文件归档的要求，将会计核算数据存储到耐久性载体上，一式三套。

（3）应对会计电算化核算材料的形成、收集、积累、鉴定、归档及电子档案的保管、利用实行全过程管理与监控，确保其不失真、不丢失、不损毁。

（4）打印输出的纸质会计核算材料必须有经办人员和会计主管的签字或盖章，以保证其真实、准确。

（5）使用电子计算机进行会计核算产生的会计核算材料必须符合国家统一的会计制度的规定。

各单位每年形成的会计资料应由会计机构按照归档的要求对其进行整理并装订立卷，编制卷号和保管清册。会计档案的归档一般遵循“三统一”原则，即分类标准统一、档案形成统一、管理要求统一，并分门别类按各卷顺序编号。

分类标准统一是指各单位一般将财务会计资料分成四类，即一类账簿，二类凭证，三类报表，四类文字资料及其他。

档案形成统一是指档案的案册封面、档案卡夹、存放柜和存放序列统一。

管理要求统一是指会计档案管理按以下要求进行：建立财务会计资料档案簿、会计资料档案目录；会计凭证装订成册，报表和文字资料分类立卷，其他零星资料按年度排序汇编装订成册。

任务案例解析

按照会计档案的概念，我们可以断定任务案例中财务部主任李某的说法是错误的。既然会计档案是指单位在会计核算等过程中接收或形成的，记录和反映单位经济业务事项的，具有保存价值的文字、图表等各种形式的会计资料。那么，只要满足以上条件，即使这些会计资料没有归档移交给档案部门，也属于会计档案的范畴，也需要按照《会计档案管理办法》的要求进行管理。

星火小讲堂 7-1

任务二　会计档案的移交与保管

【任务目标】

- 了解会计档案的移交
- 明确会计档案的保管要求和期限
- 能够正确开展会计档案移交
- 能够分析判断会计档案移交的合规性

【任务案例】

2005年7月14日，北京市朝阳区档案局接到区属某委所属单位的举报，反映该单位会计档案1990年至2004年的库存现金日记账、银行存款日记账丢失。该档案局立即派人前去了解，经核查，情况属实。该单位会计6月23日向领导报告，出纳员的会计档案没有归档，领导询问，出纳员回答丢失了。7月7日，该委财务科对该单位进行会计基础工作检查时发现，该单位会计档案1990年至2004年库存现金日记账、银行存款日记账不知去向，并发现2003年至2004年库存现金日记账和银行存款日记账为后补的。

经调查和现场检查，认定该单位1990年至1994年和2004年会计档案的库存现金日记账和银行存款日记账确实丢失。

要求：

（1）判断并分析该单位会计档案丢失是否属于违法行为。

（2）如果违法，怎样认定违法责任?

【知识准备】

一、会计档案的移交

会计档案的移交，是指单位会计机构或人员根据有关规定向本单位档案机构移交会计档案。

移交本单位档案机构保管的会计档案，原则上应当保持原卷册的封装，个别需要拆封重新整理的，档案保管机构应当会同会计机构和经办人员共同拆封整理，以分清责任。

交接会计档案时，双方应当办理会计档案交接手续，其程序如下：

第一，移交会计档案的单位，应编制会计档案移交清册，填写交接清单，列明应移交的会计档案名称、卷号、册数、起止年度和档案编号、应保管期限、已保管期限等内容，其格式如表7-1所示。

表7-1　　移交会计档案清册

年　月　日

序号	会计档案名称	卷号	册数	起止年度	档案编号	应保管期限	已保管期限	备注

移交单位：　　移交人：　　接受单位：　　接受人：　　监交人：

第二，交接会计档案时，交接双方应当按照会计档案移交清册所列内容逐项交接，并由交接双方的单位负责人监交。

第三，交接完毕后，交接双方经办人员和监交人应当按移交清册和交接清单项目核查无误后，在会计档案移交清册上签名或者盖章。

电子会计档案应当与其元数据一并移交，特殊格式的电子会计档案应当与其读取平台一并移交。档案接收单位应当对保存电子会计档案的载体及其技术环境进行检验，确保所接收电子会计档案的准确、完整、可用和安全。

二、会计档案的保管

（一）会计档案的保管要求

会计档案的保管要求包括：

（1）会计档案室应选择在干燥防水的地方，并远离易燃品堆放地，周围应备有防火器材。

（2）会计档案室应保持通风透光，并有适当的空间、通道和可供查阅的地方。

（3）档案保管机构应当设置归档登记簿、档案目录登记簿、档案借阅登记簿，严防会计档案损毁、散失和泄密。

（4）当年的会计档案，会计部门应指定专人负责保管。年度终了后，可暂由会计部门保管1年，期满之后，原则上应移交本单位档案室登记归档。

（5）会计档案的保管期限，必须严格执行《会计档案管理办法》的规定。在保管期限未满前不得销毁；保管期虽满，但尚未处理完结的相关会计档案，不得销毁。

（6）对已归档凭证的查阅、调用或复制，均应得到批准和履行一定手续。原始凭证不得外借，如有特殊需要，经本单位负责人批准，可以查阅或复制，但应办理登记手续。

（7）会计档案管理期间，任何人不得随意销毁会计档案。单位应当定期对已到保管期限的会计档案进行鉴定，并形成会计档案鉴定意见书。经鉴定，仍需继续保存的会计档案，应当重新划定保管期限；对保管期满，确无保存价值的会计档案，可以销毁。单位档案管理机构负责组织会计档案销毁工作，并与会计管理机构共同派员监销。

（8）电算化会计档案的保管要注意采取防盗、防磁等安全措施。

（二）会计档案的保管期限

有关会计档案的保管期限，《会计档案管理办法》有明确规定：会计档案的保管期限分为永久和定期两大类。

定期保管的期限一般分为10年和30年。会计档案的保管期限，从会计年度终了后的第一天算起。如2020年度终了日为12月31日，保管期限从2021年1月1日开始计算。不同性质的单位，其会计档案的保管期限有所不同，企业和其他组织会计档案保管期限如表7-2所示，财政总预算、行政单位、事业单位和税收会计档案保管期限如表7-3所示。

表7-2 企业和其他组织会计档案保管期限表

序号	档案名称	保管期限	备注
一	会计凭证		
1	原始凭证	30年	
2	记账凭证	30年	
二	会计账簿		
3	总账	30年	
4	明细账	30年	
5	日记账	30年	
6	固定资产卡片		固定资产报废清理后保管5年
7	其他辅助性账簿	30年	
三	财务会计报告		
8	月度、季度、半年度财务会计报告	10年	
9	年度财务会计报告	永久	
四	其他会计资料		
10	银行存款余额调节表	10年	
11	银行对账单	10年	
12	纳税申报表	10年	
13	会计档案移交清册	30年	
14	会计档案保管清册	永久	
15	会计档案销毁清册	永久	
16	会计档案鉴定意见书	永久	

表 7-3　　财政总预算、行政单位、事业单位和税收会计档案保管期限表

序号	档案名称	保管期限			备注
		财政总预算	行政单位事业单位	税收会计	
一	会计凭证				
1	国家金库编送的各种报表及缴库退库凭证	10年		10年	
2	各收入机关编送的报表	10年			
3	行政单位和事业单位的各种会计凭证		30年		包括：原始凭证、记账凭证和传票汇总表
4	财政总预算拨款凭证和其他会计凭证	30年			包括：拨款凭证和其他会计凭证
二	会计账簿				
5	日记账		30年	30年	
6	总账	30年	30年	30年	
7	税收日记账（总账）			30年	
8	明细分类、分户账或登记簿	30年	30年	30年	
9	行政单位和事业单位固定资产卡片				固定资产报废清理后保管5年
三	财务会计报告				
10	政府综合财务报告	永久			下级财政、本级部门和单位报送的保管2年
11	部门财务报告		永久		所属单位报送的保管2年
12	财政总决算	永久			下级财政、本级部门和单位报送的保管2年
13	部门决算		永久		所属单位报送的保管2年
14	税收年报（决算）			永久	
15	国家金库年报（决算）	10年			
16	基本建设拨、贷款年报（决算）	10年			
17	行政单位和事业单位会计月、季度报表		10年		所属单位报送的保管2年
18	税收会计报表			10年	所属税务机关报送的保管2年
四	其他会计资料				
19	银行存款余额调节表	10年	10年		
20	银行对账单	10年	10年	10年	
21	会计档案移交清册	30年	30年	30年	
22	会计档案保管清册	永久	永久	永久	
23	会计档案销毁清册	永久	永久	永久	
24	会计档案鉴定意见书	永久	永久	永久	

注：税务机关的税务经费会计档案保管期限，按行政单位会计档案保管期限规定办理。

任务案例解析

（1）根据《会计档案管理办法》关于会计档案归档和移交的相关规定，我们可以断定本任务案例中该单位会计档案丢失属于违法行为。

（2）关于责任认定，从单位来说，一是该单位会计档案没有实行集中管理，负有管理责任；二是区属某委对所属单位档案工作未履行有效的监督和指导，负有一定的责任。从个人来说，一是出纳员没有依法办事。1990至2004年会计档案的库存现金日记账、银行存款日记账未按规定向主管会计档案人员移交归档，违反了会计档案管理制度，发现会计档案丢失没有向所在单位领导报告，也未报案。出纳员作为这部分档案的事实保管者，是档案丢失的直接责任人，违反了《中华人民共和国档案法》和《中华人民共和国档案法实施办法》的相关规定。二是出纳员的上司管理不到位，负有疏于管理责任。三是单位法定代表人负有领导责任。

星火小讲堂 7-2

任务三　会计档案的借阅与销毁

【任务目标】

- 明确会计档案借阅的相关规定
- 明晰会计档案销毁的相关规定
- 能够分析判断会计档案查阅与销毁的合法性
- 增强法治意识，能够正确开展会计档案查阅与销毁工作

【任务案例】

某公司会计档案管理部门负责人离任后由李某接任。接任没几天，反贪局就到该公司调查上任会计主管的经济问题，会计档案保管人员晓静经请示李某同意后，将部分记账凭证和数本账册借给了反贪局。经过一段时间熟悉工作后，李某发现公司有一批到期的会计档案占据了较大空间，他认为既然已经达到了保管期限要求，销毁就没问题。在没有报请批准的情况下，李某将含有未结清债权债务原始凭证的一批会计档案销毁。

要求：分析该公司会计档案出借与销毁是否符合法规要求。

【知识准备】

一、会计档案的借阅

《会计档案管理办法》对会计档案的借出、查阅有如下规定：

（1）单位保存的会计档案只供本单位使用，不得借出。如有特殊需要，经本单位负责人批准，可以查阅或复制，但应办理登记手续。

（2）外单位人员查阅或复制会计档案时，应持有单位正式介绍信，经单位负责人批准后，方可办理查阅或复制手续。本单位人员查阅或复制会计档案时，也应经单位负责人批准后，才能办理有关手续。

（3）查阅人应认真填写档案查阅、复制登记簿，查阅人姓名和单位、查阅内容和数量、借阅及归还日期等情况都必须填写。

（4）查阅或复制会计档案人员严禁在会计档案上涂画、拆封和抽换。

（5）借出的会计档案，会计档案管理人员要按期如数收回，并办理注销借阅手续。

（6）各单位应当建立健全会计档案查阅、复制登记制度，严格查阅、复制和收回手续，保证会计档案的安全完整。

二、会计档案的销毁

（一）会计档案销毁的程序

会计档案销毁是会计档案管理的重要内容，必须严格按照法规要求，规范、有序地进行。经鉴定可以销毁的会计档案，销毁时应遵循以下程序：

（1）由本单位档案机构会同会计机构提出销毁意见，编制会计档案销毁清册，列明拟销毁会计档案名称、类别、册数、起止年度、档案编号、应保存期限、已保存期限、销毁时间等内容。其格式如表7-4所示。

表7-4　会计档案销毁清册

单位名称：　　　　年　月　日

序号	类别	档案名称	起止年度	应保存期限	已保存期限	卷内文件		档案编号	备注
						件数	册数		
单位负责人：		档案机构负责人：		会计机构负责人：		信息系统管理机构负责人：			
监　销　人：		档案机构经办人：		会计机构经办人：		信息系统管理机构经办人：			

（2）单位负责人、档案管理机构负责人、会计管理机构负责人、档案管理机构经办人员、会计管理机构经办人员在会计档案销毁清册上签署意见。

（3）单位档案管理机构负责组织会计档案销毁工作，并与会计管理机构共同派员监销。国家机关销毁会计档案时，应当由同级财政部门、审计部门派员监销。财政部门销毁会计档案时，应当由同级审计部门派员监销。

（4）监销人在会计档案销毁前，应当按照会计档案销毁清册所列内容进行清点核对；在会计档案销毁后，应当在会计档案销毁清册上签名或盖章，注明“已销毁”字样和销毁日期，并将监销情况写出书面报告一式两份，一份报本单位负责人，一份归入档案备查。

（二）保管期满不得销毁的会计档案

保管期限是会计档案销毁的时间界限，但并不意味着保管期满的会计档案都可以销毁。

（1）保管期满但未结清的债权债务会计凭证和涉及其他未了事项的会计凭证不得销毁，纸质会计档案应当单独抽出立卷，电子会计档案应当单独转存，保管到未了事项完结时为止。单独抽出立卷的会计档案，应当在会计档案销毁清册和会计档案保管清册中列明。

（2）正在建设期间的建设单位的会计档案，不论是否已满保管期限，一律不得销毁，必须妥善保管，待项目办理竣工决算后，按规定的交接手续交给接收单位。

另外，采用电子计算机进行会计核算的单位，应当保存打印的纸质会计档案。具备采用磁带、磁盘、光盘、微缩胶片等磁性介质保存会计档案条件的单位，由国务院业务主管部门统一规定，并报财政部、国家档案局备案。

会计档案销毁是一项严肃的工作，各单位必须严格按照《会计法》和《会计档案管理办法》的规定进行。故意销毁依法应当保存的会计凭证、会计账簿、财务会计报告的行为，以及授意、指使、强令会计机构、会计人员及其他人员故意销毁依法应当保存的会计凭证、会计账簿、财务会计报告的行为，都是违法行为，构成犯罪的，应依法追究刑事责任；尚不构成犯罪的，也要承担行政责任，违法单位和责任人员会受到相应的经济处罚和行政处分。

任务案例解析

（1）关于出借。按照《会计档案管理办法》的相关规定，我们可以断定任务案例中该公司会计档案出借不符合法规要求。反贪局借用会计档案是特殊需要，可以借出，但应该由本单位负责人审批，而不应由李某来审批；出借同时应收存反贪局出具给工作人员的正式介绍信。因此该公司会计档案出借不符合法规要求。

（2）关于销毁。按照《会计档案管理办法》的相关规定，任务案例中李某的做法不合法。一是李某没有履行会计档案销毁的程序，未经鉴定，也未报请单位负责人审批；二是李某违反了保管期满但未结清的债权债务原始凭证不得销毁的规定。

星火小讲堂
7-3

项目加油站

想一想

1. 为什么要履行会计档案交接手续？
2. 加强会计档案管理有什么意义？
3. 会计法规为什么对会计档案的归档时间和要求作出规定？
4. 会计档案的保管有哪些要求？
5. 为什么要规定较长的会计档案保管期限？
6. 加强会计档案借阅管理有哪些重要意义？

练一练

1.财务检查组对市属某国有钢铁厂的会计工作进行了检查，检查中了解到以下情况：新任厂长高帅上任后，将赵亮调入该厂会计科担任出纳员，并指派赵亮兼会计档案保管工作；自赵亮接管会计档案保管工作以来，会计报表附注都没有作为会计档案留存。

要求：分析该厂在会计档案管理中存在的问题。

2.甲公司依据应由甲公司与乙公司共同负担费用支出的原始凭证进行了账务处理，并保存了该原始凭证；同时，将该原始凭证复印件提供给乙公司用于账务处理。

要求：判断分析甲公司提供原始凭证复印件的做法是否合法。

3.某公司年终销毁一批保管期限已满的会计档案，事后发现，已销毁的凭证中，有一张是没有了结债务的原始凭证。

要求：判断分析该公司销毁未了结债务原始凭证的行为是否合法。

项目测一测

△ 单项选择题

项目测试 7-1 单项选择题

1.《会计档案管理办法》规定采用电子计算机进行会计核算的单位，应当保存（　　）。

A.书面会计档案　　B.缩微胶片介质会计档案

C.光盘介质会计档案　　D.打印出的纸质会计档案

2.下列不属于会计档案的是（　　）。

A.固定资产卡片　　B.银行存款余额调节表

C.会计移交清册　　D.月度财务收支计划

3.当年形成的会计档案，可由本单位财务会计部门保管（　　）。期满后，原则上应由财务会计部门编制清册，移交本单位的档案部门保管。

A.1年　　B.2年　　C.3年　　D.5年

4.按照《会计档案管理办法》的规定，原始凭证的保管期限是（　　）。

A.10年　　B.30年　　C.5年　　D.永久

5.会计档案保管期限开始计算的时间是（　　）。

A.每一月份的第一天　　B.每一季度的第一天

C.每半年度的第一天　　D.每一会计年度终了后的第一天

6.关于会计档案定期保管期限的下列表述中，符合规定的是（　　）。

A.保管期限分为30年、5年、10年三种

B.保管期限分为5年、10年、15年三种

C.保管期限分为5年、10年、30年、永久四种

D.保管期限分为3年、5年、10年、15年、25年五种

7.更换会计档案管理人员时，须办理交接手续，交接双方应按照（　　）所列内容逐项交接。

A.会计工作日志　　B.总分类账

C.单位工作计划　　D.会计档案移交清册

8.会计档案移交完毕后，（　　）应当在会计档案移交清册上签名或者盖章。

A.双方领导　　B.双方会计人员

C.双方经办人和监交人　　D.第三监管人

9.会计档案销毁前，（　　）要清点核对所要销毁的会计档案。

A.监销人　　B.会计人员

C.本单位财务负责人　　D.财务信息使用人

10.会计档案保管期满需要销毁时，不需要在会计档案销毁清册上签署意见的是（　　）。

A.出纳员　　B.会计管理机构负责人

C.档案管理机构经办人　　D.档案管理机构负责人

项目测试 7-2

多项选择题

△ 多项选择题

1.下列各项中，（　　）属于会计档案的归档要求。

A.收集、整理应符合规范　　B.保持原封装

C.签章要完整　　D.严格办理交接手续

2.关于会计档案保管，下列说法正确的有（　　）。

A.会计档案室应选择干燥防水的地方

B.会计档案室应保持通风透光以防潮湿

C.凭证在装订后存档前，要妥善保管，防止受损、弄脏

D.性质相同，数量过多或各种随时需要查阅的原始凭证，可以单独装订保管

3.关于会计档案保管，下列说法正确的有（　　）。

A.应设置归档登记簿、档案借阅登记簿等，防止损毁、散失等现象发生

B.保管期满的会计档案均可销毁

C.对已归档凭证的查阅、调用或复制，均应得到批准并履行相关手续

D.会计档案管理期间，任何人不得随意销毁会计档案

4.保管期限为10年的会计档案有（　　）。

A.原始凭证　　B.月度、季度、半年度财务会计报告

C.记账凭证　　D.银行对账单

5.关于会计档案借阅，下列说法正确的有（　　）。

A.会计档案原则上不得借出

B.本单位人员借阅会计档案，应经会计主管人员或单位领导人批准，并办理借阅手续

C.会计档案管理人员要按期如数收回借出的会计档案，并办理注销借阅手续

D.外单位人员因公需要查阅会计档案时，应持有单位正式介绍信，经会计主管人员或单位领导人批准后，方可办理借阅手续

6.关于会计档案销毁，下列表述正确的有（　　）。

A.会计档案销毁应由单位档案机构提出销毁意见

B.会计档案销毁应当编制会计档案销毁清册

C.会计档案销毁时单位负责人应当在会计档案销毁清册上签署意见

D.会计档案销毁时应由档案机构和会计机构共同派员监销

7.按相关规定，保管期满仍不得销毁的会计档案有（　　）。

A.月度财务会计报告　　B.季度财务会计报告

C.未了结的债权债务的原始凭证　　D.建设单位在建项目建设期间的会计档案

8.会计档案销毁后，（　　）可不用在会计档案清册上签名或盖章。

A.监销人　　B.会计人员

C.本单位会计负责人　　D.会计信息使用人

9. 下列会计档案中保管期为30年的有（　　）。

A. 原始凭证　　B. 记账凭证　　C. 总分类账　　D. 明细账

10. 下列属于会计档案的有（　　）。

A. 原始凭证　　B. 财务状况说明书

C. 总分类账　　D. 会计档案保管清册

△ 判断题

项目测试 7-3 判断题

1. 各单位每年形成的会计档案，应当由会计机构负责整理立卷，装订成册，并编制会计档案保管清册。（　　）

2. 为严格会计档案管理，企业当年形成的会计档案也必须交由专门的档案管理机构管理。（　　）

3. 未设立档案管理机构的单位，应当在会计机构内部指定出纳以外的专人保管会计档案。（　　）

4. 有特殊需要时，经批准可以提供会计档案查阅或者复制，但应办理登记手续。（　　）

5. 各级主管部门销毁会计档案，应由本单位档案管理机构、会计机构以及同级财政部门和税务部门派人监销。（　　）

6. 隐匿或者故意销毁应当保存的会计档案而构成犯罪的，要处以高额罚款；尚不构成犯罪的，应给予相应的行政处分。（　　）

7. 企业归档形成的会计档案只能在财务部门暂存1年。（　　）

8. 所有的会计资料都属于会计档案。（　　）

9. 会计档案是指纸质的会计资料所形成的会计档案。（　　）

10. 银行存款余额调节表是银行存款对账时用以检查银行存款和银行对账单记账是否有错误的过程性资料，不属于会计档案。（　　）

项目小实训

[实训目的]

熟悉会计档案管理的相关要求。

[实训资料]

2022年1月，某市联合检查组对国有企业宏图公司的会计工作进行了检查，了解到以下情况：

（1）2021年5月，新任总经理于某将尚未取得会计从业资格的刘某调入公司任出纳，并兼管会计档案保管工作。

（2）2021年7月6日，宏图公司经总经理于某签字后，按规定程序销毁了一批会计档案，其中有一些是保管期满但尚未结清债权债务的原始凭证。

（3）2021年8月10日，经会计机构负责人栾某批准，宏图公司档案管理部门的工作人员朱某将部分会计档案复制给W企业。

[实训要求]

根据所给资料，指出哪些行为不合法，并说明理由。

主要参考文献

[1] 法律出版社法规中心．中华人民共和国会计法注释本［M］．北京：法律出版社，2021.

[2] 财政部会计资格评价中心．初级会计实务［M］．北京：经济科学出版社，2021.

[3] 中华人民共和国财政部．企业会计准则［M］．上海：立信会计出版社，2021.

[4] 沈清文．基础会计［M］．2版．北京：中国农业出版社，2010.

[5] 丁增稳．基础会计［M］．3版．大连：东北财经大学出版社，2021.